U0129195

文學叢刊

陳福成編

最後一代書寫的身影

——陳福成往來殘簡殘存集

文史哲出版社印行

國家圖書館出版品預行編目資料

最後一代書寫的身影：陳福成往來殘簡殘存集 / 陳福成編 . -- 初版 -- 臺北市：文史哲, 民 103.09
頁； 公分（文學叢刊；337）
ISBN 978-986-314-217-1（平裝）

856.186 103019659

文 學 叢 刊 337

最後一代書寫的身影

— 陳福成往來殘簡殘存集

編　　者：陳　福　成
出 版 者：文 史 哲 出 版 社
http:// www.lapen.com.tw
e-mail：lapen@ms74.hinet.net
登記證字號：行政院新聞局版臺業字五三三七號
發 行 人：彭　正　雄
發 行 所：文 史 哲 出 版 社
印 刷 者：文 史 哲 出 版 社
臺北市羅斯福路一段七十二巷四號
郵政劃撥帳號：一六一八〇一七五
電話886-2-23511028 · 傳真886-2-23965656

定價新臺幣五八〇元

中華民國一〇三年（2014）九月初版

著財權所有 · 侵權者必究

ISBN 978-986-314-217-1 09337

最後一代書寫的身影

——陳福成往來殘簡殘存集

目 次

自序——出版動機

人絕大多數有一種不好的習性，即眼前現有的都不知道珍惜，乃至無知無覺無感其可貴！人其實也絕大多數活的很悲哀，而不自知，更無自覺！

有錢，揮霍金錢，窮的剩下錢！

有時間，揮霍時間，行屍走肉般過日子！

有父母，揮霍父母，把父母當奴才般用！

等到金錢、時間、父母都失去了，才來大嘆當初爲何不怎樣！要怎樣！生命將逝，爲時已晚！無可挽回了！

就是擴展到其他領域，人的習性也好不了多少，鮮有能養成珍惜「現有」的好習慣。

按我數十年的觀察，窮人家較能養成「珍惜、惜福」，尤其珍惜「現有」的好習慣，可能是因爲「缺」的緣故。舉我爲例，小時候家窮，小學六年都是赤腳上學，全班只有一位小朋友有鞋可穿，有的過新年買一雙新鞋，只有春節那幾天穿，上學又赤腳走路，而把鞋子掛在脖子上，說給現代都市小孩聽，都不相信或當成笑話。每個現代小孩，幾乎都有幾十雙各種鞋，何須珍惜？

我生長在懂得珍惜現有的年代和窮人家庭，我有珍惜現有的好習慣。即是如此，回顧自己走過那六十多年，深切檢討，仍發現許多該珍惜、保存的「寶物」，在不知覺中，流失、遺失、散佚或當垃圾丟了。開始有警覺的時候，很多東西已不知去向，把剩下的整理出來，如這本「殘簡殘存集」。

我何時有警覺？爲何要整理這些殘簡？有何價值？爲何要保存？爲何要出版？

大約六、七年前，台灣大學總圖書館開始收集作家手稿（任何稿件，只要是手寫的，僅限台大教職員作品稿。）我即送一批手稿給台大圖書館，我仍不太清楚圖書館典藏這東西有多少重要性！頂多就是給人參觀吧！尙有多少意義？

大約二、三年前，國家圖書館也成立典藏手稿的地方，特藏組的杜立中先生向我說明典藏這一代作家手稿的用意，我亦送一批手稿給國家圖書館。

接著，我知道大陸也有圖書館收集作家書簡、手稿，詩刊、雜誌發表詩人、作家的原稿作品。乃至各類書簡、手稿，凡用手寫，都有人收集、典藏、運用。

綜合以上現象，我得出一個結論：「我是末代書寫者」。我這一代人（現在約六十左右），是能夠以自己手提筆寫字寫文章的最後一代，中國文字七千年書寫史，到我這一代劃下句點，以後世代的人不會拿筆寫字寫文章了。因此，我要留下這一代人的「書寫身影」（見字如見人），雖已是「殘簡殘存」集，我仍感值得。（台北公館蟾蜍山萬盛草堂主人陳福成 二〇一三年冬。）

序 詩

美丽的彩虹　（組詩）

五十年前　历史的剪刀一挥
咔嚓　把一段疼痛剪落在两岸人的心头
整条海峡是一湾浓浓淡淡的血泪
呜咽的波涛　昼夜呐喊着
黏接的夙愿

五十年间　一只龙舟
在两岸人的心灵间穿梭
太阳与月亮是两只高悬的鼓槌
把深深浅浅的海峡　擂打得
心潮起伏

五十年后　恍然彻悟

当年剪断的那条脐带
是一弯美丽的彩虹
何时 踏虹把酒朝天阙
泯没山水的距离

岛与岸

岛与岸 原本一块母土
历史 是分割的刀俎
岛的诀别 令人惋惜
断绝之举让人心灵疼楚

离开了岸 岛 是一片漂泊的孤叶
没有了岛 岸 少了掌上的明珠

为了协调两岸　云在空中握手
为了两岸对话　风在海峡鼓与呼
为了沟通两岸　浪花昼夜奔波
为了撮合两岸　船载重托壮竞渡
为了粘接两岸　亲人的泪水早已流得干枯

鸟在岛与岸之间传递信息
鱼在岸与岛之间频传尺素
水在岛与岸之间通融感觉情
虹在岸与岛之间架设通途

岛与岸　在向心力的牵引下
凝聚成一个坚强的民族！

海峽泪

我的泪弹在了你的信笺上
我是个爱流泪的男儿
我是个流了五十年苦泪的男儿呀

我的泪流在昨天
流在风急浪高的海峡里
我把我的泪全部赠给了海峡
你该能想像得到
海水为什么是咸的
那海底的珍珠是怎样形成的

我的泪流在今天
流在你的千里之外

在你的信笺上穿出两个疼痛的小洞
两个疼痛的小洞连着长长的海峡呀
你该能听得到
耋耋之泪烫沸的涛声
亿万肝胆补天裂的誓言

我的泪 还会流在明天吗？

日 与 月

分离时 日月破碎成残片
岸是凝固的呼声
水是液态的情感

隔海相望时

太阳是一碗思亲的血
月亮是一碗思乡的泪

团聚时
太阳是一碗醇郁的红酒
月亮是一碗烈性的白酒

鄭贵勤

安徽砀山东北内环路10—1
235300

先父，約民國六十幾年，在台中縣中興嶺眷村果園旁。

母親和大妹，民六十五年春節。

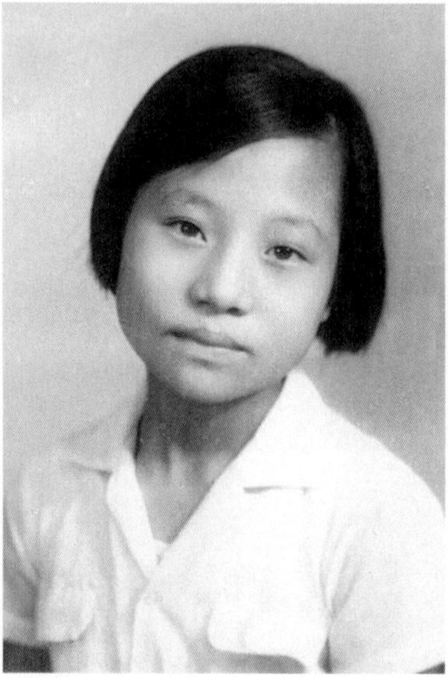

小妹秀梅，現在是三個孫的阿嬤

母親、妻、長子，約民 73 年

他們現在已是為人父母了

台大退聯會武陵農場遊，2013.9.12

台大退聯會桃源仙谷，2013.3.6

頹廢的年代、頹廢的人，約民62年，南部某水庫。

穿黑西裝的是黃杰，其他的想不起是誰，每一個受校學兵都像我，約民57或58年，陸軍官校預備班。

台大退聯會辦公室幹部會餐，2013、3、19。

台大退聯會，宜蘭香草菲菲 2013.6.19

台大退休教官聯誼餐會，2013.10.23

台大校慶晚會，退聯會組合唱團演出，2012、11、8。

「大人物」作家群像，在吳家業（右三）新竹寶山的農園，2012、11、3。

同上

這是出席【秋水四十周年慶】的詩人們的留影：第一排左起：劉宗慧、莫野、關雲、楊慧思、鄭雅文、黃安祖、席因飛、顏廷叡、羅行、李立柏、洪揚、洪揚、塵心。第二排左起：台客、紀海珍、陳欣心、朵思、涂靜怡、古月、張默、丁文智、綠蒂、麥穗、辛鬱、魯蛟、金劍、雪飛、魯竹。第三排左起：作者、丁穎、謝輝煌、劉正偉、金筑、吳元俊、林子、向明、陽荷、亞孅、俞梅、廖娟娟、倪雲、宋后穎、曾美玲、曾美霞、琹川、龔華、林煥彰、林錫嘉。最後排左起：趙化、彭國英、張台瓊、邱志郁、蔡信昌、老爺、楊啟宗、靈歌、愷文、落蒂。

大陸詩人古遠清教授（前排右）來訪，詩友在國軍英雄館歡迎他，2013、6、11。

葡萄園詩友餐聚，前排左起：李再儀、紫楓、金筑、莊雲惠：後排左起：台客、邱淑嫦、白靈、作者、賴益成。

與妻、小女，太平山夢幻農場，民90、11、24-25。

與吳信義學長夫婦，2013、9、11，武陵農場。

在金防部政三組當監察官，陪長官遊太武山，民74年。

一輩子的朋友，一個先走了！懷念他！

岳父走了，岳母也失智了，一個時代即將結束

與妻在苗栗某民宿浪漫，很久以前，有點年紀了！

輯一：丁潁的春秋大業

年青時代的丁潁

年青時代的丁穎

早年的丁潁

壯年時期的丁潁

有點年紀的丁潁

「青年老人」時期的丁潁

壯中年時期的丁潁，在台中公園

丁穎在北京人民大會堂，接受人大副委員長傅鐵山頒授中華英才獎

一九八八年，丁穎帶團到峽西祭黃陵，與峽西省長留影紀念，是海峽兩岸阻隔40年的破冰之旅。

丁穎在北京人民大會堂與中共領導人對話。

丁穎與作家陳邦燮將軍留影，南京中山陵。

丁穎與河南大學教授沈威威博士合影於河大校園，二〇〇〇年。

丁穎與詩人高準。

丁潁與作家李敖合影。

丁潁與文學評論家陶保璽教授。

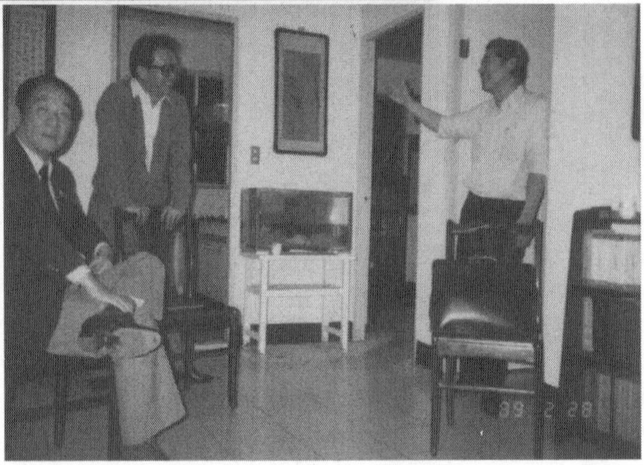

丁潁與作家許希哲及王中原教授。

丁穎與開封大學副校長石志明及東吳大學教授曾祥鐸合影於宋太祖陳橋兵變教址。

丁穎祭黃留影

丁穎在北京頤和園

福成兄：

三月詩會研究那么一部大書，你說寫很快就完成了。所收資料又那么丰富，實令人敬佩。其中寫到茅[illegible]竹童佑筆兄那封信的往事、那是六十多年前來台灣時我們年青時的往事，那時台灣環境很苦，人民都很苦，我們又人地生疏，生活非常苦、想弄份的差事也不那么容易，信中的「它」所指當前言。非么什事業，想有碗飯吃就不容易了，還談什么事業？我的作品都是二十五岁到卅五岁十年間寫的居多，卅五岁後，正如你說有事業他也多不順利，每天忙着「軌跡」过过為錢奔走。那時又办报，办雜誌，即使寫東西也都是寫些應景的社論、短評，或雜文之類東西，現在想之真是浪費生命。我來台灣在遠東新聞當記者，因健康闗依到山裡去休養，我在山中寫的東西最多，以「紙」、以「空谷微語」是留給周伯乃兄的信，你談到的「缺題」小詩也是那時寫的，其中有「把泥土的三角恋，交給歷史的審判者」之句，即是指國共兩黨爭江山的戰爭，誰是誰非，只有歷史才能審判。還有篇「三分春色一分愁」也是那時寫的，這篇東西我認不如「紙」好，卻被收進空電視大學「文藝」一書做為國文教材。當時兩岸還沒有來往，我不知道那經文他們從那裡尋到的？當時我回鄉探親時，才從一個朋友女兒的課本上看到，我當時把它影印下來，及五十年前我編的一個選集的目錄一併寄你，我手也沒有書，此目錄是從電腦上印下的。因它是台灣第一本文藝選集，你將來也許有點用。西窗有幾篇談詩的經文，可發見我對詩的看法。

耑此順頌
著安

弟 丁穎拜啟
民國百年·三月廿日。

第　　頁

福成詩兄：

你在「新文壇」介紹弟的文章已拜讀，非常謝謝，你的溢美，太作將來收入三月詩會廿年選集，希能略加改動。弟近日整理舊書獲得此孤本，為報投桃報李之誼，故將此孤本奉贈吾兄，以作將來出書之參考。此書由你收存比在我處更有用些，因你年歲比我少很多。同時你又是重視文學史料的作家。

此書惟一不足之處，就是沒有三月詩會諸詩友作品。原因是書中所選之作品都是作者自己所選，他（她）們知我的書僅來往我們有一部份，三月詩會的朋友只有麥穗與徐華與我熟，但當時不知他們住址而未向他們邀稿，此為我惟一的遺憾！此書出版頗不容易，自約稿、編輯、找出版社，前後歷時三年，而且因此書我生平第一次被人詐騙打了一場官司，原因是出版社曾先說有稿費，我

吟姊

約稿時的作者亦言有稿酬，雖知此書出版後，而出版社食言，又給不稿酬了。當時我無法向作者們交待，我不得已提出告訴，但亦不了了之。因那時年輕不識世故，不知出版社只是口頭約定並未簽書面文字。後來出版社就答應給每位作者一本送書就這樣結案了。那時我住南部而每當有空都乘南部北上火車到台北，那時經濟狀況並不好，來回旅費都成了一大負擔，現在想起來當時竟會有編此書的勇氣？這與小說家朱夜有關，因他一再慫恿才有此勇氣。轉眼這是五十多年前的事了，那時英氣逼人的青年，如今已是鬢髮皆白的老叟了。回想在不勝感概多多之！先談到現在的青年衣暖食飽對文學沒有興趣，而我們那個年代，物質缺乏，而對文學的熱愛那是現在青年難知道的。那時办詩刊而用手寫鋼版。現在的年輕人真是太幸福了。寫了就

丁穎拜啟

建國百年十月

第　頁

福成兄：

台北回來重讀你的大作「西安」一詩，同時想到我第一次遊西安的往事。又看你詩後的「三月詩會廿年紀念集」要詩友个人資料，你說自己的千秋大業事跡不好自己說由你來說，我只知你我都為國家統一所做的個人努力貢獻的心迹金錢算不算是「千秋大業」之事：正說的自己功業絕不好自己向人家誇耀。本正因此從未說過自己做的一切。既然兄要說下我們這一代个人的雪感所，現把我个人經歷略述梗概供兄參考。希望詩人今後我們找家咖啡館好好聊聊。

我第一次遊西安是這樣的：八八年五月我以統盟委个人身份訪北京。（那時蔣經國剛准老兵返鄉探親」兩岸還沒有什麼來往，我們以探親的名去到北京。是由全國政協祖國統一委员会主任刘宇汉先生接待住在圓書迅書院招待所。我要看的朋友是在北大教書的陳鼓应教授，及從台湾过去的黄順兴。他在全国人大当常委。刘主任馬上给我連係，第二天下午他在黄府给我電話，說他現在黄家，要我和黄直接通話。我說除見你还想見鼓应。黄說我有了鼓应没有事，明天上午我去北大去接鼓应，一同去看你。第二天上午由刘主任陪同到書院看我。老朋友多年不見，兩岸隔絕音訊全無，見面非常高兴親切。他们问了一些台湾的情況。因他们都关心台湾。離去的近代对台湾还是很关切。黄在台时曾当过立委及台東縣長，陳是由台湾到美国做学術訪問研究，护照到期台湾当局不准返台，他又不能入美国籍，成美国難民。北京当局为統戰歡迎他去北大教書。當時我曾在「掃蕩週刊」寫了篇了國民黨專門製造殺人，製造的都打不倒的殺人者標副題是」從陳鼓應到北大教書說起」。我說的殺人包括李敖。陳鼓應在台大教書最是危害國民黨員。只因李遠哲太不聽黨的話、國民黨就用權打壓他。李敖沒有什麼野心，也不曾反國民黨，只想研究所畢業到中央研究院當個研究員。只因一場中西文化論戰，而他當時主編的文星老闆是蕭孟能，蕭的老爸蕭同茲是陳誠一派的，與蔣經國爭權，國民黨內部政爭殃及池魚李敖。這不都是國民黨自己造出的殺人嗎？我和陳於京見面把文章給他。因他不曾看到。我們談到中午，一齊吃飯拍照留念。次日由全國政協常委民革中央副主席賈亦斌在全國政協大禮堂接見我中午宴請。賈亦斌本是蔣經國副手，蔣當局長時，賈是少將副局長，原為蔣經國紅人，印象的表白。他一口一聲問「紀國」怎么樣，表示進步的國印他口口聲聲紀國長紀國經的叫着，不稱老長官或先生，想是他們私交是不錯的。餐後劉主任問我，除自訴向北京還想到那裡看看：我說天熱想回老家。他說開大陸這多年應該到全國各地看看大陸發展。他再三勸我到西安看看剛出土的兵馬俑。那時馬俑只開掘一個娛洞。不好再違逆主人盛意只好答應。第二天他事先買好的軟臥車票來接我，把我送上到西安的火車。我記得非常清楚那天是五月節天已很熱。我夜間大概十一二點到西安。車到站時早有西安政府官員拉着白綫在站上等候，寫着歡迎丁穎先生蒞臨西安。來接的人是西安台辦主任。一頭白髮。我在北京買了一箱子書非常重。因接我小汽車不能開到月台。從出站口還有一段路他非要代我提着箱子，他很吃力的樣子我非常感動。言談中得知他是國民高級將領關麟徵的內弟。據說我住的地方，是陝西省政委常委之一楊虎城的公館。次日上午接待我的是陝西省政協主席，同時也是城西的文聯主席張明中。同時安排參觀西安各地。第一天參觀東路，就是秦始皇陵及兵馬俑。最使我懷念的就是臨潼的銀杏，香、甘、糯，連杏核都可同時吃。先如有機會再去西安一定要在五月杏子成熟季節品嘗一下臨潼的銀杏，才不負去西安一趟。弟家鄉也出產杏子，但從來沒有吃過如此美味的。第二天參觀西路，即是乾陵，就是武則天墓，及茂陵，以及王三姐的寒窯，以秦二世墓。然後由西安到重慶，下三峽，回老家一路上都由全國政協安排，這是我第一次遊西安，似乎比千秋大業無圖下面不再談與統一有關的事。

連戰帶團訪問大陸，媒體稱為破冰之旅。其實破冰之旅的不管是私人組團或政治社團，第一次訪問大陸的都不是連戰。只是連戰官大，架子也大罷了。先說第一次民間組團訪問大陸：由大陸回台與友人談及回大陸的事情，我有位方外友人聖明法師，雖然他已剃度，但他們關心國事，由其國家的統一。他與我商議組團訪問大陸。但那時還沒有什麼交流。別說政治、經濟、就是文化交流也沒有，也不準。那麼我們以什麼名組團呢？後來我們想到去黃陵掃墓祭祖。同時在那邊加場法會為兩岸人民祈福宗教交流。可是關於宗教又是那邊禁忌。經過多方和那邊交涉，那邊才答應。可是組團前往需要錢。聖明說錢由他籌備，關於我們那邊接洽交涉辦手續，连找人一切事情都有负责。那时组团两岸手续都难办。連这边找人参加就是一切费用包括来机票住宿都由我负担。还是没人敢参加。後来我到统盟执委刘文超教授、纪欣的支王道瀚教授夫婦都是主张中国统一的朋友。几费周折才於六九清明節前往西安。聖明是出家人不好出面带团，象我当团長带团。我因自己是发起人一切又都有操办，也恐别闽语说的謙讓請王道瀚当团長。那次祭黄陵不僅是台湾胞第一次组团祭黄陵，几十年来全世界黄子孙、包括大陆没有人前往祭过黄陵。大陆文革破四旧連清明節都不过，所以这是中共统治大陆，所有的黄子孙不都曾祭过黄陵，因此那祭陵我们参依循古礼用太牢礼来祭。非常隆重、当地居欢，他们过去從没見过。由西安政协主席钱中、副省長及黃陵縣長陪祭。會上聽主席看到我兩人握手鼓掌不信熱淚盈眶。團長事後接待我、這次帶團去出他意外。四十年兩岸隔絕從今劃下句點。繼後參觀西安各地、第一站是扶風法門寺。就是供養佛指的法門寺。由方丈接待，領我們到地宮參拜佛指。我想台灣人第一個看見佛指的應該是我吧。前幾年佛指來台灣轟動全台幾十萬人參拜。西安祭祖之後，我們就趕赴上海龍華寺。作了一場法會為兩岸人民祈福。繼後幾位有宗教信仰的團友及西藏由聖明帶著去南海普陀山參拜南海觀音。我則留上海等他們。王道增先返台這次所收費五萬多美金全團歸我們些捐獻。這是台灣民間團訪大陸，於京中央電視台將派遣一組記者採訪這次祭祖盛事，並拍攝了一集記錄片。在中央電視台向海外播放半月之久。不知道這算不算破冰？再說政治社團訪問大陸。中國統一聯盟全体執監委於六四第二年（九一年）初春由第十屆主席陳映真領團訪問北京，我是第一屆監委亦隨團蒞臨。當時台灣幾大報聯合、中時等報亦派記者隨團採訪。當我們抵達北京機場一下飛機，讓我嚇一跳中外媒体記者上百人等著採訪。當時在機場有一記者會由陳映真團長致詞簡短新聞稿以及答覆幾句此次訪北京目的。當晚下榻釣魚台國賓館，次日由江澤民中共總書記國家主席在人民大會堂接見我因是團裡年歲最大的安排坐在最前面陳映真旁邊與江澤民也最近，所以陳映真與江澤民對答談話我每句都聽得很清。他們先寒暄問候開場熱後進入正題記得他們先從冷戰時期談起，後話鋒一轉談到兩岸問題，說兩岸隔離幾十年今後初開放了兩岸通婚，進行彼此的瞭解，當時我們還提出對六四民運份子不要秋後算帳，說他們都是中國的精英，還有兩岸繁體字於簡體字，希望大陸能恢復繁體字，兩岸文字統一文化溝通更為方便。江澤民當很說，對六四從沒有秋後算帳，如你們不信可以向北大的學生，問問他們那一個遭到秋後算帳。關於繁體字，他說我江澤民三千字從來都用繁體字，從不會簡體字。今後教科書也慢慢改用繁體字。這是江澤民親口說的原話，我每一句都聽得很清楚。江澤民家鄉他說他是揚州中學畢業後去念上海交大。江說話常加帶英文單字，因他教會學校。他說到史可法，並隨口念出史可法墓前一副對聯「數點梅就孤臣淚，一輪明月故臣心」。並歡迎我們到揚州去觀光。他的這些話台灣報紙都有報導。但我說在香港沒有這些報紙。

我们还访问了统战部，当时部长王兆国不在，由副部长万绍芬接待、座谈，我们提出统战这两个字，应该改改，好像海外的中国人都要跟你们统战。後真的把他们对外的机构都改为联谊会了。如台湾同胞联谊会，简称台联，以及港澳台办公室等。陈全国政协主席在人民大会堂宴请我们。此与我同桌的有三钱之一的钱伟长等中共高级领导。钱伟长、王兆国的明片现在我还存着。我们在北京三天参观了好几个新地方，也举行文化座谈会。我一首了祖国的小诗当时就刊登在北京文艺报上。参观中央製片厂有徐蚌会战役记录片，我没去看原因是不忍去看死的两军中国人。离北京飞西安，住一夜，次日由西安政府官员陪同乘车赴黄陵县祭黄陵。就如上次我带团祭黄陵一样用太牢礼，由那边官员陪祭。不同的是黄陵改像整修了一下，不像我算第一次去那荒蕪了，墓前清理了一片黃土地。一些雜草都剷除了。這是我第二次到西安。西安市還是沒有變作很陳舊落後，維有全國古城牆西安保存的最完整，沒遭文化大革命破壞。當時西安沒有飛南京的班機，省政府特為我們包了一架專機，專機很小，坐我們共六十幾位人，亦然由政府接待由官員陪同前往中山陵謁陵。參觀中山先生遺体，但那還体並不是真体而是替代品。由南京飛上海，經香港回台北。這算不算政治犯團的破冰？兩次破冰第都[illegible]、後連戰以國民主席身份訪問大陸是多年以後的事了。國民黨當時是在野黨，連戰是在野身份沒有政权，國民黨不是一個人民犯团而已，統戰也是一樣的。如果說他是被冰，我們又算什麼？我第三去西安，是為邀參加黃陵重建工程破土典礼，因他們發覺黃陵是可歸能的地方。從我八九年祭陵，近幾每年海外華人與台灣同胞組團回去大陸的人多起來，他們也開始重視宣傳自動邀請海外華人團體回國觀光。我在香港所看到的西安和過去想是大不同了。就完全與香港已多了好幾個別說其他的改變了。它已成了現代化的大都市，明年的花博在西安辦，屆時當又是一翻盛況吧！

前天詩歌藝術學會孫錦福運甫及蘇曉芬訪團，我和靜嫻會長之邀參加那會。被邀請名單亦有香港情未兩會。會中他們都說自己對兩岸文化交流的貢獻多大多大。靜嫻理了長安名發言。他每人都介紹一翻，對他們為兩岸文藝交流出錢出力做了很多事。對弟的介紹只兩句話：「五六十年代有名作家。」靜嫻也只看到後來兩岸交流的情況，因後來這幾年兩岸來往沒有什麼禁忌了，大家一窩蜂風的往大陸跑。弟的事情他們知道。耶拿文化交流來說，常常在五六十年代，那時還在戒嚴期。大陸作家魯迅全集、巴金全集、茅盾全集，甚或大學中書，馮友蘭哲學史，都是常在台灣印的。我之所以冒為應宣傳的需要風險印這些書，主要目的，我認為台灣被日本殖民五十年，台灣人民脫離了祖國文學（說文化也可以）斷掉的都是日本文學，台灣已被皇民化。勝利後，幾年政府遷來台灣，兩岸又隔絕了。台灣揚達將為是亞細亞的孤兒，離開祖國母親懷抱太久了。我為着不使台人民與母親」臍帶割斷，讓他這根臍帶永遠和母親連繫在一起，所以才冒殺頭坐牢之險來出版大陸作家的書」，一般人根本不知道我之用心之苦。八八年我去北京才將馮友蘭等見面，把版費給他們，並簽了台灣出版授權書，並說明當初印他們的書不能告知他們是不得已的事，開放前我的文章被那些大學採用教科書教材，開放後我的詩由北京友誼出版公司在大陸印行。大陸新詩界紫如雲的詩集「衣服」由藍燈公司出版，這是大陸詩人在台灣出版的第一本詩集。西安蔡陵回來我和友人創辦「統一日報」後因此友人私心太重乃分手，我與殷宗俊創「世界論壇報」弟擔任發行人，這是台灣唯一反台獨主張統一的日報，並為三大報，後因經費改為每日一張，弟前些年一直在大陸投資常住大陸，能為北京當局報給希望允許「論壇報」在大陸發行。近幾年我因健康關係發行讓給予社長廖天欣兄擔任，我連名譽董事長都辭了。因我太老了。我在大陸出資以台灣弟的藍燈公司出版「華人叢書」，到兩岸各家及海外人士作品，同時發行兩岸及港澳台三地。到現在還在出版。弟做的這一切算不算文化交流和貢獻？

最後附帶一提的是：弟和統盟朋友訪問北京市江澤民見面前先去北京連繫的是統盟秘書長劉國基，現在北大和人民大學當教授。劉國基參加台研究所時因搞統一被捕坐了多年牢。他被捕那天晚上我和高運有他商量一份宣傳統一的刊物，討論我們雜誌經費。後不到數小時他就被捕了。同案還有戴華光等五人。

我也常被警備總部叫去問話。有一次我在台大門前送書給學生，竟突然被捕送台北警局偵問了一天，因問不出什麼，只好把我給保釋放。因我不敢找保人。可是那時搞統一是要付出代價的。那裡像現在可以公開搞統一。那時搞統一和搞台獨是同樣罪名。我有年是被限制出境。寫了這些，希望你能有時間讀完。祝

著安

丁穎拜啟

建國百年歲在辛卯荷月
於台北中客邸

福成詩兄：

新著「我們的春秋大業」一書，我當天在開完會歸途的車上，即一口氣讀完。書中對弟著墨頗多，非常感謝。讀後掩卷返思，感想與感慨都多。三月詩會諸君子，如果將來能在歷史的洪流裡，留下一点雪鴻泥爪，也要感謝你的貢獻及有心。在目前這個社会空氣中，你還能留心到一些小人物的行止並寫下來實屬難得。關於李敖與陳鼓應，他倆既不台也不獨，都是大統派，所以我說他們是國民党製造出來的敵人，因為他們都不是國民党的敵人。他們不過有一些自由思想的學者，而且陳還是國民党員。從李敖最早寫「播种着胡適」可以看出他思想的走向。如果是現在李、陳都成不了國民党的「敵人」，因那是政治環境不同而造成的。

關於兄書中提到基督教是資本主義，而今讀兄意見相左，也許吾兄所言而有所本，我信奉基督教國家大多是偏資本主義，我沒有研究过各國政治思想史我不敢斷言。但我們人对耶穌的体驗、我覺得他本人不是資本主義，倒有點像我國的墨家。我来台後曾讀过短時間的神学思想說。墨子講兼愛非攻、耶穌講博愛、兼愛敌人。我覺得多少都有些社會主義的味道。「飛鳥有巢，狐狸有洞，人子都沒有枕頭的地方」。你想耶穌像資本家嗎？

致於你談到现在的年青人对文学如此陌生，这不僅於社會环境有関，也於我们的教育有関。现在的教育只重知育不重德育，只有功利主義、而不注重德育及心灵的培养，於文学藝術更是漠視以对。我对现下教育是非常失望的。

专此順祝
著安

丁穎拜啟
中華民國一〇一年八月於台灣

第 頁

輯二：詩壇文友書簡

她是誰？在我身邊 50 年！

台大退聯會遊淡水，2012.3.7

陳社長、陳主編

《中國春秋》一二三期均收到，謝謝。

現奉上即將出版中的拙著詩論文集的自序《一代人才說縷縷》、及半島匹先生的代序文，又大陸詩人黃光曙的對拙著另二种的評文各一篇，都是沒發表過的，為表對貴刊的支持，一並奉上，敬請利用，並祈勿刪改為感。

黃光曙兩次均來自長春，成名到更一本一冊，再已在大陸出書數種，再已出版著作數種，現居深圳，但據告下個月將遷居，而貴刊若七月出，也得下個月得到他確地的新住址，屆時我會將他的刊物可直接寄給他。

宋先生之文也是接受校對代我排整的。他的地址是《中國畫》雜誌社。

如何之處，盼見示知。即頌

編安

高準 2006.4.19

又本期貴刊中刊登大作文中找到我的名字都排成簡化字的"准"？在台灣沒有人會知道是指我，今後我名字的準字不可用簡化字排。

福成先生

　最近收在《異議的聲音—文學與政治社會論評》中拙文三篇，不是要請你轉載，是請您看一看，希望聽到您的看法。其中有兩篇還是很多年前寫的，但談的是國家統一的根本性的問題。這些問題台灣已好多年都沒有人討論。

　我當然一直主張中國統一的，但也始終認為「一國兩制」是完全缺乏理想性的方案，也無實際可行性。統一之所以遲遲不能推進，主要原因之一也正是由於中共堅持以「一國兩制」為言之故。吾兄著作豐富，誠為好學深思之士，所以很希望聽到您的觀點。

　我想我們應有機會可以談談，有時有緣聚一起喝喝咖啡聊一聊。可先電話連絡。

即頌

萬事如意

高準 2006.7.27

又：下次能否請黃光男一起，年底左右可否一并列入否？

陈先生

看来你对我批评《葡萄园》很不高兴。要明白，是被《葡萄园》挤出来的，你不知道吗？我是同情地支持他们，毕竟也只有他们能编出那样的水准较好。不知你当年看过没？

校对你们的诗，很好，但两个错字多处，有些字就在诗中出错，这样怎么叫出诗呢？文字出错不只是创造者的事，也是作者的事。这个道理你是应该要明白的。总要有点责任心才是。

你前时说过台湾学界一致对《中国诗学家的曲》有意见，我当时就将打电话告诉他了，他大概已在接受。

我即将去旅行，请不必回信。

高準 2006.11.2

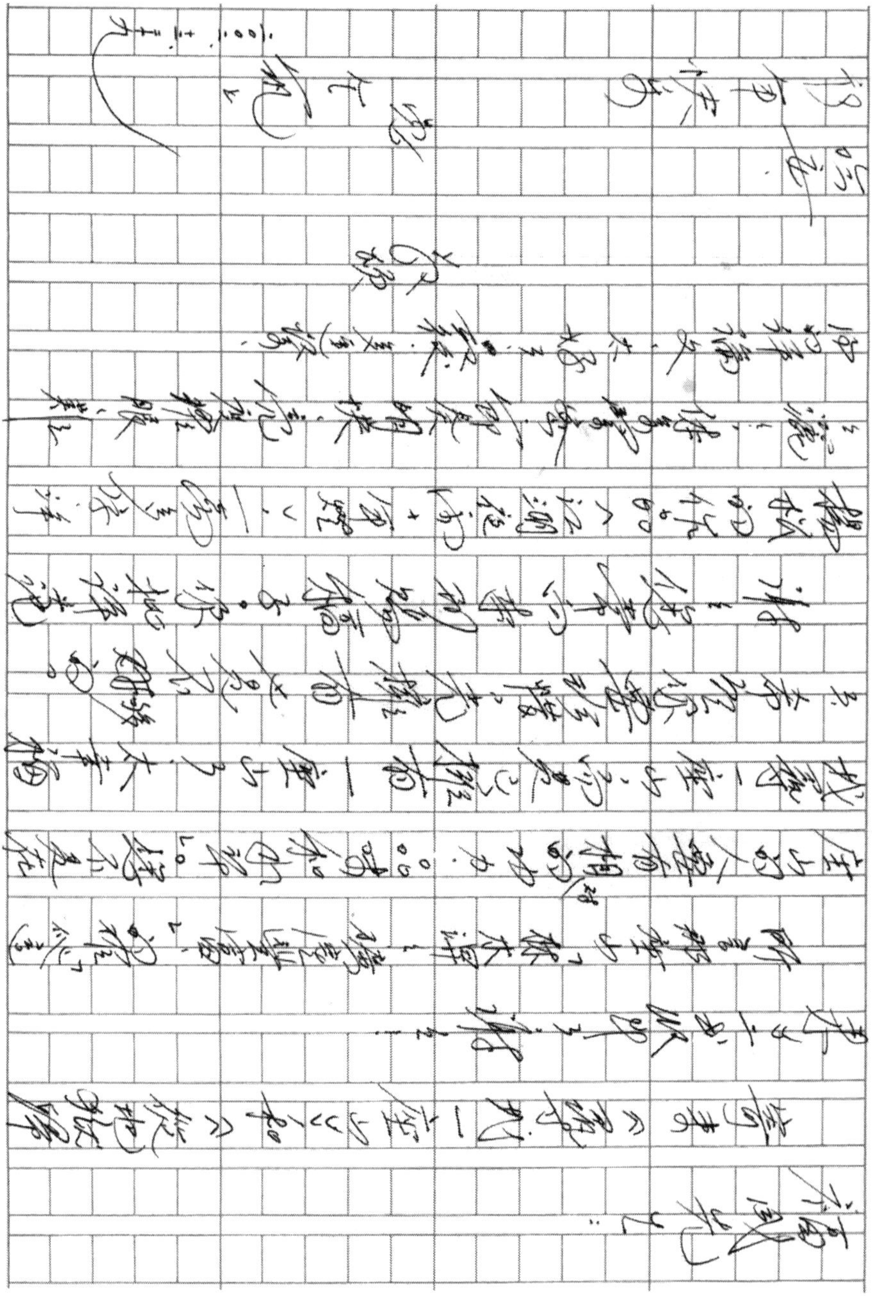

福成先生：
寄來《尋找一座山》和《從地獄歸來》二書收到了，謝謝！
所言那座山「林木深深、廣闊豐富」的確，這座山的人要有相當的功力、品味和水平。這不是在尋找一座山，而是已擁有一座山了，太幸福了，希望你要珍惜，能擁有也是有緣的。
謝謝您常向報刊寫稿子，你批評說楊松的作品《江湖夜雨十年燈》，一寫多頁，洋洋灑灑，佳篇寫來，卻是明快，亮麗耀眼，難得的評論文，太好了，四篇・要多讀讀、
敬頌
吟安、
新年快樂
忠任　紀上
二〇〇二、十二、二十九

重庆出版社

陈凤婷先生：

您好。

在《葡萄园》诗刊见到《华夏春秋》的约稿启事，就每人寄了八首小诗，都是回忆父母和童年生活（除最末一首），奉上请审处。如蒙发表，当不胜感激。

我也常写评论文章。因未见过贵刊，不知写哪类题材为好。按说如蒙发表，见到样刊就好下笔了。

尚望，并颂

编安

渾曙　九月十二日

通信处：重庆菜家湾重庆出版社（400016）
电　话：(023)68893683

維廉吾兄：

知道你從加大教席退休，即將移居台灣，無限歡悅，因為能從任加大教席一職，專心我行列，殘餘個人能當此生任。從事以雄豪等你的後進，能以提攜以助人，又在詩域作跡的為人提攜的一面，交流、會議、提攜，在詩壇會議後進，提攜在這提攜傳承才的人已不多見了。身為教友，感到無限隱憂和哀傷。隨函附寄「新詩紅旗」詞曲兩首，請指正。另兩份版本自由選錄，存在已有雄偉壯麗

，如果沒有清楚，我再請他到府上拜借

你老尊藏的石濤[illegible]兩本比較成熟一点。

至于跋語之一詞，是寫明往年[illegible]以藏其[illegible]

中正紀念堂跋語以後錄之，為八行，移落紙上發

請主持無関，請找到你再到舍下請你指教

。

專此　敬頌

撰安

廿夕

瘦雲手牘　敬啓

禾生

江苏省作家协会主办
扬子江诗刊

陳福成先生：

先生大中国春秋上刊出了我的二篇散文，十分感谢。

可惜的是我本来不知道有可能刊出，没有思想准备，所以给你的是简体字稿子，致使与整个刊物在字体上不合谐，这是我的责任，在此向你致歉。

今再寄一篇散文稿，是用繁体字写的，请斟酌。

又：你的大作，已编入《绿野》，不过这是一个民办的小刊物，一年只出1或2期，届时会另寄样刊给你。 匆匆，问

文安

卓琦培

e Yangtze River,
南京市颐和路2号扬子江诗刊社　电话/电传:(025)83731479　邮编:210024

江苏省作家协会主办 扬子江诗刊

文：我已于2006年5月1日前后搬了家，附名片一张，今后寄信联系或寄刊物，请按名片地址寄：

210038

南京市和燕路438号

城市绿洲花園：9幢504室。

025—

住宅电话：85235290

手机：13851475922.

章琦培

江苏省作家协会主办　揚子江

陳福成　先生：

大作《陽台上的曇花》已發《綠野》7期，奉上一冊，並盼今後多聯系。

匆匆，即問

文安

[illegible]

2004.12.3.

江苏省作家协会主办　揚子江詩刊

陳福成先生：

感谢你常常寄赠《中国春秋》每期都有好文章，内容豐富，視野開闊，謝謝。

我目前主要在《揚子江》詩刊任编辑工作，上午在编辑部上班，下午在家。今寄上刊物一册（双月刊，这是最近一期），互相交流，请提宝贵意见。

又：我前不久已搬，新宅址是：

210038
南京市和燕路438号，城市绿洲花園9幢504室。宅電：025—85235290。

如蒙賜函或寄刊，請改用以上新址。

The Yangtze River

址:南京市颐和路2号扬子江诗刊社　电话/电传:(025)83731479　邮编:210024

江苏省作家协会主办　揚子江诗刊

另附名片一張，以便今后聯系。名片中宅址及宅電，都是新的。

又：隨信寄近作散文二題，供先生指正。

匆匆，問

文安

[illegible]

2006.7.20.

地址:南京市颐和路2号扬子江诗刊社　电话/电传:(025)83731479　邮编:210024

江苏省作家协会主办　扬子江诗刊

福成 先生：

先生大作 古井 等两首，已发《绿野》(见110页远方的风栏目)，谢谢你惠稿支持，寄上样刊1本，请惠存。

我们虽未见面，但常常在台湾的诗刊中拜读先生大作，已渐渐的熟悉了。诗，心之声，我想，通过诗歌，我们会不断的交流内心深处的感受，渐渐的更加熟悉起来。

匆匆，问

暑安

[illegible]
2008.5.30

The Yangtze River

地址:南京市颐和路2号扬子江诗刊社　电话/电传:(025)83731479　邮编:210024

江苏省作家协会主办 扬子江诗刊

陳福成先生：

得悉先生的大刊《中國春秋》已出終刊號，心中若有所失。因為幾次蒙先生贈刊，覺得刊物很有可讀性，資料豐富，立論有自己的特色，十分難得。

寄上《綠野》11期，內有大作二首。如仍有大作，可爭取在三月底以前儘快寄出，看看能不能趕在12期上刊（12期4月截稿，考慮到兩岸信件走得太慢，以早寄為好）。

又：我有一位好友，即詩人王文丙，患糖尿病多日，且漸漸近后期，有尿毒症病狀，須定期血透治療。近日他聽說台灣有一种雜誌《血透析通讯》（附上該刊的封面及有关頁面的

地址:南京市颐和路2号扬子江诗刊社 电话/电传:(025)83731479 邮编:210024

江苏省作家协会主办
扬子江诗刊

复印件2页，供参考）。他很希望能看到与治疗自己病有关的最新动态。因此，有一个不情之请，如果你方便的话，是否可代买几期这个刊物（不分新舊，因为学術動態和信息是沒有時间性的）寄來，並告訴我價格，由我把钱汇去。如不方便，就作罷，千萬不要為難。

另外，《绿野》诗社几個成员的作品集我已嘱辦事人员寄给你，（其中新草地一書有我寫的序），不知收到沒有？

匆匆，問

文安．

卓琦培
2007.3.25.

址：南京市颐和路2号扬子江诗刊社　电话/电传:(025)83731479　邮编:210024

The Yangtze River

新世纪文学选刊
编辑部
NEW CENTURY LITERATURE
SELECTION NEWSROOM

福成先生：

你好！谢谢寄赠爱情诗选。曾给先生发了二次电子邮件，均被退回（xyz510487@yahoo.com.tw）不知何故？现再奉上一函。

先生诗作，感情率直纯真，深刻，有青年人朝气，不似中年人的作品，令人钦羡。只是个别篇章，语言似直露一些，尚可在含蓄美上下些功夫，必将更上一层楼！

因老伴一直住院打吊针，来不及细读，只是粗略读后之感，供参考！

向台岛先生问好！并祝

夏安

吴开晋
2007.6.7.
山东大学

地址：山东济南舜玉路40号　Add:No. 40 Shuenyu Road Jinan Shandong
电话：(0531)2867225　2867230　Tel:(0531)2867225　2867230
邮编：250002　P. c:250002

当代小说 *新诗文编辑室* P1

福成先生：

你好！收到大作《性情世界》有半年了，因内人生病，住院几次，孩子们不在身边，只有我跑医院，朋友的作品大部分压在一边，书信也回得不及时，迟迟未能拜读大作并回信，深感抱歉！近期抽空陆续读了这部诗作，深受启发，觉得先生有自己独特的艺术风格，既不同于《创世纪》诗友们的作品，也不同于《葡萄园》诗友们的作品，真可谓自成一家，值得赞许！

从艺术风格看，有现代意识融入其中，但又不是现代派作品，有明快、爽朗的风格，也有对人生的感悟，但也不是传统味儿十足之作。~~我觉得从艺术上看~~，是在一种質朴、豪爽又带诙谐幽默的风格中，

当代小说 *新诗文编辑室* P2

有诗人对社会人生的生命体验。诚如绿蒂先生所言，是"城市游侠"的诗生人生，人人皆可见先生的一颗"赤子之心"。清人袁枚说："诗人者，不失其赤子之心者也。"此其谓也。

再说说对大作的具体感受。

第二辑《去大肚山看妈妈》，有不少动人的亲情诗。如《思念》中句子："妈的手不断左搓右揉孩子们的岁月/长茧、有斑/妈老迈的速度/和我增长智慧比快"还有结尾处的"妳之再度年青、脱胎换骨成为/一个我/妳留过去/也永远是我心中那个青春不老的名字"，是对母爱的艺术升华，让人读后感慨万端。

当代小说 新诗文编辑室 P3

这一辑中的佳作还有《挑战》、《风筝》、《五十偶感》(这一首是对人生的领悟)。写蔓藤和榕树相恋的《爱》也颇有情趣。

第二辑《办公室之夜》是作者对社会百态和自然的独到观察,也是对日常生活的诗化。《办公室之夜》一首写得清新可喜;《黄昏彩虹》是对自然现象的抒情描绘,诗味儿盎然;《山的颂》则大气恢弘,在时空交错中叫人感觉到宇宙的无限辽阔。《巧遇梅峰禅修者》则富有禅机,把古松写成入定的高僧,是超拔的奇想。《寒梅》也是一首独特的与他人绝不相同的咏物诗,把这株傲霜凌风的寒梅写成我们古老的中国令人心中升起喜悦。《我想念了》，又是巧妙的讥讽，妙不可言。

第三辑《与情妇诀别诗》，全是幽默诙谐、富有生活情趣的作品。

《与情妇诀别书——送"载人舟"最后一段路》，把破鞋子比成情妇，叫人忍俊不禁，而且也有对现实生活的概括。类似的好作品还有几篇。《曾经喜爱过的》则更包含着深刻的人生哲理。《爱之水火》则是对社会上"性解放"造成的混乱的状况，作者用了一种含蓄的艺术手法。《人间烟火》则是作者性情的率直坦露。《赖信》则是它的姊妹篇。也许道学家看了会不舒服，但却是诗人真挚的心声。可惜这一辑的书眉上仍印成了"第二辑"

当代小说 新诗文编辑室　P5

再版时应改正才好。

第四辑《似曾相识在楼兰》，是作者年青时的爱情诗，从诗中可看出作者是位很浪漫才子，许多篇章充满了青春气息，看不出是位年过半百的人所写。《晨露》是对爱情生活的象征性描写；《天缘》可说是本辑中的上乘之作，含而意深，韵味无穷"乘筏/渡河//乘船/渡到不惑的彼岸//我不乘筏/何觉无岸/江水悠悠"可说是"生死相许"的情爱佳篇，但又写得禅味十足，"欲、爱"都在禅中体现出来，颇具有独创性。《那一份情》也不错，意象动伏美，《握别

当代小说 *新诗文编辑室*　P6

《传播》、《缘起缘灭》与《天缘》有异曲同工之妙，展现了作者的真性情，这也是全书的点题之篇。

第五辑《我未曾谋面的老娘》，更是情真意切的感人篇章，自然，不做作，是诗人真情的流露。

其它写桂林西湖、黄山的篇章也是优美的山水诗，从中看到了作者多方面的艺术才能。

由于时间匆匆，不能细细点评了。先生诗作中的不足，我认为有三：

一、古文化的氛围似还可加强，这样会增加诗的深度、力度，当然，不是把文化、古董拿到诗中展览，而

当代小说 新诗文编辑室 P7.

是把文言诗化，使诗味儿更浓。

二、艺术手法运用多样：古典、外国诗中的多种手法可借用来表现自我之情，奇想，诗体形式也可多加变换。

三、语言上作者已有自己的风格，但相对说有些篇章古白混杂过于明显。这方面古典诗词、现代派诗，可参看，都有在语言上可借鉴的地方。先生不是专业诗人，但悟性甚高，如再上层楼，定会写出更多精美之作。这只是个人的拉杂的零碎感觉，仅参考，也算共勉！请向台客先生问好！

顺颂

文安

吴开晋 11.18

山西芮城凤梅集团 公用笺

0359-3026338　8868636（兼传真）　3287234

陈兄：

您好！

刚才收到您的两本《诗坛春秋》、大作一本及信件，甚是感动。当即去电您原单位，我已吩咐家人给您寄去有创作以来的全部小报，望查之。

《书体》杂志里没有找到您的传记，《首诗》中我大概推算一下，可能与我同年，1951年出生，如果出生在旧历四月初九以前，这要稍长的。

又从秦老师的电话中得知，您的爱

回熱情，以事文学艺术的执着，这有设

措备们那曾有建树的才华，却是我作

学生也不够格的。

"人居回大陆小住也参我旅游，请

到寒舍作客，这里的"地上博物馆"，不要

陕西的地下。

另外，下次来信时顺便把您的"小传"

寄来，使我得以给读者介绍。

敬

礼

魏子安

怎样做人 操好心 交好运　　生意绝招 于人有利 于己有利

严格执行 说一句 算一句　　工作特长 答复问题 只用一秒

刘建智

——丁亥年七月廿九日于时报社总编室。

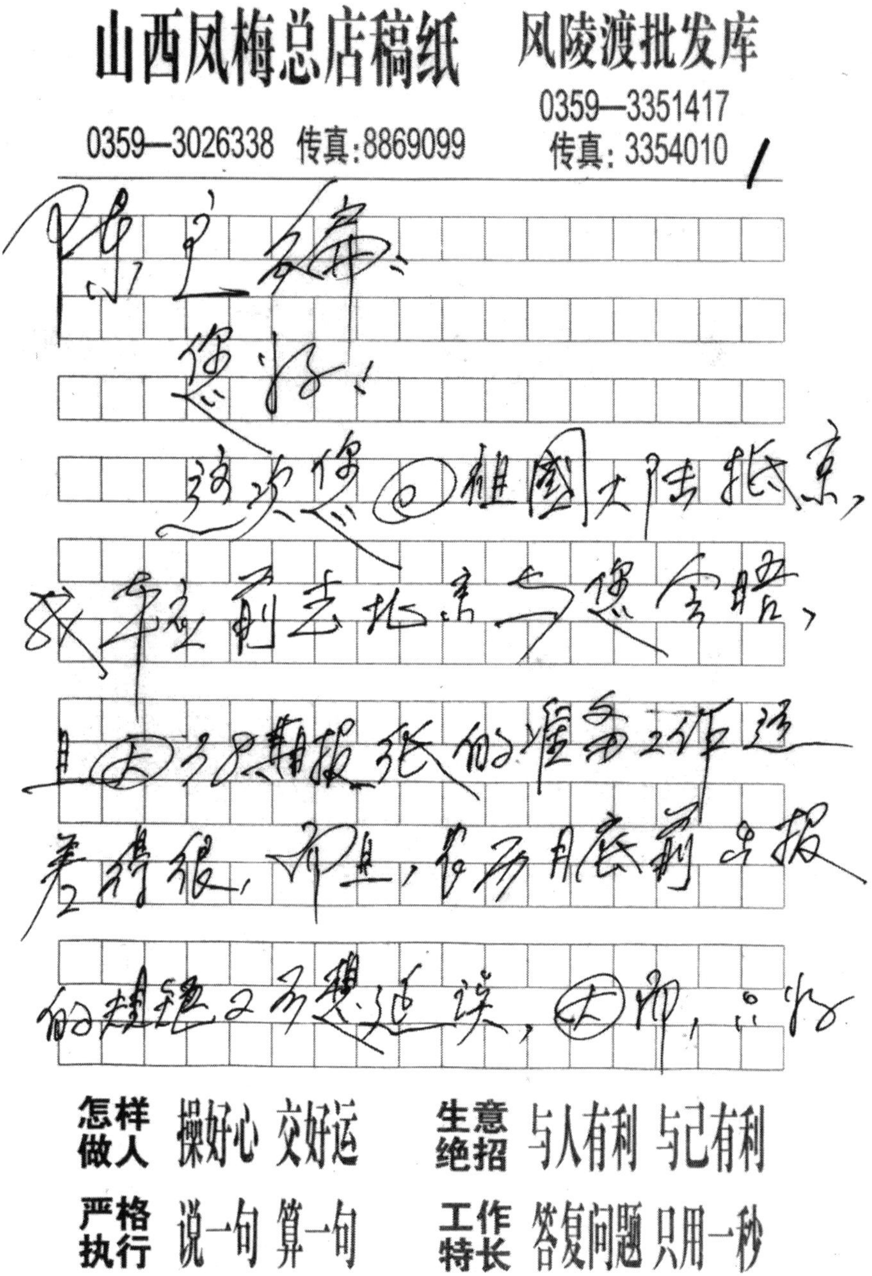
山西凤梅总店稿纸
风陵渡批发库
0359—3351417
0359—3026338 传真:8869099
传真: 3354010
1
陳主編：
您好！
這次您回祖國大陸抵京，
我本應前去北京與您會晤，
但因18期報紙的準備工作還
差得很，加上，在本月底前出報
的總編工作要進行，因而，只好
怎样做人 操好心 交好运
生意绝招 与人有利 与己有利
严格执行 说一句 算一句
工作特长 答复问题 只用一秒

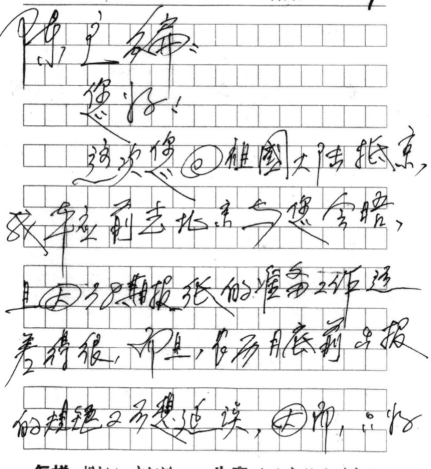

山西凤梅总店稿纸　风陵渡批发库
0359—3026338　传真:8869099　0359—3351417　传真: 3354010

2

与居故乡了，一以之后没有机会吧！

今天您見到的韓鈞也先生，

是我這幾年在国際書画界相识的

最好的老师之一，一師上、在大陆上，

這么好的老师目前还没有見到第

二个。一旦劃政治更解之战有多月，

但他仍然保持着祖先相传的

高任厚德、社会责任感，以及

怎样做人　操好心 交好运　生意绝招　与人有利 与己有利
严格执行　说一句 算一句　工作特长　答复问题 只用一秒

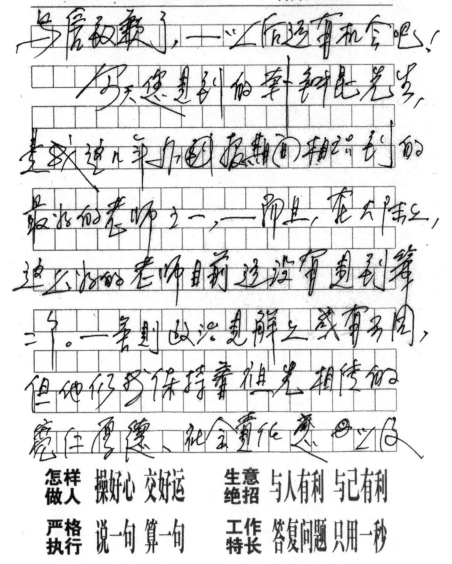

山西凤梅总店稿纸 风陵渡批发库
0359—3351417
0359—3026338 传真:8869099 传真: 3354010

3

深植在骨子里中国人本色。

所寄的东西，

<1>本百寿图是赠给秦老师的，一上迎文晚村老师没有带走，请回后转交秦老师；

<2>和谭法书与刘小部长的诗以回赠的诗，是赠送给你本人的；

<3>有关文学的36期、37期

怎样做人 操好心 交好运 生意绝招 与人有利 与己有利
严格执行 说一句 算一句 工作特长 答复问题只用一秒

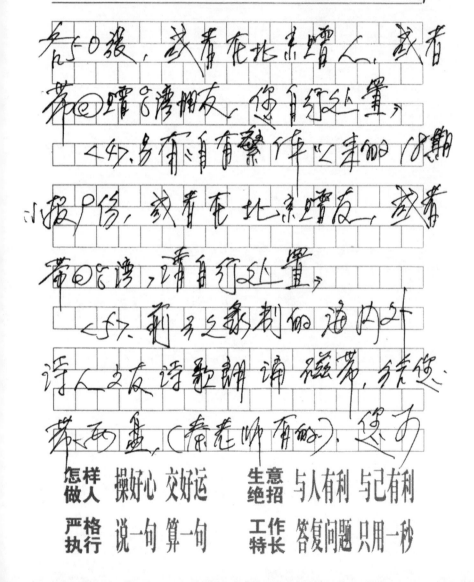

山西凤梅总店稿纸 风陵渡批发库
0359—3351417
0359—3026338 传真:8869099 传真:3354010

4

各50張，或者在北京贈人，或者
帶回贈台灣朋友，您自行處置。
〈4〉、另有本自費繁体《来函》18期
小報廿份，或者在北京贈友，或者
帶回台灣，請自行處置。
〈5〉、荊子之象製的海内外
詩人文友詩歌朗誦磁帶，另送您
帶兩盒（秦老師兩盒），您可

怎样做人 操好心 交好运 生意绝招 与人有利 与己有利
严格执行 说一句 算一句 工作特长 答复问题 只用一秒

山西凤梅总店稿纸 风陵渡批发库
0359—3026338 传真:8869099
0359—3351417
传真: 3354010

5

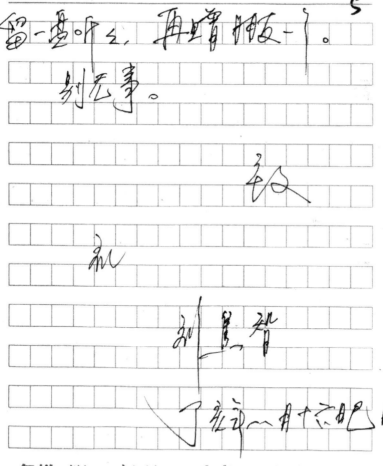

留一点什么，再赠册页一了。

别无事。

致

礼

刘[illegible]智

丁亥年八月十六日晚时许

[illegible]

怎样做人 操好心 交好运
生意绝招 与人有利 与己有利
严格执行 说一句 算一句
工作特长 答复问题 只用一秒

陈总编：

您好！

这个信封里装的这个稿子，是非知己者不能让其看的，更不敢在任何报刊上发表。——如果做不到，可能要给我惹来很大的、不必要的麻烦。

半年前，我把咱们《寻梅人》给国家文化部长孙家正邮了一份（十九张），他给我寄来了《文化如水》一书。我把此书在小报33期連載、并寄给了秦岳老师之后，秦老师写了诗与书法，我又刊在了34期上，并把秦老师的钢笔字与毛笔字原件寄给了孙部长，孙部长又亲笔签字寄来了两本《文化如水》，我另外寄给了文怀沙老师与秦老师，据说，秦老师也给孙部长寄去自己的著作和《陷越》。前天，我又把咱的小报给刘云山寄去了三次（政治局委员、中宣部长、中共书记处书记），目前还没有回音。

如果说，我关于偕行中华传统道德文化、孔孟儒学的一些文章在海外被您们以及其他报刊所用，或许可以影响海内，到那时，把此信封里的这个稿子《强健自身》直送国家领导人，是可以的。

或者，孙部长或刘云山部长这些人常被我这个意思感动，咱得到回音，再送也是可以的，不会犯多大的错。

总之，能把可让人看的稿子寄给您，是寄予了厚望的——这厚望，源于我从您的文章诗词中看到的爱国之心。

致

礼

刘建智 马年九月四日午时微

山西芮城凤梅集团 公用笺

0359-3026338 8868636（兼传真） 3287234

陈总编：

你好！

有一事相商：目前，咱的《凤梅》报已出了37期，而繁体版有新近的18期。这18期，每期印2000张，邮出去的不到500份，库存余1500份以上，共计27000张。如果能有什么好办法把这二万柒仟张（可能要有500公斤）弄到台湾去，在台北、台中、高雄等地分别发放出去，（如有赞助者的话，也可以接受一些）可能会产生一些影响的。

怎样做人 操好心 交好运　　生意绝招 于人有利 于己有利

山西芮城凤梅集团 公用笺

0359-3026338　8868636（兼传真）　3287234

我曾经产生过这么一个设想：如果海外华人对咱这个弘扬中华传统文化都得不到政府支持的"刊物"有了资助，一月就发在您与秦老师、各主编的发动之下，每期订上100本或200本《海鸥》《葡萄园》、《华夏春秋》，赠送给大陆的文友和支持《楹联》的各位先生。这样，对有关系的各杂志社也有了推动，甚至，那个未曾谋面的《秋水》、新加坡的《赤道风》也一并入内，对咱们祖先的传统文化，无疑就起到了空前的传承作用。

怎样做人　操好心　交好运　　生意绝招　于人有利　于己有利

山西芮城凤梅集团 公用笺

0359-3026338 8868636（兼传真） 3287234

只是为了知道五00公斤的报纸，除了邮资，还有没有更省钱的运输办法？

另外，很渴望见到陈总一面，聆听教诲。——如果方便，能来一下最好了。

我们家乡这个地方，是咱们祖先最先称之谓"中国"的地方，有关公的故乡、家庙，有吕祖洞宾的家庙，有"欲穷千里目，更上一层楼"的鹳雀楼，有《西厢记》中的莺々塔、尧庙、苏三监狱、大槐树等々。

致

刘

刘总转

怎样做人 操好心 交好运　　生意绝招 于人有利 于己有利

严格执行 说一句 算一句　　工作特长 答复问题 只用一秒

丁安军 九月初六午时

陈秋玫、凤妍主编：

拿到你们寄来的、创刊号《华夏春秋》，我的心情特别的激动，我从心底里表示真挚的感谢！而且，我的两首诗作也得到了你们的关爱，刊发在第三期的《华夏春秋》上。最近我感动的事，你们在第四期《华夏春秋》"编者的话"栏目中，特别的提到了大陆的几位同仁，令我敬佩。感激之言，附新创拙作表达致谢！

寄语《华夏春秋》

（一）

《华夏春秋》系中华，
唯有统一兴吾国；
两岸民众诉不住，
同心共绘世纪花。

（二）

春风光复九州美，
秋水诗句传文化；
弘扬民族促和谐，
团结富强我华夏。

敬致

祝《华夏春秋》成为两岸人民文化交流的桥梁和平的使者

20×15=300

江海文艺编辑部
高保国
2006.8.1

那是你

高保国

睡梦中
远方的雪花
画着一朵红彤云

节日里繁忙的彩旗
嘀咕一首召唤的歌
那是你
在流下相思痛苦

长夜里
凄冷的月光
轻动着你我初次感印

江海文艺编辑部·便笺

(1)

那是你
在逃逸 昨日的光阴
谁说你
找不到我的身影
你瞧
星河上那颗
火山火[illegible]的宝石
那就是我 永不褪色的心

燦

作者简介：（现职：江海科技文化研究会会长）
高保国 男 73岁 现为江动老作家协会会员
江苏如东作家协会副秘书长，《江海文艺》主编。著有诗集《阳光下的世界》、散文集《海的魅力》、报告文学、小说集《意外的爱情》。作品曾获多次全国征文比赛等级奖。

江海文艺编辑部

福成兄：您好！

还要抱歉！近几個月来工作确实繁忙，您的来函我都细阅，但由于[illegible]未见答复。万分感谢您对我这么关心的提携。

今天这时送到的祝福！今祝您及全家新年福气多多，收获多多，健康多多！幸福多多！财富多多！

另外，我想您的《[illegible]春秋》是否需要重印刷呢？要为什么印刷呢？如果能重印刷，我想助您一力所能及的力量。我想与您合作办到如何？我常想到是想：一项由大陆几个合作单位（如东县学术研究会、如东县慈善研究所、如东县[illegible]科技文化研究会）出资印刷，标出印上这些单位（合作）的名字，以大陆版为（作为通俗化[illegible]）（兼顾两岸同行印刷），大陆在我向台湾只需500份就行。不知如何？我们可以资源共享，互惠互利，共同繁荣，加强与台湾的文化，推动两岸文化的交流，开启大陆文化与台湾文化的新篇章。

希望您促成我们合作成功，把《[illegible]春秋》发扬光大，随成为我们友谊的桥梁，又为中华民族的文化复兴尽一份公民的一份力量。如果您同意合作的话，请惠回音。我们就来个"前无古人，后无来者"的创新举措。

如果能成功的话，请回信，我们就可以开始办第一期。稿源大陆台湾的作者按时间顺序刊登（在保持对比情况下），文字审稿台湾由您审，大陆由我审。

还有一件事，您给我联系联系台湾出版社，我们大陆有一部分作者，创作出来的作品想拿到台湾出版，内容也适宜台湾出版，那台湾出版行业是依照什么规定呢？望能及时告知。

现在我们大陆出版社，也从过去的行政事业单位改制为企业单位，再也享受不到政府的优惠政策了，自负盈亏。所以台湾方面的出版行业必须抓住机遇，在出版上用潜在方式向大陆开辟出版市场，拓展出版业务。对台湾出版界也是一个极大的好势头。我个人认为：在学术上只要适当改治，台湾和大陆的民间文化交流一定会繁荣的，中华文明的火炬更是将会更加源远流长。双方都要以发展文化为目的，同时又促进了两岸的经济，这种双赢的事情有什么不可以呢？如：近期台湾开放大陆居民去台湾观光旅游的政策，就充分说明了这一点，民间交流确实对两岸老百姓带来了福祉。

望您考虑，等待回音。

（附：您编的和如皋的书评发表在《如皋收藏》刊上，能否寄一份样刊我看，不要的话就算了。如要买的话，我寄上汇款。阿青注）

先致

祝您和您的家人新年快乐无限！

代我向台湾乡亲问好！

转交报刊明信片！

晚生：高保国

2009年12月31日

于寓所

祜成兄：你好！

来函均收到，看到诗城形节诗奖，希望我们合作成功！我会加紧实施《华夏春秋》的发刊计划。首先需要谢炊兄长的是：华夏诗报刊号的一套资料复印件，以及你和社长及江苏志社委托我担任主编的聘书或委托书（现在仍由你担任）其他编委人员除你提供的名单外，另外增加大陆上的社会知名文学界的知名人士，这样更加扩宽了本刊的知名度和份量。

关于办刊宗旨仍然以宣扬春秋大义，弘深的思想，这是中华民族优秀传统的精神

P.1

关于（我个人之言）可以说办刊思想不要变。办刊形式不变，仍沿用原刊物编排序，16开本，64页码，4色封面，封面200克铜版纸，内页70克双胶或轻型纸，刊物内容诗歌、散文、小说、报告文学、社会科学、政论文章不限。包容兼备。办刊地位不变，另增加大陆投稿、审阅处，行事不变。至于增送多少刊，大陆书店由你定夺，但不得超过500册寄刊物均由我大陆寄出，你提供台湾地

所赠刊的对象（个人或单位通讯名录亦行）、邮费用由我来处理，另外你要赠给大陆的对象你也把名单提供我就行了。此事我会办妥的。

你放心，我既能够把寄刊之事承担起来，我会想一切办法维护本刊的声誉。不能说办得最好，赶超什么的，我会尽力朝更好的方向发展壮大。继续接下去就是刊物的方針。當今的時代，稿源的爭奪，一方面台灣的文友由你組手下，由他們把稿件投到大陸外，一方面由你去存稿也行。台灣來稿我會按時間按原貌刊登。大陸稿、我擇優。其他需要完善的，你要加以說明。我爭取在元月底但月初把刊物印刷出來。希望你盡快寄給我們需的資料，我不好辦，望印刷到務必寄單頁，速回函！為盼，向前看！

此

祝你
詩創精神豐收，成網名作成功

順安！

高俊國

二〇〇年九月十日.

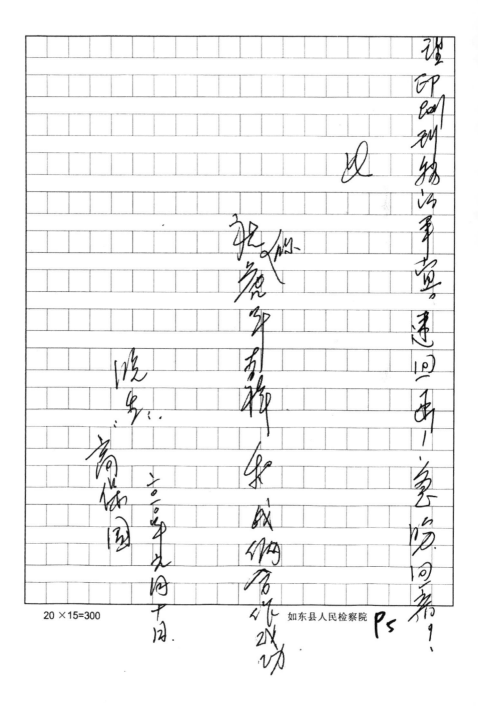

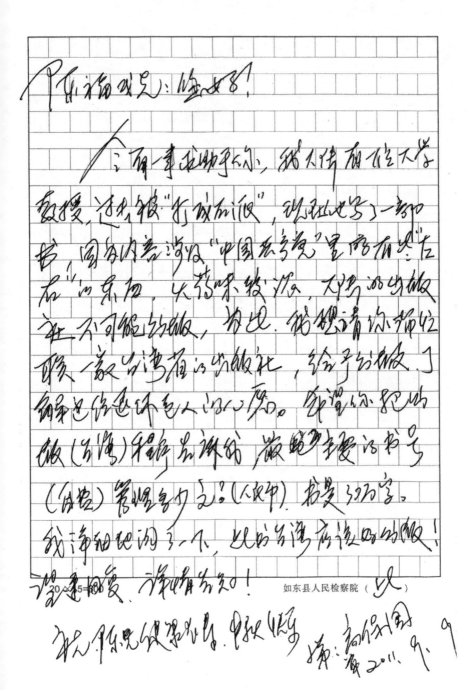

陳福成先生：您好！

有一事求助于你：我大陸有位大学教授，過去被"打成右派"，現在他寫了一部书，因為內容涉及"中国共产党"黑暗面方面的东西，火藥味較濃，大陸的出版社不可能出版，为此，我想請你帮忙联系一家台湾有的出版社，给予出版，了卻這位老人的心願。我還請你把出版（台湾）程序告诉我，最重要的书号（自费）需要多少錢（人民币），若是30万字。我详细地問了一下，此书台湾应该好出版！望速回复，详情告知！

祝陳兄健康長壽，身體健康

弟：高保國 2011.5.9

華中希望創業園
HUA ZHONG HOPE START AN UNDERTAKING FIELD

陈福成老师：您好！

2011年4月20日，多么美好的诗意的一天！郑州相聚时的情景仿佛就在眼前。希望这样的交流更多些更深些更诗歌些！

您们什么时候回台的？我很奇怪，给台客先生发了邮件，询问您们的行踪，都"查无此信"。以前，我给台客先生的邮件都被退了回来。无奈，把一些文件寄给了诗人绿蒂。绿蒂发给台客先生的东西也被退了回来。我想，是不是台客先生的邮箱有问题？

从这次的照片中选了两张，一张是给您的，另一张请转给台客先生好吗？《梧桐》诗刊2011年11月刊您已有，就不寄了。寄上我的诗集《静观不知有愁苦》，请指正！

祝一切好！

海青青
2011年4月22日

总部地址：武汉市复兴村航天花园113栋3单元202室
电话（传真）：027-83569516　邮政编码：430023
网　址：WWW.2518.com.cn
敬告读者朋友："希望卡"经国家版权部门依法登记注册（证号为：17—1997—F—039），法定由华中希望读书社独家发行。

第　页

陳福成詩兄：您好！

久未聯繫！您寄來的《古晟文人行—鄭州山西之旅》兩本已收，勿念！

從郵件中可以看出，您與作認真之人，把書用塑料袋細細包扎，這種認真、執著的精神，也在您的各種創作中有所體現。謝謝您，辛苦了！

自那以後，我才發現，沒有您的通聯地址，您給我的信封上也沒有注名。給老先生的郵箱也屢屢發不出去郵件。所以，我的《期》《葉周刊》詩刊未能投寄予您。這其中，也包括您的大作發表的那期。現在，寄贈給您，望喜歡！雖然聯繫不上您，但我從《秋水詩刊》《葡萄園詩刊》上尋找讀您的大作和信息，祝賀您！

寄上一份《洛陽晚報》，裡面有我的詩詞！

送上春天的祝福！

[illegible] 清清

2012年[illegible]月[illegible]日 洛陽

福成先生：

前时收到你寄来的诗稿，并知是由金筑先生荐引，这里，我首先向你表示感谢，感谢你对《老年文学》的支持。

你的诗作，我们将于2010年第一期刊出，從你的诗作和来信中，知道你是成都人，这使我们倍感欣喜，鄉梓之情，可惜相识太晚，我们希望你继续支持《老年文学》。

在台湾，我有相熟的朋友，一位是輔仁大学的阮廷瑜教授，我们是在唐代文学研讨会，李白研讨会，柳宗元研讨会等多次相识，他也数度为《老年文学》撰过诗稿。另一位是台湾师范大学文幸福教授，那次是在海南岛的会议，那次我们也有诗相互赠答。

先生可能是在台湾大学执教吧，来函告知，以便我们利用你的稿件时略作介绍。

腊岁寒冬，问候先生全家好

冬祺

張天健　于都江堰市
成都大学校区根序居
2009、12、27

赠先生一册2009年《老年文学》一册。

都江堰市玉垒诗歌学会编辑部用笺

福成先生：

惠书得悉，分外欣喜。你所赠我大著，将与我们老年文学同仁共同分享。

你生于台湾，祖籍成都，更有一层乡谊，由诗人金筑相荐，牵起文缘，先生诗文，我们当陆续选用。

我生于1932年，与先生比，马齿徒增。一生与文相约相伴，浮沉漂泊，始终研治旧诗，创作散文，间也写小说，写旧体诗，浪有浮名。现将拙著散文集《湔水流觞》一册，奉赠先生，都是我人生经历与心路历程，书中自序："我的文学档案"，先生更详为了解。

大约清明节后4月分，都江堰市老年文学将召开一次文学笔会，不知先生是否得暇，请来函告。届时我们将向你发寄邀请柬。2008年，诗人金筑曾应邀来都江堰参加会议，游览名胜，希望这次你和金筑能一道同来。尊意如何，盼复。谨致

春祺

张天健 于都江堰市成大校退休房屋。
2010.2.6

地址：四川都江堰市文庙街二号市政协内
电话：(028) 87132090
邮政编码：611830

中国国际文学艺术家协会
CHINA ISTERNARILNAL ASSOCIATION OF LITTERATEUR AND ARTISTS

陳福成尊鉴：

您好！

通过成都雁翼前辈的介绍、推荐，现寄去我编的《中国文艺》，希望您赐大作，并提宝贵意见！多联络、交流。

顺致

大安！

温文

2006.5.7

陳鳳嬌主編：

謝謝您照寄來的兩期刊物均拜讀了。你們關懷祖國命運的精神，令我敬佩。刊物中的不少文章，對我都是一種幸福，再一次致謝。

抄下兩首小詩，作為回謝吧。

有什麼需要我效勞的，請吩咐就是。

祝鄉園春秋越辦越豐滿。

握手

雁翼

06.4.30

陳福成先生：

大札拜读，同时收到诗刊《葡萄园》，上面有你的大作和简介，知道先生是成都人，欢迎你回乡看一看。

拜读了你们的《中国春秋》，很佩你们的情怀，才寄信以示我的支持。

有二个想法：如果能动员国民党老兵写一部回忆抗日战争生活的《抗日战争回忆录》，一定会受到读者欢迎，也是《中国春秋》不可缺少的一部分，希望你能组织这一活动。抗日战争年代的老兵不多了！应当抢救他们的记忆。如果可行，我愿意担负在大陆组织出版的活动。

这是我的想法，供你参考

祝安

雁翼

06.6.15

陳福成詩友：

信、詩作收到了，並轉寄給北京《世紀瞭望》刊物主編谢通遠先生，他的通訊处：郵碼一0一一00，北京市通州区八里橋郵局一四号信箱《世紀瞭望》編輯部。这是一家综合性刊物，盼你們建立聯系。我虽住成都，並不熟了解他，你的老家在北門外，我将托省聯办的先生幫助查找，更欢迎你归來，九十月季候最佳，我当迎候，你归來日期确定后，建議你直接給四川省政府台灣聯办公室寫一信，我持你的信再安排，这样一切都会方便些。来，可行否？你的刊物办得不錯，謝謝了。

祝 大安

雁翼

06.11.22

情留台湾

一　是观光又不是观光
阿里山、日月潭同我
互诉情肠

二　是访友又不是访友
半个世纪的离散
给一个泪洗的收场

三　同一脉母亲的血气
在彼此的心臓
同韵律的鼓荡

四　那便是诗——
母爱的花朵
一种美的开放

五　我们以诗相约
结成一条长虹
横跨海峡的风浪

六　诗國生辉和剑相伴
防奕祖的家贼
护大地春光

※一九九五年六月，在台湾中国诗歌艺术学会之邀，赴台北参加诗会、会见了许多诗友，走了许多地方，并接受诗歌贡献奖牌，故留诗记之。二〇〇六年四月修定。

致詩友楊光達

——讀序散文集有感典型長在

一 中国文化养状的灵魂
在欧洲来了风情
在四海亮了眼睛

二 世界演变的浪
你挺起来
估量高低雅歪

三 把诗性揉進新角
又用散文的美
加减乘除的整容

四 容纳之力
提炼之功
驾驶之能

五 不是有意创造
而是自然生成
是泰山必青青松

二〇〇六年三月二十一日 雁翼

珍贵的友谊无价

致台客先生

德州学院历史系信笺

台客先生：

正当我住院治病痛苦万分，生不如死的时刻，收到您寄来的信和您与陈福成先生救助我的200美元！她让我看到友谊的珍贵！她让我有了顽强活下去的勇气和信心！人的伟大，在于人品的伟大！陈福成先生和您是敬重的君子！

恰逢我的新书《心鸣集》出版，寄1本给您，请指正，并在贵刊上登书讯。

我将另去信给陈福成先生，并给他寄去1本《心鸣集》。以示我衷心的感谢！

我目前仍处高烧、挂瓶之中，度日如年！在您们的抚慰使我获得安乐。有您和陈先生等诸人的友谊，我将拼命的活下去，奋斗拼搏！草成于病床之上，见谅！

祝安！

愚弟：周光春

2006年夏

注：另附诗稿，如盼见于夏季号。不行则弃之！

电话：2303088转846　　第　页

陳福成先生：

您好！

很高興曾在會上一見，只是由于會議期間太忙，未能聚一起暢談，有點遺憾。

其實，我是很早以前便聽詩友談起你，本擬讀大作以達敬意。

返安回府，本想立刻給你寫信向您請教的，只是剛下飛機，便逢連綿的陰天氣，下了近兩個月雨，未停地落，再加上重要的傳系——主編楊[illegible]要我寫一篇懷念劉老師的文章，昨天才寫完的，近刻寫完才給您寫信，敬請見諒。

我八十年代開始寫詩，近年已發表1300多首，出版了10本詩集，其中兩本中英文對照。另有兩本對校園詩的評論集。今將前些時楊臺教授編譯的一本《詩歌鑒賞》書上，請指正一下，更希望你您能对拙诗著文，给我莫大指导和鼓励。大作我将收入即将出版的由钱志富博士主编的《王学忠诗歌欣赏评论选集》一书中。

我觉得诗人要用真情实感创作，还要有一种责任和担当。诗人要对社会负责，对人民负责，并敢于向社会上的一切丑恶挑战。

能认识您很高兴，多多指教，问全家好！

祝

文祺

王学忠

2009.11.22夜上

陳福成先生：

你好！

十分高兴读到你谈对拙诗看法的大章，写的很好，其实这种观点是大陆的诗评家写不出的，这些年大陆人多喜欢认为"资本主义社会的多党制太腐败"，其实不是那样的。

你为诗人、诗评家，我认为你是很知识分子的，写诗不仅仅写那些风花雪月，还要关注民生，反映复杂多变的社会。读了你已出版书的目录，知道你的确是个大家，著军事、政治、经济、文化，我一定好好向你学习。对了，大著你如有电子版，麻烦你发我邮箱。

这两天大学开会，晚上只能看完了一遍，遗憾未能细读。不过，我看了一下目录，晚上还是有缘的，就是你看过的那个我了我，我的在这里是重点高育李[illegible]教授[illegible]您：

能收到您[illegible]很[illegible]，隨信寄上兩位博士論[illegible]之本詩[illegible]的[illegible]，請[illegible]一個，再次謝謝你，祝[illegible]新的一年繼續[illegible]到[illegible]的文[illegible]，[illegible]全家好！

祝

萬事如意

[illegible]

2010.2.22 敬上

陳福成先生：

您好！

寄來的大著《中國近代黨派發展研究新詮》《大浩劫後》以及《[illegible]國》20 [illegible]已收到，謝謝！

從收到這些您的作品，知您不但是一位才華橫溢的詩人，同時也是一位知識淵博的學者，政治經濟、軍事、文化、歷史無不精通。這本收藏的這本書，觀點真新，當下無論大陸還是台灣皆與美國日益一直，而您卻從另一個角度分析了他，擺事實、講道理，令人信服。

您那篇評論拙詩的大作已收入《處處書香的精神與靈性——張默詩歌現象評論集》一書中，估計再過些日子便可出版。

隨信寄上我已出版的九本散文詩集，從中可看到我這些年的生活境況和詩歌創作之路，我甚想隨後寄上我的現在還可找到的全部詩集和評論。

敬請抽空一閱、斧正、批評、指導。

最近中國社會科學院的《文學評論》第3期刊登了北京師範大學文學院副院長張健教授的文章《感覺、修辭與抒情倫理——以洛夫的詩歌創作為例》一文，多方讚賞我，是中國學術界最先來者。另外，《文藝理論與批評》、《詩刊》也刊登了陳衛和吳投文博士分別評我詩歌的文章。

能與您相識，有緣，祈望支持、指導。向全家好。

祝

中秋快樂

趙思運

2011.9.9敬上

福成先生：

您好！

很高兴收到11月18日大札，也很激动，谢谢您！

在当下经济社会里，无论在台还是在大陆，我们这些把生命献给文字和诗的人都不多，也许在大陆中国更为艰难。知您还准备系统地全面对诗坛撰写系列文章并编辑成书，给我们指导和鼓励，很感动！

再随信寄上我以前出版的几本小书，可作为您撰写文稿时的资料、参考。

您博览群书，作品涉及诗歌、文化、政治、军事、经济，令人钦佩。与您相识、相交很幸运！

祝

好

[illegible]

2011.12.6敬上

15 × 20=300　　第　　页

陳福成兄：

您好！

第二次寄來的書還未收到，我已給他們打了七、八次電話，打的是郵政的電話，總是的電話無人接。我給她們說，包裹的書一大是書畫品之不是商業銷售，允許給我多少就給多少，其餘的如數退回即可。但她們說總是不會還要請示領導，我讓她們給總是說之。她們說不一個事信不好說。

中國的真實情況就是這樣，政府官員及各部門，平時皆不作為，無事，一旦被他們撞是，便過不政過。教員是能研作多是作他之私，否則推遇經宗法的寄幾本這冊友看的書都不行。但經出版社說之，讓他們找物流公司，已查貨物的去向，說收貨方至今未收到。這樣即的總是不給我送，也不敢隨便處理的。寄來幾份刊及大著出版信息，再次致謝支持！

祝

好

2012.2.20日

福成兄：

您好！即将到来的春节好！

去年下半年听说您眼不太好！没有来大陆参加一些诗会，最近可能痊愈了，希望有空安排时间来参加看看。本地地处中原，很古老，有很多遗存和故事。

关于我的那本诗论文集，目前已编成完毕，书号也批下了。贺敬之、[illegible]分别作序，约440页，估计不久可印出，届时再寄上。

前段时间，我就我们参加的"秋水"诗会讲说我的诗的大意写了一篇发表，由于那些字全不熟悉繁体字（机器在扫描时把繁体字认别错了），定稿时未校出，产生了10多个错字，一直不好意思给您寄。[illegible]寄上一本留念。[illegible]，再请支持。

祝

新春好

[illegible]

2013.1.17上

福成兄：

《性情世界》大作收到多日，因忙于寫文論稿，遲覆為歉。

首先感謝你的一片真誠，用心地寫成的書，翻閱兩遍，不知說什么好，也不知怎么去說，總感一股熱流從書頭到書尾，給人以激情奮進，思緒充盈的感悟享受。我沒有能出過書，但對出書的辛苦略知一二。作為兄弟，再次致謝，老兄辛苦了。今后期盼老兄佳作連連，我將以靜讀。

何以兄將我的把批改筆和手稿帶給佳紹兄后，以《風梅報》公開寄來．

福成兄：

您好！

首先感谢支持。

这是又一本针对我的诗的"论集"，将所谓百家争鸣。大多文章分析还是挺认真的，写出了自己的看法和当前社会的走向及诗歌命运的见解。

我从您的大著中选了第一章收入该集，我觉得您的这一篇谈了我和我的诗的单纯、真的一面，有别于其他评论家选取的角度，从整书看更显得全面论述了。

与以前出版的两本评论集相比，这本更显得厚重了，定当分量也未多见。（这是主编是按文章先后来的），您是又支持论大家，将来也请我的知己先生能否针对它再谈谈看法？

祝

春祺

[illegible]

2013.3.11.

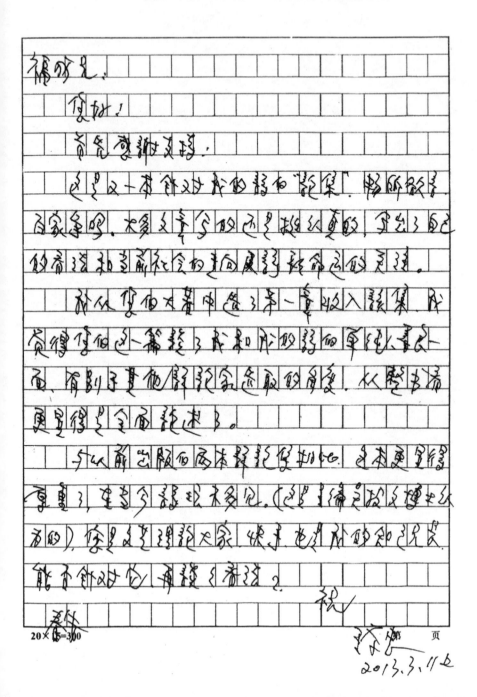

20×15=300　　第　　页

读后感触良多，受益匪浅。也许这就叫我们之缘份吧。以后大陆需要帮忙，请来函指教。再次欢迎有机会前来做客。

顺寄近作几首，可否在你所编之刊物上发表。期待。

顺祝

安康

冯福禄

山西阳泉

2012.4.15

超级婚礼

一月盛于山西苏老板耗资7000万元为女儿举办

婚礼

文坛名家多多

从四面八方

汇聚湖南

为文盲

构讽奇异梦想

钞票充当红娘

礼仪

陷入迷茫

2012.4.15日.

中国《诗海》诗刊编辑部

陈福成社长：您好！

望您于百忙中，给我绥中县县长贾建彬寄来您的大著，地址是：辽宁省绥中县人民政府，邮编：125200，并要签名。夹一封热情洋溢的信，说一下我俩的关系。并希望您能来绥中访问！

此致

敬礼！

金土 2012.7.17

地址：辽宁省葫芦岛市绥中 118 信箱　邮编：125200
电话：0429-3657052　13130974963

福成先生：

您好！來函及大作共計四冊已收到，十分感謝您的盛情。寄來的書我皆喜歡，定當認真閱讀。我們綿中正處於大發展之際，且交通便利，盼有空暇時來看看，我及同仁們將十分歡迎。

祝安康！

羅建蘭於綿中

2012.9.8.

陈福成先生：

寄一份成都报纸《晚霞报》给你。

给你的这首书信诗改了两个字，将吉它改为琵琶。我知道你会弹吉它，但那是外来乐器，琵琶是中国乐器，古已有之，故改，这样更加符合实际。

我已年迈，走不动了，不再外出参加约会了，今年西南大学诗学会，我已请辞，不能再去重庆和诸位见面了。很高兴结识你，今后只好书信交流了。歉甚。

问好！

［签名］

2012.8.23.

陳福成先生：

你好。

為你作了一副嵌名小聯，書了，茲奉上，敬請大鑒。聯為：蟾蜍向上祈洪福，膽液塗地功告成。

二〇〇八年十一月二十日

陳猴昕

貴州大學

陈先生：

您好！

我叫龙梅，是贵州大学图书館的一名管理员，此次冒昧的给您写信，主要是最近看到您准备给我们图书館捐赠图书一事所感动。作为一名中华儿女，时时刻刻都惦记着祖国大陆的炎黄子民，此举亲佩。

此信是从我个人的名誉书写的，我看过您的重要著编译作品的书目，很遗憾，没有看过您的作品，看得出您是一个很有才华的作家，

貴州大學

还有一颗爱国之心，对我来说都是望尘莫及的，我想在不久的将来一定能看见您及拜读您的作品。

另外，我准备在放寒假之时，也就是在2013年元月中旬去台湾，此行的目的是旅游、探亲、访友，不知道是您否能在百忙之中，见我一面，不甚感激。最后，祝您及家人健康、平安、幸福！

此致敬礼！

手机 13984052554
QQ 380618068

龙梅亲笔
2012年12月4日

貴州大學

尊敬的陈先生：

您好！

2013年1月10日，收到你的来信及你寄过来的包裹（书），一共四包，均已收到。此刻，让我深深的震撼了！震撼你渊博的学识，精深的思想，感觉你是一位超凡脱俗的智者，你让我想起，人之所以高贵，就在于人有思想，获得了灵魂，有着广阔的精神世界。

不难看出，一个饱满的灵魂，孕育的正是优秀的文化，而文化播撒的正是对人类及万类众生至高无上的爱。如果把生命比作人生之树的

貴州大學

根本，那么，文化便是人生之树的果实。

我们每个人都应该学会更多地了解和观察自己心灵深处那一闪即过的火花，充分挖掘自身的潜力，而不是受外界影响而妥协，放弃自我。"成为你自己"，每个人都是一个宇宙。如果不是这样的话，你不可能出这么多的作品的。

龙梅

輯三：淡江風柔文曉村

年青時代耍酷！

人生，一路爬到這裡！

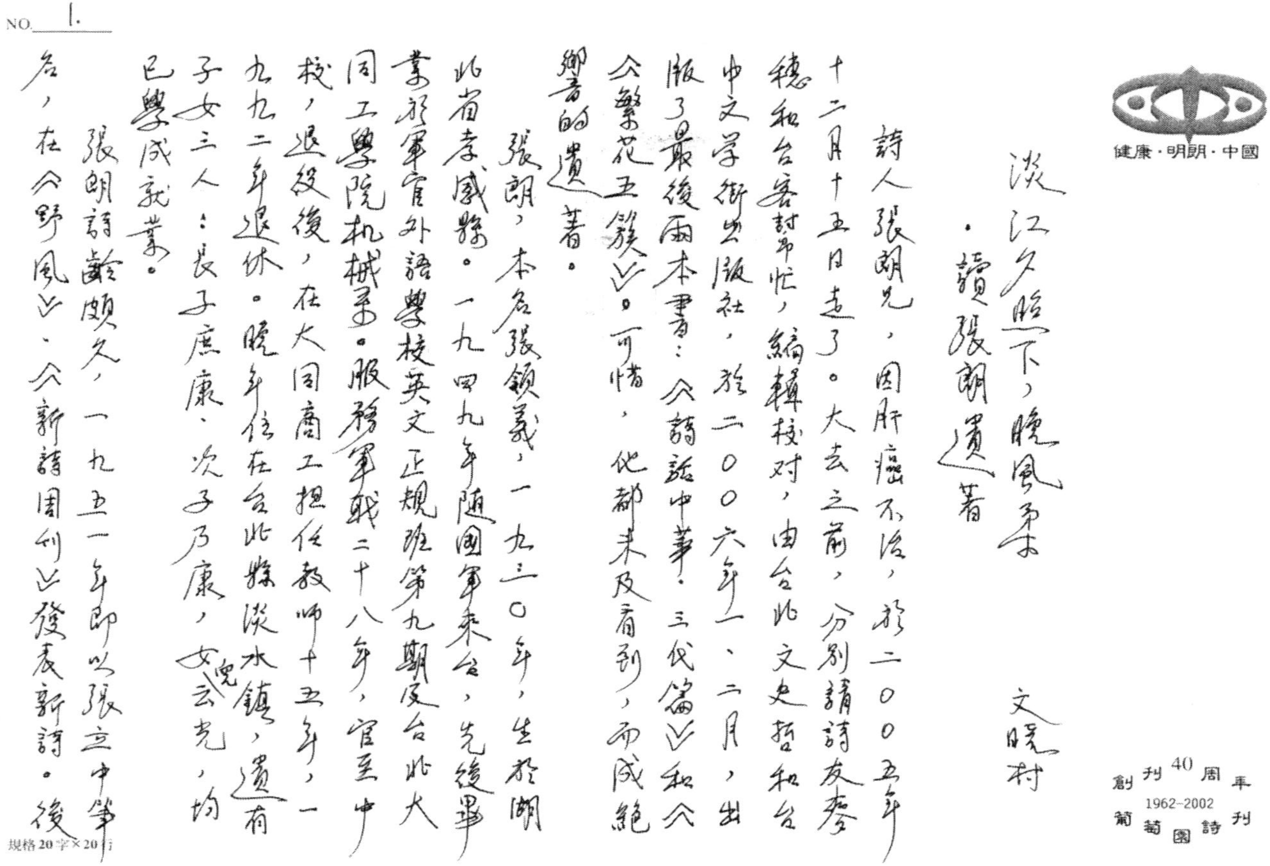

NO. 1.

淡江夕照下，曉風柔
·讀張朗遺著

文曉村

詩人張朗兄，因肝癌不治，於二〇〇五年十二月十五日走了。大去之前，分別請詩友麥穗和台客幫忙，編輯校对，由台北文史哲和台中文學街出版社，於二〇〇六年一、二月，出版了最後兩本書：《詩話中華·三代篇》和《繁花五簇》。可惜，他都未及看到，而成絕響的遺著。

張朗，本名張領羲，一九三〇年，生於湖北省孝感縣。一九四九年隨國軍來台，先後畢業於軍官外語學校英文正規班第九期及台北大同工學院机械系。服務軍職二十八年，官至中校，退役後，在大同商工擔任教師十五年，一九九二年退休。晚年住在台北縣淡水鎮，遺有子女三人：長子庶康、次子乃康，女兒云光，均已學成就業。

張朗詩齡頗久，一九五一年即以張立中筆名，在《野風》、《新詩周刊》發表新詩。後

健康·明朗·中國

創刊40周年
1962–2002
葡萄園詩刊

規格20字×20行

健康·明朗·中國

2.

因觸犯軍方禁忌，被迫停筆。直到脫掉帽衣，才又重拾詩筆，回到詩壇，並在一九八五年，得到國軍文藝金像獎詩作獎。稍後，也曾受邀加入《秋水》和《葡萄園》詩社，一九九三年八月隨「葡萄園詩社大陸訪問團」，前往北京、開封、鄭州、洛陽、武漢、重慶、貴陽等地，與各地文藝社團、大學文學院系訪問交流。但因個性關係，難免格格不入，旋即退出詩社活動。惟一使其始終不渝的，則是一九九三年六月，由一群從戰場退休的詩人，所組成的「三月詩會」。該會為無形團體，不設會長，每月第一個週末聚會一次，由會員輪流召集，命題創作，相互討論，以提高詩歌藝術為唯一目的。張朗在這個團体，如魚得水，表現得十分活躍，因見解不凡，贏得「修理廠長」的雅號。因熱衷批評，也一度在大同學院（今改大同大學）校刊《大同校訊》，寫專欄評詩，惜未結集成書。

張朗真正熱衷的，仍是詩的創作，包括遺著，共出版詩集九本：《一千個希望》、《飄

創刊40周年 1962–2002 葡萄園詩刊
規格20字×20行

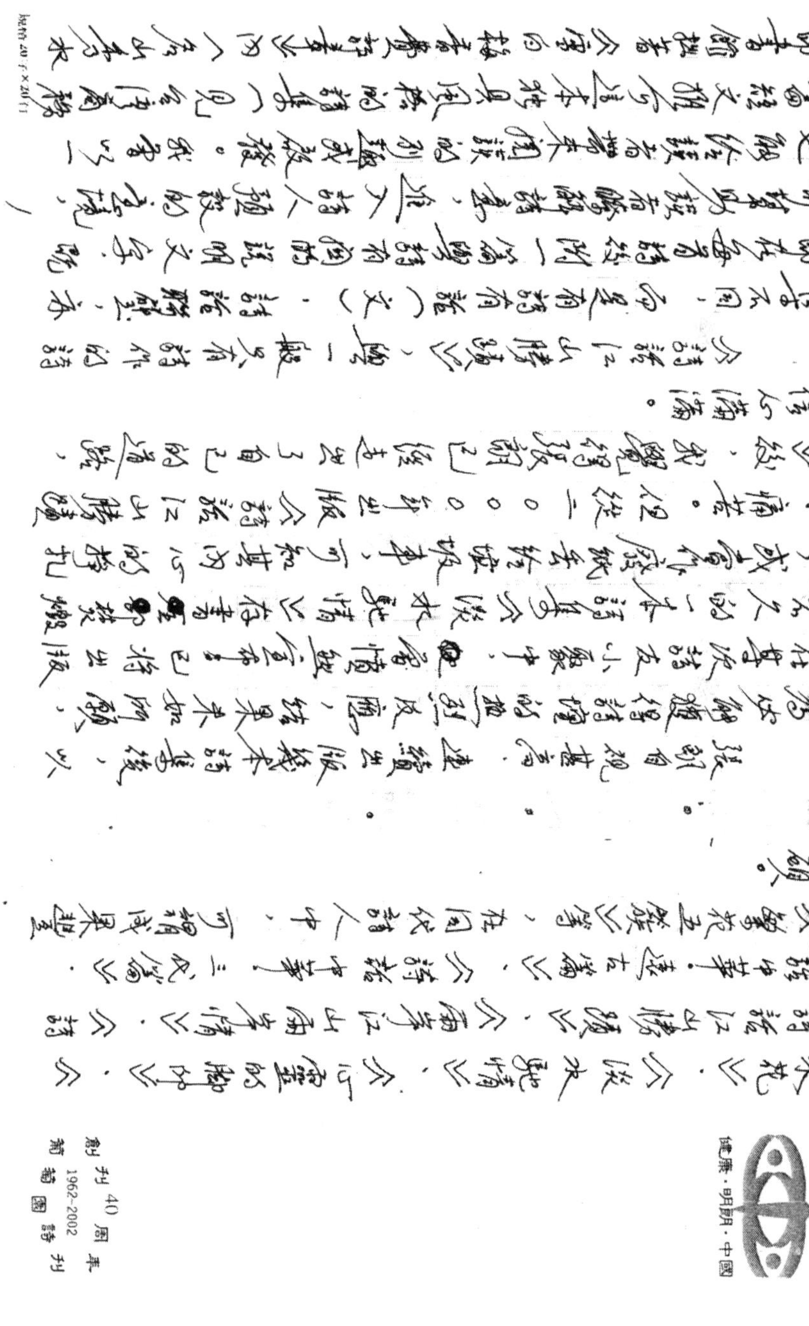
NO. 3.

水花》、《淡水馳情》、《心靈的腳印》、《詩話江山勝蹟》、《兩岸江山兩岸情》、《詩話中華》遠古篇》、《詩話中華》三代篇》、《繁花五簇》等，在同代詩人中，可謂成果豐碩。

張朗自視甚高，連續出版幾本詩集後，以為必能獲得詩壇的熱烈反應，結果未如所願，在某次詩友小聚中，曾憤然宣布自己將出版不久的一本詩集《淡水馳情》存書全部焚燬，或當作廢紙丟給垃圾車，可知其內心的掙扎．痛苦。但從二〇〇〇年出版《詩話江山勝蹟》後，我覺得張朗已經走出了自己的道路，信心滿滿。

《詩話江山勝蹟》，與一般只有詩作的詩集不同，而是有詩有話（文），詩話聯璧，亦即在每首詩後附一篇與詩有關的說明文字，既可幫助讀者瞭解詩意，進入詩人預設的意境，也能給讀者帶來閱讀的別趣或啟發。我曾以一篇短文推介這本獨具風格的詩集（見台灣商務印書館拙著《雲向梅香費評章》內〈名山秀水

規格20字×20行

健康·明朗·中國

創刊40周年
1962-2002
葡萄園詩刊

健康·明朗·中國

家風〉一文〉。這本與眾不同的詩集，收詩一
〇五首，其中書寫大陸江山勝蹟的八十二首，
台灣部份二十三首。茲以我在詩文中所舉〈六
尺巷〉一詩為例，見一斑而窺全豹，與讀者分享。

六尺巷

爭牆的人走了
讓地的宰相也走了
兩邊歷經滄桑的宅第
早已忘記當年舊主人
只中間六尺寬的長巷
叫好多人來懷念他們

六尺巷在那裡？「爭地的人」和「讓地的宰相」是誰？如果沒有一段考據性說明文字，恐怕很多讀者都會有丈二金剛摸不到頭腦之感。下面是該詩之後的說明文字：

「六尺巷在安徽桐城西後街，巷寬六尺，長約百米。

清康熙時，葉姓人家跟當朝宰相張英家爭

創刊40周年 1962-2002 葡萄園詩刊
NO. 4
規格20字×20行

NO. 5

地，互不相讓，家人寫信給張英，要他運用宰相的權勢壓制葉家。他收到信後，頗不以為然，回信是七言絕句一首。詩曰：

一紙書來只為牆，讓他三尺又何妨。
長城萬里今猶在，不見當年秦始皇。

張家的人收到信後，依照張英的意思，拆拆牆退讓三尺。葉家的人感到很不好意思，也退讓三尺，所以留下了一條六尺寬的巷子。」給我的啟發是，台海兩岸明爭暗鬥，不知兩岸當權者，是否也能領悟到，「讓他三尺又何妨」的智慧。

《詩話江山勝蹟》出版之後不到兩年，張朗又在二○○二年，由詩藝文推出了同一類型，有詩有話的新著：《兩岸江山兩岸情》。該書收詩一三二首，沒有序文。但讀者不難發現，不論是讚美江山如畫，如〈桂林市〉、〈遊西安碑林〉；或批判歷史，如〈豫讓橋〉、〈華清池奇想〉；或觸景生情，借古諷今，如〈三藏塔〉、〈六合塔〉、〈望夫石〉等，無不各有其寓意。或即從「兩岸江山兩岸情」這七個

規格20字×20行

健康‧明朗‧中國
創刊40周年
1962~2002
葡萄園詩刊

健康．明朗．中國

NO. 6

家，讀者似乎也應該能夠体悟作者更深一層的
用心，是否也是冀圖通过吟詠兩岸無限美好的
江山，以促進兩岸人民血濃於水的同胞親情呢？我
以為：是的。這裡，試舉二詩為例。

盤丁青蛙石

你的族類
棲於水，也棲於岸
很納悶
為何你在水湄許久、許久
不躍入水
在岸緣又不回頭上岸
听完你的故事 才恍然
此岸不是温馨的鄉土
海上也沒再駛來
千年．萬年前錯过的那班歸船

作者在附文中說，台灣盤丁海边這塊青蛙
石有一個很浪漫的故事，相傳：「它是搭乘一
艘觀光船偷渡來台觀光的蛙王，因貪看盤丁森
林遊樂區的美景，忘記返航的開船日期。等他

規格20字×20行

創刊40周年 1962–2002 葡萄園詩刊

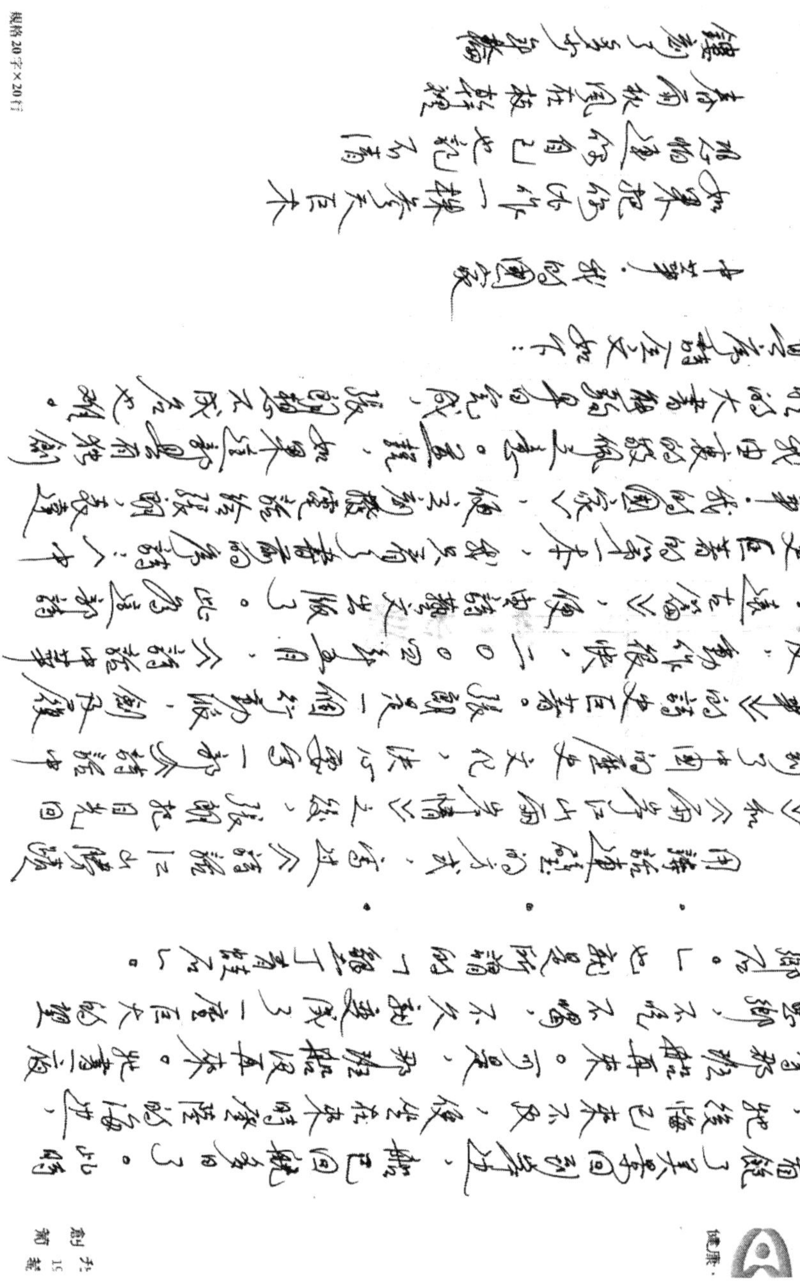
NO. 7

看飽了美景回到岸边，船已回航多日了。此時，她後悔已來不及，便坐在來時登陸的海边，等那班船再來。可是，那班船沒再來。她晝夜思鄉，不吃，不喝，不久就變成了一座巨大的望鄉石。」也就是所謂的「鑿丁青蛙石」。

・・・

用詩話連璧的方式，寫过《詩話江山勝蹟》和《兩岸江山兩岸情》之後，張朗把目光回到了中國的歷史文化，決心要寫一部《詩話中華》的詩史巨著。張朗是一個行動派，劍及履及，動作很快，二〇〇四年五月，《詩話中華・遠古篇》，便由詩藝文出版了。此為這部詩史巨著的第一本，我只看了書前的序詩：〈中華・我的國家〉，便立刻撥電話給張朗，表達我由衷的敬佩之意。並說，如果這部具有獨創性的大書能夠早日完成，張朗想不成名也難。其序詩全文如下：

中華・我的國家

如果把你比作一棵參天巨木
恐怕連你自己也記不清
春雨秋風在枝幹裡
鏤刻了多少年輪

規格20字×20行

NO. 8.

健康・明朗・中國

從荳芽劇到
現代科技大國
光碟般的歷史斷面
雖僅五千匝成長記載
從萌芽於盤古剛開闢的天地間
到有巢氏來枝頭築巢
你心中的千千結
誰能一一解讀

今天，你堅逾鋼鐵的枝幹
支撐著如巨大傘蓋的樹冠
庇護三江五湖哺乳的國土
也庇護著所
大小群落熔鑄成的中華民族
永遠繁衍綿延

我是一隻愛唱歌的彩羽鳥
天天在你的枝頭快樂地歌唱

創刊40周年
1962–2002
葡萄園詩刊

規格20字×20行

健康·明朗·中國
創刊40周年 1962-2002 葡萄園詩刊

NO. 4

唱出对你的愛與崇敬
唱出对你的祝福與期望
也唱響你的年輪裡
亙古的雨聲、風聲

中國的遠古故事，多是神話與傳說，但形之於詩，卻不能憑空杜撰。張朗的《詩話中華．遠古篇》亦然，從許多詩歌的說明文字中，可知他是參考了許多野史文獻，如《中國神話與民間傳說》、《上古神話演義》、《歷代帝王傳奇》、《中國歷代名人勝蹟大辭典》，以及柏楊的《中國人史綱》、《白話史記》，和近代出土的文物，自然也有作者的想像，甚至主觀的批評。

在分章書寫上，不採傳統的三皇五帝為序列，而是在三皇之前，增列「開天闢地」、「人類誕生與繁衍」（兩章）；三皇之後，又增列「五氏」（有巢氏、燧人氏、伏羲氏、女媧氏、神農氏），五帝則分列為「黃帝時代」、「後黃帝時代」（含帝顓頊、帝嚳）、帝堯、帝舜，另列「唐虞盛世」專章。各章以組詩方式推進，人物

規格20字×20行

健康・明朗・中國
創刊40周年 1962-2002 葡萄園詩刊

NO. 10

故事，交相輝映。寫作方法，仍沿用詩後附文，詩話聯璧，共得詩一七六首。由於發揚中華的立意恢宏，技巧表現上，華實紛陳，美不勝收，令人有深入寶山的收穫。果然不出所料，二〇〇四年底，張朗即以此書，榮獲中國詩歌藝術學會主辦的，第九屆詩歌藝術創作獎。

・　・　・

張朗未及親自看到的《詩話中華・三代篇》和《繁花五鎮》，是其一生創作的高峰，絕對有價值，有看頭。先說前者。

中國歷史進入夏、商、周三代，已經由傳說故事到達有文字記載的信史，張朗運用的材料更為豐富，不必細說。《詩話中華・三代篇》，由夏禹、夏啟、少康，到末代夏后的夏桀；商朝成湯、太甲、武丁、武乙，到商紂；周朝由姬昌、成王，到西周末代的幽王，書寫的人物達六、七十位，故事不下百則，得詩一七四首。仍是有詩有話，一目了然。東周的春秋戰國五百年，因為思想文化空前發達，典章制度更為周全，登上歷史舞台的人物，數以百計

規格20字×20行

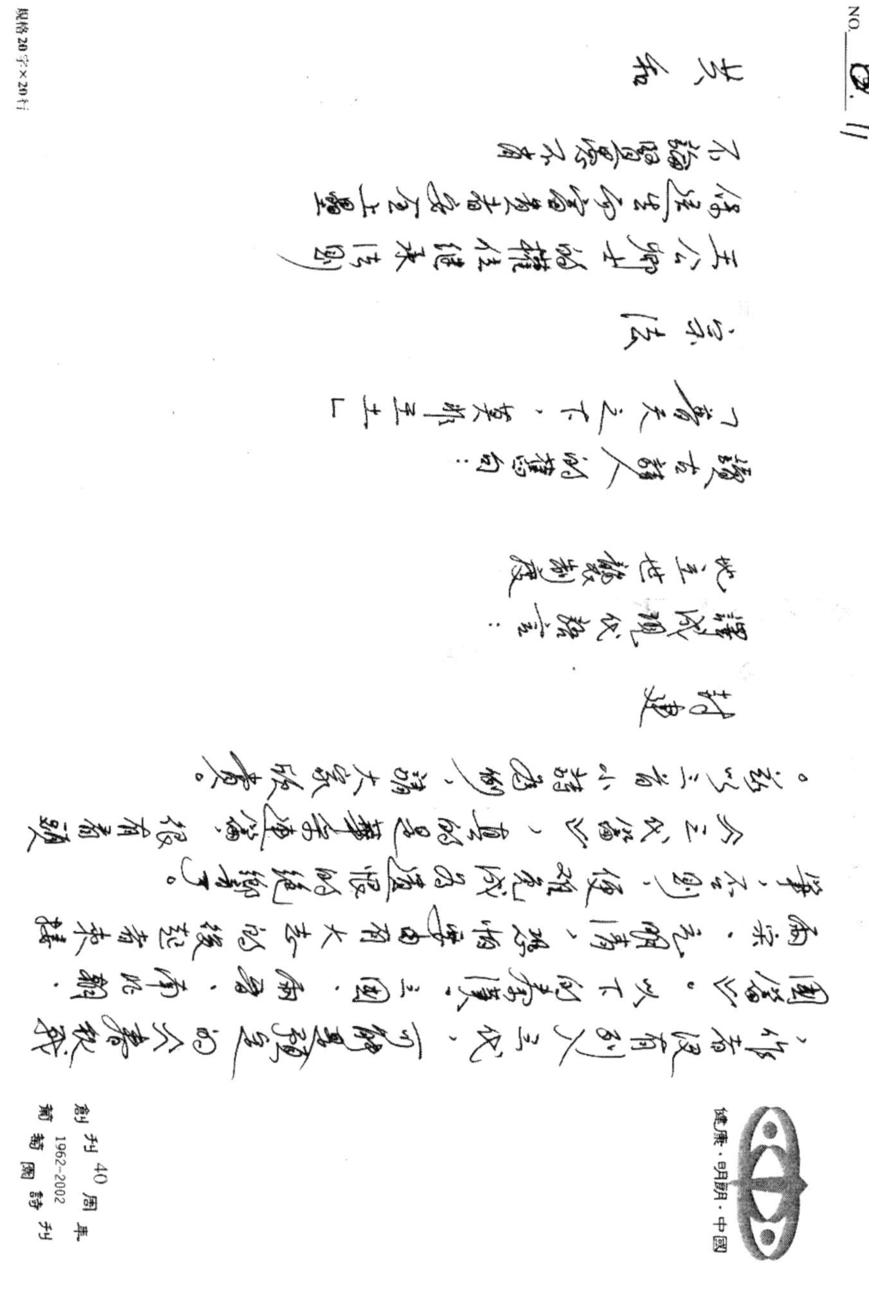

NO. 11

、作者沒有列入三代，可能是預定的《春秋戰國篇》。以下的秦漢、三國、兩晉、南北朝、兩宋、元明清，恐怕要由有大志的後起者來接筆，否則，便難免成為遺恨的絕響了。

《三代篇》，真的是華采連篇，很有看頭。茲以三首小詩為例，請大家欣賞。

封建

譯成現代語言：
地主世襲制度
讀古詩人的舊句：
「普天之下，莫非王土」

宗法

王公卿士的權位繼承法則
保送生而富貴者安全上壘
不論賢愚不肖

共和

健康‧明朗‧中國

創刊40周年 1962–2002 葡萄園詩刊

規格20字×20行

NO. 0 12

如果歷史是一匹
不吃回頭草的好馬　堅持
沿著共和大道嚼食芳鮮
不停向前的馬蹄
把二人共和踏成
四人，八人，十六人……
今天，全世界的
民主政治發祥地便是
中國鎬京

~~封建．宗法制度~~

封建．宗法制度，雖為中國儒家稱頌的文明，但以今天以民為主的觀點來看，保障地主．帝王．公卿的世襲，不論賢愚不肖，均可安居上壘，當然是應該反对批判打倒的。張朗的批判諷刺，一針見血，有若史家之筆，讀之怎能不由衷的喝采！周朝周公．召公共同攝行朝政．史稱「共和」的美談，張朗讓它和今天的民主政治掛鉤，絕非民粹的自吹自擂，而是中

規格20字×20行

健康．明朗．中國

創刊40周年 1962–2002 葡萄園詩刊

NO. 13

國人有根有據，當之無愧的光榮。

《繁花五簇》，分編五輯，（包括微型小詩，）有詩二二一首。其中第五輯「詠史詩拾遺」六十首，從宜臼、管仲、弦高、西施、文種、荊軻、廉頗……到龐涓、孫臏、卓文君、荀灌娘等，均為歷史人物六十位，應是其《詩話中華》的餘篇，不同的是只有詩，而無話（文）。有褒有貶，見解獨具。尤其抒情詩，佳構甚多，可說是詩藝表現，更為成熟，這裡從略。（天若假年，以後當專文討論）在第四輯「國事家園懷」中，作者對國民黨兩蔣和當今陳水扁的痛罵，口誅筆伐，不假辭色。例如三行詩的〈中國國民黨〉：「孫中山辛苦建造的一艘戰艦／蔣中正指揮從南京轉進台灣／經兒子的手送進登輝拆船場」，真是入木三分，尤其「登輝拆船場」的意象創造，更是妙不可言。〈真哉〉一詩，諷刺的也很夠味：「阿扁字典裡沒有這兩個字／請書名家寫了一幅送給／老宋，自己沒留影本」。

健康・明朗・中國

創刊40周年 1962–2002 葡萄園詩刊

規格20字×20行

健康·明朗·中國

NO. 14

張朗因早年寫詩，遭受白色恐怖的迫害，停止詩筆二十五年，對於兩蔣的不滿，在詩友間，從不掩飾。他在〈人生九則〉的第一首中，也有某種程度的暗示：「自從當年離鄉背井／就在那槍聲裡走入人生／滿身傷疤是生命頒發的獎牌／獎賞我一次次死裡逃生」。

從人過七十，進入晚年，也許人生的歷練夠多夠深，人生的境界和詩風，已慢慢進入敦厚溫柔的階段。這從他二○○四年獲詩歌創作獎時，所寫的〈得獎感言〉第一段的詩中可以看出：「七十五歲得創作獎，不知應該沾沾自喜還是該羞愧／唉！既無可喜也不須汗顏／昨日今日，一樣風輕雲淡」。

最能表達張朗人生境界的，莫過於二○○五年八月三十一日，他在病床上所寫的絕筆之作〈入風——病中吟〉。全詩六節，最後兩節是：

如果人生還能選擇／我　和風
任它吹皺一池春水

規格20字×20行

健康·明朗·中國

NO. 15.

我祇愛有愛的人間

若問起我現在的詩情
寄語詩壇諸好友
淡江夕照下　晚風柔

淡江是淡水的別稱，是張朗的居之地；夕照下，有若李商隱的名句：「夕陽無限好，祇是近黃昏」；晚風柔三字，道盡了詩人臨去的心境。現在，就容我以「淡江夕照下，晚風柔」為本文做結，並以之贈詩人在天之靈，願老友笑納。

二〇〇二年五月一日
於台北縣中和市文廬

創刊40周年
1962~2002
葡萄園詩刊

規格20字×20行

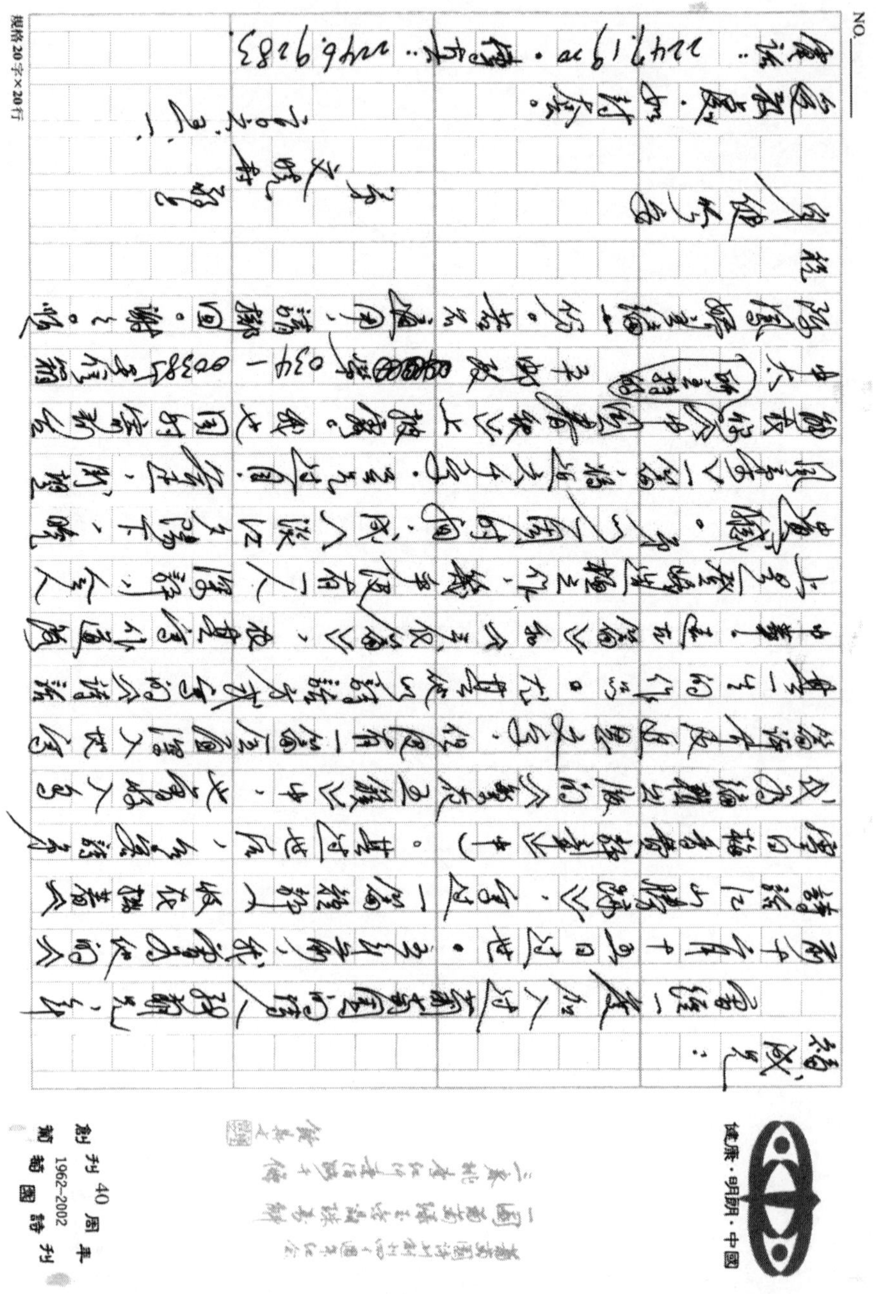
NO.
規格 20字×20行
健康・明朗・中國
創刊 40 周年
1962-2002
葡萄園詩刊

NO.________

福成詩兄：

明兒小登科，六月衆南風；
大德不言謝，但此一鞠躬。

我兒誠明，與黃瑞益先生千金玉玲小姐，本年六月十七日，假台北縣永和市福臨門餐廳，舉行新婚喜宴，承蒙諸親長好友，親臨致賀，或惠電厚賜，衷心銘感。愧不能一一登門道謝，謹以此感恩小詩一首，盼能博君一笑，敬致誠摯謝忱。

耑此，恭頌

夏祺快樂

文曉村
邱淑嫦 敬上
九五年六月十八日
於台北縣中和市。

健康．明朗．中國

文曉村專用稿紙
通訊處：台北縣中和市5-4號信箱
電話：(02) 247-1920
傳真：(02) 914-8081

創刊35周年
1962-1997
葡萄園詩刊

稿紙20字×20行

輯四：秋水一段緣

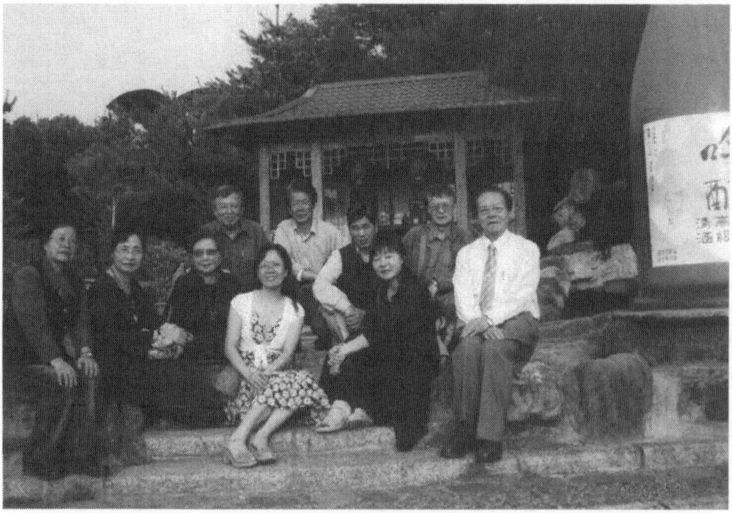

緣起於詩的一群秋水朋友

緣起於詩的一群秋水朋友

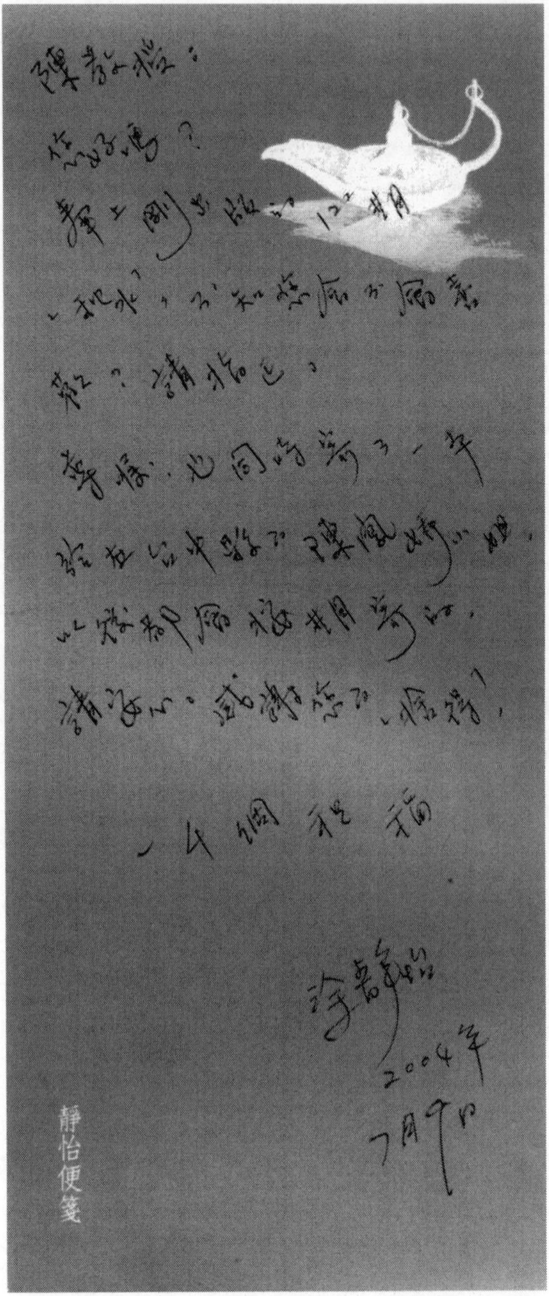

陳教授：

您好嗎？

寄上剛出版的12期

「秋水」，不知您是否喜

歡？請指正。

[illegible]，也同時寄了一本

詩友的中醫[illegible]陳[illegible]小姐，

以[illegible]寫秋水[illegible]寄語，

請留心。感謝您的「疼愛」，

人個祝福

涂靜怡

2004年

7月9日

靜怡便箋

稱武詩弟：

可以這樣稱呼你嗎？這樣的稱呼親切些。詩友們都叫我「靜怡姐」或「涂姐」，同仁們稱我「大姐」，你想想，怎麼稱呼順口，你就以「姐」來稱呼好嗎？

那樣感人的「詩信」，可不可以刊出？或者，你也要像心笛那樣，「消」、「消」的「呼籲」？

二岸著作都收到了，哇！好美的二岸書啊！

我明天一早出國，到北京去參加「二岸女詩評討會」，8月4日回來，你的書等我回來再細讀。

你是一位深情的好詩人，寄來的先寄刊在「詩屋」贊助下期內容閱讀吧」，表示兄弟情深，122期的「秋水」已寄啦。寄給你的嫂嫂陳秀娟女士了，請安心。再次感謝！我們同為「詩屋」的夢想的。

頌 文祺 雙福

涂靜怡
2004年7月23日

涂靜怡用箋

福成詩弟：

很抱歉！人老了，近年來常常忘東忘西的，更愛做一些不該錯的「錯事」，十分慚愧！要去詢問前才收到你的信，因為很感人也說到你的「秋水」書簡的方式刊出，不料，大大不該弟的詢問回來，竟忘了這件事，在收到你的詩信後，又寄出了一些！，其中「紫色書囊」還寄第二次，並幸，那年上剩下了沒寄了，那是2000年出的書，不知可否寄同一本，留著自己欣賞？

「認識」、「秋水」也請替我不要忘記，等待感覺再說，因為，編輯不錯了，許多存稿和寄稿都太多，下一期就先發表你的「書簡」好了。真是對不起。

請別見怪。

「千個祝福」

涂靜怡
2004年8月8日

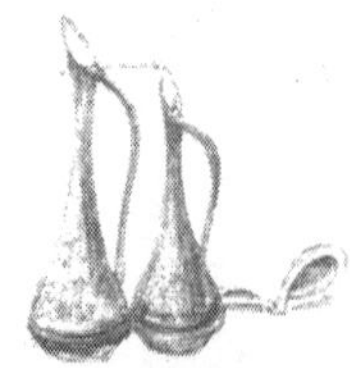

稱成詩弟：

你好嗎？每一次讀你的信，都感覺好親切！好溫馨。

收到你的三本大著後，「候鳥歸來」及「尋找一座山」就知道你是一位多方面都很傑出的詩人作家。能詩，能文。不同調的個性，使你一切都那麼有活力。

謝謝你對「秋水詩刊」加油！目前詩壇已萎縮了，雜誌的生存，不是靠詩，只好向銀行貸，以20年來撐過。我知道，我未來的日子會過得很辛苦，但不後悔。對「秋水」我付出了歸宿，再辛苦，都值得。

因為，感情就是如此了。感謝你的關心和付出，我一定不會忘記這些，你的好話，我會永遠記得。在我亟需援助的時候，是你伸出了援手，對你的感謝，是說不完了。

如有20、30行的抒情詩，請惠賜，好早日成為「秋水人」。你已經有十年了，不是嗎？「秋水」都31歲了。我也過了六十大，這緣份來得有些遲，但我會珍惜。謝謝緣份，因為讀一些，可以多認識你一些。

一切圓滿　祝福

涂靜怡　2004年9月20日夜

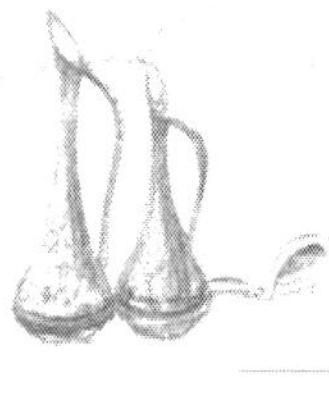

涂靜怡用箋

福成詩弟：

你好。

三首詩收到了，覺得「守著一抹藍天」比較好，就安排126期的「秋水」發表了，請不要再投其他刊物，好嗎？「秋水」的詩稿一直用不完，排隊的很多，所以不希望一稿二投，也不想轉載，請諒解。

就要成為「秋水詩家族」的成員了，便要為你建檔，奉上基本資料卡，請抽空填寫，最好是手稿，因為，你的資料，將來要陳列在「秋水詩屋」內，拜託你。右上角也請貼一張你的小照。如果不介意，多一張小照，也可以隨你的詩刊出。

信箱是31年前我在「司法大廈」上班時，為了方便取信，古丁老師創辦「秋水」時設立的。我早已離開信箱二十多年的地方工作，退休後更遠，開一次信箱要轉三次公車，辛苦極了。但那信箱已不再是信箱，是我心中的「老友」，捨不得撤掉，你能體會那種心境嗎？「詩屋」年底就要交屋了，心中的壓力無法形容，但那是我今生最後一個「夢想」了，我願不惜一切去圓夢。不足的錢，我將向銀行貸款，分10年償還。我喜歡「孤獨」，為「秋水」詩社付出就是我的「清福」了，跳出風暴，喝咖啡，從來不曾想過，許多我去不合的文藝場所，要見我一面，恐怕不是一件容易的事，謝謝你的惠稿。

一切順利 祝福

涂靜怡
2004年9月10日夜

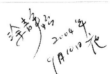

涂靜怡用箋

福成詩弟：

你好。

謝謝你發動親情來幫助「秋水詩屋」，（我知道這一切都是你在暗中幫助）你的用心，我已深深感受到了。除了感恩，我不知道，還有什麼文字能表達此刻的心情。

千個祝福

涂靜怡　2004年10月12日

（123期的「秋水」已在校中，希望月底能出版）

涂靜怡用箋

福成詩弟：

你好。不稱教授而稱詩弟，是覺得詩弟比較親切！此刻是12月13日清晨，我才看完了你寫的「兩個世界的探索」，讀了好多遍，又不感謝你那么用心來讀我的小書，那么用心探究我的內心世界。其實，詩、「情詩」是我創作的主題，也是我比較喜歡寫的風格，沒有特定「對象」，只是抒情。

不止你這么猜想我的情感世界，二十多年前曾寫一首情詩，就有很多讀者寫信來「追問」，問我寫給誰？我的回答通常是：「你認為我寫給誰，就是誰」。更多讀我的情詩的人，沒有一位是像你這樣「指名道姓」的。如此一來，我如何寫下去？創作是一種「寄情」，不一定要有「某人」，創作可以想像，不是嗎？30多年來，我在詩壇是很自愛的，寫了那么多「情詩」，其實都是「想像」的，在情感上，我承認是保守和如你所說的是「有潔癖」的，年輕時就這樣，很多時候，想像比較美，你怎樣認為呢？

你的這篇稿子，我將在今年本月收到，打下展讀，又不感動於你的細心。詩人和散文不論寫的是心靈都有時刻的，因為寫的跟真的「相」話，我自己不敢當了。（其實上，也不是，「我」本篇幅不夠）請告訴我，我如何處理，好嗎？感謝再感謝！

一個稱謂

涂靜怡用箋

涂靜怡
2004年12月13日 夜

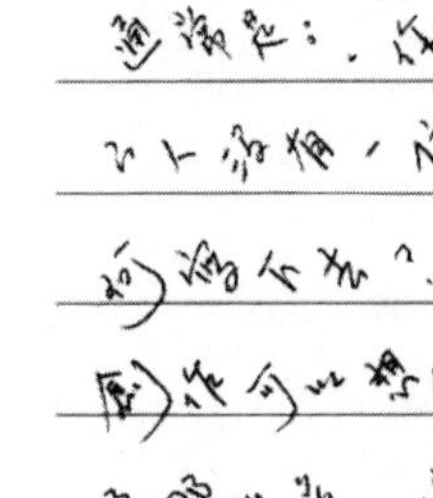

福成詩弟：

新年好。今天是大年初一，山上好安靜，很適合讀書。關上手机，我想暫且遠離世俗，捧著「詩抄一座山」，我在書房的一角「靜讀」。隨著你的詩行，旅遊「霧月神木」，跨溪觀龍，一路欣賞你由快樂寫詩的心靈所走訪「跨溪觀龍鷹」，欣賞一座又一座的名山，瞬間，有一種錯覺，彷彿自己也是台大登山隊的一員似的，恩在「武陵農場」找到心中的「好湯」。謝謝你在新的一年的第一天，就給了我那份豐厚的見識。

過去的一年，過得好辛苦，肩上的壓力過重，我度過了緊張了的兩個月骨痛。這一切，都過去了，「詩集」已順利出版，雖只是試集，但已很滿足。這一年半，我看到了你付出了熱心、熱情，對你的感謝，是深深的。期望詩社的發展，未來時間，若有能力發展，一定邀請你來「詩社」參觀。

你是一位深藏不露，深懷著信心的人，你處中，我更一步認識你了。新一期的「詩學」看到了嗎？44頁有鄭愁予先生寫給你的序文。他說的是發自內心的真心話，我也有同感。其實，你10年前就有詩作了。沒日沒夜，都已三十好幾了呢。可敬的詩人！

睡衣收到了，謝謝！其實，我要的是大頭照，沒關係，不急，也許下次吧，有機會在一起相聚的場所一定會遇見的也說不定。到時候，我再用我的數位相機為你拍一張好了。我有隨身攜帶相機的習慣。

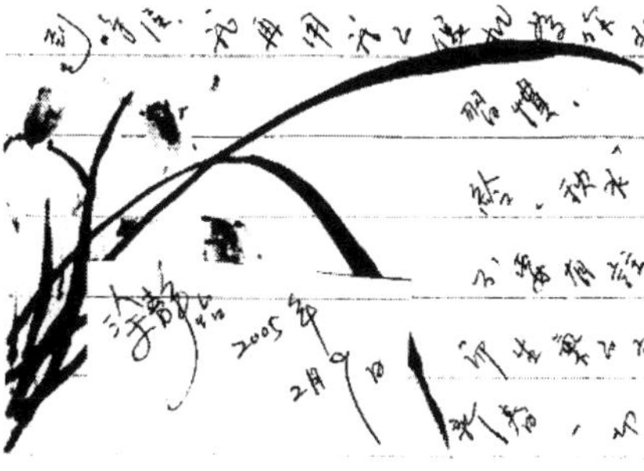

另，秋水的詩，還是期望找到一點，20－26行，不要很長的。（如果你沒關係的、寄達了，可以寄來的話，歡迎你再寄詩作來。）祝你新春，如意。

涂靜怡
2005年2月9日

福成詩弟：

你好。謝謝你想的那麼周到，要為「秋水詩屋」認養「花花草草」，你的情誼，讓我好感動！不知說什麼才好。

其實，「詩屋」目前是「空屋」，還沒有能力裝潢，因為我想用原木來打造，包括地板和一切。如此，才能合我要的「古雅」。但原木並不便宜，初步估價得花四十多萬。「秋水詩屋」的總價是340萬。除了100萬是100位詩友之贊助款，加上17位創始人（每人10萬，他們之名字將來要刻在詩屋內）剩下之70萬是向銀行貸款的。2005年元月已開始扣利息了，還有大樓之管理費，每坪100元，水電基本費，加起來每月要從我退休之薪俸中扣六仟多元，對我來說，已是很重之負擔了。我想給詩友們與我一點時間，我願努力省錢、攢錢，再來圓夢，好嗎？

你的「兩個世界的探索」真是寫的很好。如果能把這兩個世界的人分開來寫，用另一個角度重新切入，應該會是兩篇很深入的詩評。而且，分開寫，字數也會少一點，也比較好安排刊出。如果你願意，可從我如何達成「詩屋」之理想，另個不同切入，思考一點，是可以安排在「秋水」發表的。而錄發先生之論點也可以寄給「子淳」了。不知我這麼想對不對？

這個星期日上午10點半，我約了「秋水詩屋」

涂靜怡用箋

的創始人看「詩屋」，（鍾益成也原來《圓桌》創始人的主意，是他出的）。

日子在平靜中有壓力，有期待。感謝你對「詩屋」每一次的付出。你那以喜歡嘗出，嘗出一定很迷人吧？你的豁達心境，有山一般的胸懷。

你沒有趕上「秋水」三十周年慶，想寄一本30周年慶的紀念稿紙給你。（另寄）

一年問 祝祺

涂靜怡 2005年2月21日 夜

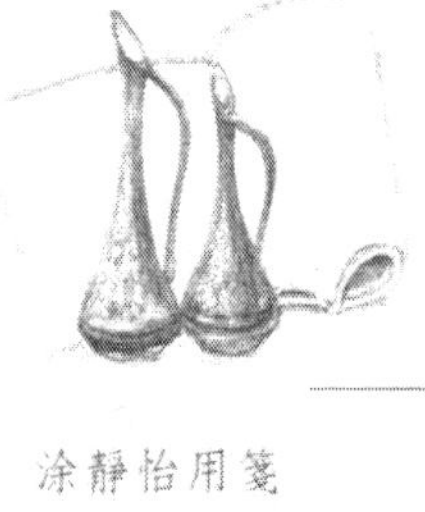

涂靜怡用箋

福成詩友：

　你好嗎？

　這幾天都放暑假了，當老師的你，有沒有輕鬆一些些呢？你說你，身兼數職，累不累？好在你尚年輕，趁此機會多寫些書，出版著作，為自己留下一些成績，將來好回顧。別像我，這把年紀了，就是有心想多做點什麼，都覺得心有餘力不足了。尤其這一個月來，常暈眩，日子好像在昏沉沉中渡過，有些可怕。上街開信箱天氣太熱都很吃力了。不過就醫中，頭昏總是不尋常的，只是還查不出原因。

寄上新一期的「秋水」，也是在暈眩中勉強寄出。有你的作品，請慢慢欣賞。

可有新寫的詩？抒情、美、唯美一類的，就寄給我好嗎？「詩屋」的書擺放好，只是天氣太熱，還沒有精神整理。一切慢慢來，急不得。謝謝你對「秋水」的好。

　　一切順　祝福

涂靜怡
2005年
7月26日

涂靜怡用箋

福成詩弟：

謝謝你寄來4首詩，我編選其中之「誰痛就寫了」，同時，詩中有你的「影子」，只是仍然透著「理性」。其實，詩，是可以寫出真深情些的，字裡行間可以注入一些比較深層、比較唯美的句子，若無不然。文字是可以推敲的。寫詩，也許不難，但要寫好，讓讀的人有所感動，進而共鳴，就難了。「寫詩」「用心」「推敲」是必然的過程，這和你的「專業」不一樣，你的專書需要用你的專業修養，但詩，是文字的精華，美、個字、感覺和意境就完全不同了。像你寫「不相許恩」，又夜，應該很美才對，可是在你的筆下，怎麼「又夜」會是「一隻野狗」呢？唉！我真的服了你了，你的「夜」，就不能想像美一些嗎？怎麼？詩，一定要用「情感」去寫，一定要放下所有的「深情」去寫詩，不然，寫出來的詩，就太乏味太沒趣了，你願意嘗試「把你寫」一一首唯美、柔的詩嗎？感情一定得用那以「理性」那以「浪漫細膩」呢？當然當然，我們的，除詩了「專業」之外，也有「柔性」的一面用在寫詩上。

我已讀過一個多月了，信寫得很不容易說，若口無心，並非要諒陳福成有，天也能出版一本「情詩集」將得。　—— 仍調　秘福

涂靜怡 2005年8月6日

涂靜怡用箋

福成學長：

你好嗎？

還是很忙吧？

寫信給你，只想要問你最近發表的[illegible]，你以前寄給我的幾張，都收下了，謝謝你個人的「詩集」讀了好幾遍，很想跟你說我[illegible]。我覺得你的詩，感覺出你的生活呢，有時候，讀完了，覺得，彷彿看到你的「詩集」[illegible]了「[illegible]」那樣生動，很想看到你啊！「詩集」將來是否在「詩刊」內，[illegible]也已完成，我在[illegible]中找到你的詩作，[illegible]你的近況。我讀你的詩，有深深的心情與感受，即使[illegible]，也只能把詩寫成書之後。詩，不是可以在紙上寫的？現實生活裡沒有的，可以在詩的世界實現，就像你的日子，得了一些的「詩集」，也有心靈的，有你的「感性」的詩篇。我在這一期詩中也看到你一首詩，[illegible]的詩作，我想下回寄也行。

謝謝！

順頌　秋祺

涂靜怡
2005年8月13日

（別忘了寄明年的詩稿給我[illegible]）

涂靜怡用箋

福成詩友：

等了好久才收到你的六張詩畫的照片，如此一來，像我這樣個人的「詩畫」就變簡了，我不應再打擾你。再問你要照片了。請不要推說不行，這些照片，和你的畫作，手稿，將來都將存藏於新成立的「詩屋」中，等明年4月「詩屋」開放後，你想看的人，來，想再看這些照片，都可到「詩屋」尋找「藝苑」的，真的很感謝你的配合，我同意要「建檔」。

「好是那以的詩美」，寫得很好，是你寫的「秋水」詩中，我最欣賞，也最推崇，「秋水」最好的風格的一首。我已讀出你的用心和認真了，我準備安排下一期刊（先登記發排，秋水季刊是半年，登了要滿一定的篇幅發表的同仁之外，一般來稿的詩人因稿件多，篇幅少，不能不有所安排，但詩人朋友的作品應有自己的「天空」的編排話，所以先登記到一定篇刊）只是，寫僅是詩的詩，雖可以不得所望地寫，但用字一定要合理，你的第一，第二句，未問題：「一種高調之的青春／活得帶有不一，「芳華」。「高調之的青春」，如何續「寫」？那是「高寫」嗎？不合「邏輯」，這一句請修飾一下，再告訴我，稿子我先登著，可以嗎？近日來，常暈眩，日子在昏昏沉沉中，很可怕！

祝 秋祺。

涂靜怡 2005年8月23日

涂靜怡用箋

福成詩弟：

筆談有好些了，住出國的數，一個月份，已將三分之一，有收穫。正準備去澤星期五那位好心人出資贊助四位大陸大學的學生學費，就不能有機會見到你呢。

如果你的那筆錢能撿回來，我認為，你應留著自己用，講課、授稿，都是辛苦錢，你為了秋水詩屋盡了心就夠了。

再寄一本小小詩集給你，詩作中可以讓你知道我的身世，那是不堪回首的厄運。謝謝你為了我所做的一切。

一千個祝福

涂靜怡 2005年9月12日

涂靜怡用箋

稻成詩友：

謝謝你再一次的捐助，你的豁達和開朗的個性，9月17日在台大部為子達的母親不老的「護生篇」上，我已深深佩服。如果詩社沒有你作後盾，這樣撐撐時時都想，「從一朵玫瑰」的點心下來，就詩刊的銷行，就有福了，感謝老詩人關懷詩刊的。

請不用費心找我的生日，有這分心就夠了，不是嗎？

我的身體，時好時壞，可能真的如醫生所說的，我得舒解自己心中的壓力才行，其實，我每天清晨都有做一個小時的運動，以前還常爬山，但膝蓋不好，不能爬山了。

我的壓力來自《秋水詩刊》，這二、三年來，為了團結「秋水」這一個詩社，我的確耗費了不少的心力。小小的「詩屋」要花四百萬才能完成（包括裝潢），四百萬，也許對有錢人來說不算什麼，但對「秋水」來說，於對的有，實在是將之艱難重重。有負債，就一定有壓力。我得繼續去克服，為自己的不知量力，負責到底。感謝你的關心，你的每一分付出，我都銘記在心，無以為報，只好默默地把每一期的「秋水」辦好。

時光很快就過去了，也期待你來參觀你的選擇這裡，等明年4月「詩屋」開放，你就可以看到了，隨詩刊寄一張你和母親不老的合影。你的詩很有份，後來我想，你可能是和「秋」的緣份很深吧！

「秋水」還是盼你將比較「唯美」的作品，可以嗎？謝謝！謝謝。

一个個秋稻

涂靜怡
2005年10月28日

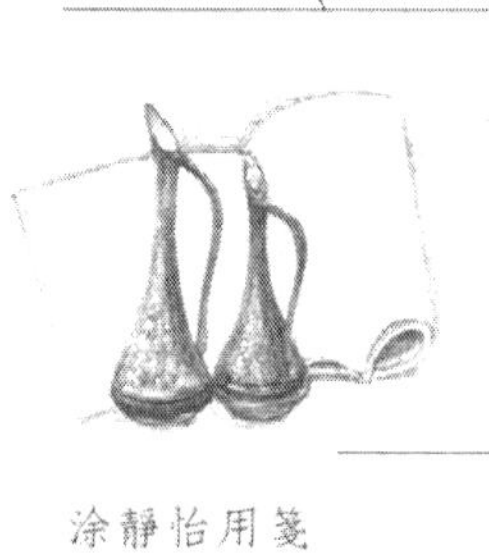

涂靜怡用箋

福成詩弟：

你好嗎？

很驚訝，也很欣喜，能收到你創辦的「中國春秋」創刊號，拜讀後，對於你創刊的宗旨和動機，十分敬佩和認同，你真不愧是中華民國最優秀的革命軍人，以身為「黃埔人」的黃埔精神來創辦「中國人的事業」，捍衛我們的「中國魂」，你這種偉大崇高的思維和理想，我的恩師古丁老師遠在25年前就做過。他為了抗拒台獨份子的不滿言論，以一介退伍老兵的身份赤手空拳辦了政論性的雜誌「中國風」。也是以筆為槍，寫了許多文章挑戰「李登輝當局」。我知古丁老師創辦不久（也收到）恐嚇信，說要對我們個老不利，以生命相威脅，要我們立刻停止「中國風」的出版。可是古丁老師不信邪，仍寫文章批判他們的思想，因而喪失了生命，往事不堪回首，如今又見恩師的「影子」出現在「中國春秋」上，我的感觸好深好深。如果我們在25年前創辦「中國風」時，身邊有一個陳福成，也許，我們的命運就要改寫。

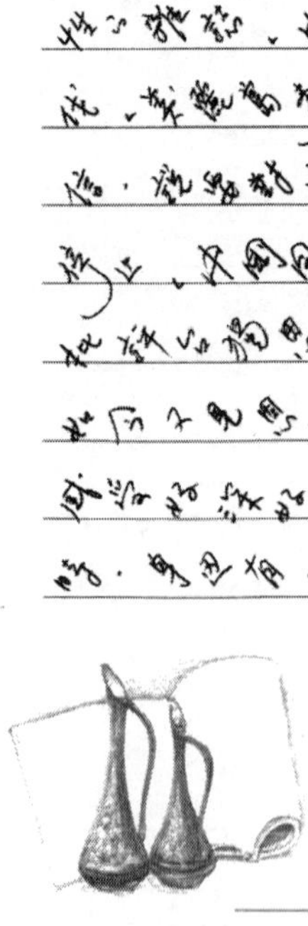
涂靜怡用箋

古丁老師也不會不明不白地就這麼離開。不禁回首，話感說感心痛，拜託你寄一本「中國春秋」給[illegible]好嗎？他應是一位認同你的理念的人。

一切祝福

涂靜怡 2005年11月10日

穎成詩弟：　P1

謝謝你在台大當義工值班時，還抽空給我寫信，你總是有用不完的精力和愛心，能認識你，實在是「秋水」的福氣。但願你的熱情能持久一點，不要冷卻，繼續做你想做的事，我衷心祝福你。

我不可能讓「中國風」復刊，你的美意，我恐怕要辜負了。因為，我已經老了，有太多的因素使我心有餘力不足，而最直接的是健康問題，不僅是退化性的坐骨神經痛，膝蓋不好，不能久站和久坐，加上有胃病，和近日才發生的憂鬱症等等，常讓我活在「連串的」疼痛中，真正已力不從心了。何況，「中國風」是我出版的詩刊，我怕這一輩子是難以擺脫的。為了詩的熱情，「詩國」的大業，我們25年前已轟轟烈烈地做過，剩下的餘年，只想為「秋水」盡心，（因為，唯有「秋水」在，古丁老師的精神才能留下來）。往事真的不堪回首，為了替古丁老師完成創辦跨國性詩雜誌的心願，我不惜捐出剛榮獲中山文藝創作獎的十二萬元獎金，你知道嗎？民國69年十二萬元是可以買半棟別墅呢，可我一點也不覺得可惜，因是身外之物，我從未看重。雖然，我

P2

一直處於貧窮中。但有「秋水」等於就擁有了一切，就像認識你一樣，不也是種「秋水」之賜嗎？美好的仗打過了，這就夠了。謝謝你的看重。

其實，「秋水詩屋」很小，三年前買時是17坪。但扣除公共設備之後，只剩13坪半，像一個房間那麼大而已。要辦「我在寮房」以手無縛不屋頂的「交誼廳」，以一天的時間，談詩論文多了，若離一下，就在煙樓交誼，也只能這樣了。你問改裝用要花多少？我該辯述，估計連同布置所需一、二萬元可能就夠了。「詩屋」的地板和厚木書櫃早已修好，漆等也裝好了。桌椅、冰箱和其他的用品仍等著添，我在等下半年的退休金，所以才把開放的日期定於明年4月，都是有充裕一點的時間。「詩屋」目前營運已用去70萬，再有十多萬就夠了，我不用去伸手募款，那不是我的個性，一切隨緣。自己的理想，應由自己去扛，求人的事，我是不願意，尤其不想欠太多的人情債，因為，我怕還不了。

前日收到新一期的「葡萄園」，讀到台客寫的一篇「詩壇拾零話指標」，其中有一段談到秋水詩刊

P3

「秋水」之描述，讓人不解和生氣！關於，他說之，根本與事實不符。不知他為什麼不經查證就來誣蔑「秋水」，破壞「秋水」之形象，藐視生為「秋水」負責的我，傷心到極矣。「秋水」每一期要花6萬元，稿費請兩家去掉12000元，那還至少也要12000元，每一位同仁每期出三千，16位，（社長出一萬）這帳不用算都是透支的，如果「秋水」同仁裡有人要查帳，那感覺已走了樣，這個詩刊能辦下去嗎？不是，透支之錢，誰來付？不談錢好了，談感覺，寫詩之人是最注重感覺之，感覺不好，就不可能共事，何事實上，「秋水」之同仁在是道義之交，沒有誰原去說出要「查帳」這樣之話，那太傷人了，「秋水」是一本有情之詩刊，沒有任何人想從這個刊物中得到什麼，事實上也得不到什麼，只是在同一園地，相互切磋詩藝而已，「秋水」不是有錢就可以成為我們之同仁，這誰都知道之事，16位，就是16位，能聞多就好，這是「秋水」之原則，據我當年詢問「秋水」是因為他長期不付同仁費，我們在不勝負荷之下，要他離開之，這件事，我也要我台客原之了，他如果沒有做到，下一期之「秋水」，我願容許台客來譴責任意信口開河的人。

我的書，似乎拖遠了。信心不夠，自認已做到謹守自愛了，相信不還有人忍心如此傷害我呢。我自己心中自有一把尺，對得起自己就好。

再一次感謝你對「秋水詩刊」的關心，人言可畏啊！好可怕的人心。不是單純的我，可以去面對的。

記得你以前常提過，你家的櫥櫃裡有許多你寫的詩稿，要不要挑點出比較抒情一點，比較合「秋水」性質風格的，寄給我？

你目前有「中國詩報」，那你忙多了，而且，新刊物是很難經營的，你還是把錢留給自己吧！我將寄些給你方便。

這幾期已收到「中國詩報」了，謝謝你。

「中國」發行

涂靜怡 2005年
11月20日夜

稱成詩弟：

你好嗎？

11月23日的信，早收到了。讀後感慨很多，不知說什麼才好。所以選擇沉默，其實，沉默也是一種語言，端看有心人如何去解讀。

我近來睡眠比較好轉，但右手和右腳又開始發麻，安眠不了，毛病真多，很討厭自己，沒有好消息告訴你。醫生認為，手發麻不嚴重，可能與頸椎動脈血液循環不良有關，要我開始復健，因此，每天跑台北去做復健，浪費時間，心中有一萬個無奈。你還年輕，不願想這些的。可我卻要把寶貴的時間耗在生病和復健上，那樣的日子，非我所願，完全不是我要過的日子。

好的，我原諒你的話，朝著「修行」的方向去走，望你不要替我操心，自覺是一種罪過。

以後有寫道歉信函來，但所有的道歉，都沒有用。因為傷害已造成。

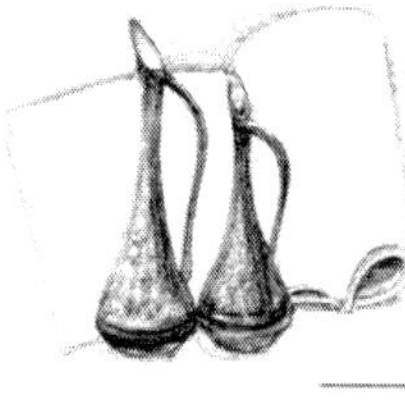

我在等你寄稿來。

上星期二與法制所女同事聚餐，就在台大對面街的「海灣咖啡」用簡餐。那些女孩說很久沒有見到我，十分

涂靜怡用箋

想念，一定要拿出來給她們看看。開幕時，有贈二張咖啡券，（我有胃病，不宜喝咖啡）便想到，你常去誠品書店，也許有機會去「涵碧」喝杯咖啡，順便看看沿街的行人。所以，就把二張咖啡券夾在信中寄給你，但願你會有個快樂的午後。

「秋水詩屋」決定4月5日成立，你的好心，讓我無言以對。你自己有「中國春秋」，要花很多心力和金錢，請量力而為。

此次選情讓人好開心，這是12月最愉快的事。

如果下一期的「中國春秋」仍願為「秋水」打廣告的話，請加上台灣的劃撥，不能只有大陸的。

還有，你要快快寄一套你的書到書屋，上一次就說了。你贈我的，我要留在身邊，你可否另外寄一套給「詩屋」。先來再一次拜上，謝謝你。

別忘了我在等你寄詩來。

一切圓 祝福

涂靜怡 2005年
12月12日

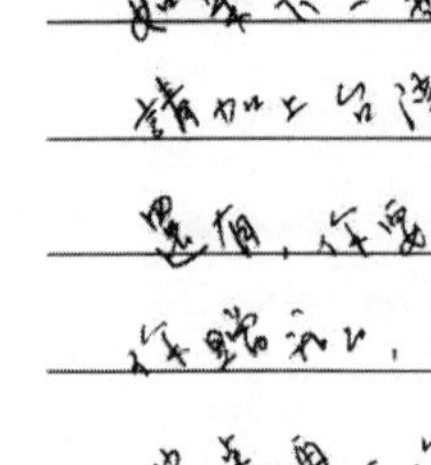

涂靜怡用箋

福成詩弟：

□ 你也喜歡以分行寫信的方式，很好，簡潔有層次。
當初也是蓉姐教我的，我就用這方法。

□ 謝謝，信收到了，郵件又寄回給我了，可能寫錯了日期？
我先謝謝你。

□ 很難相信，你有這些遭遇，請一定要小心保重！

□ 自由時報自前可以同日發表，相信不懂，不用信誓。
你要等可以都寄了，我也不能見到詞意自由時報了。

□「秋水」同仁每人都有自己的事，工作、家庭，我有請他們幫忙，可是還難說，你願不願意來幫忙呢？你來幫我好不好？明年「秋水」，我也很想有你參與，如果能給我你的話。你能有好的寄給我看，或是，在寫詩上，還要努力。我欣賞你的「詩評」和散文。

□ 明年六月，世界詩人大會要在外蒙古烏蘭巴托舉行，我想大會應該會邀請你，你想不想去？綠蒂先生會組團去，我不一定會去，大會是個很好的地方，有大草原，我想應該很好玩，同時，有「秋水」的海外同仁，蘇、宇、薇在。

涂靜怡用箋

□「秋水」的帳你收到了，謝謝！已經入「詩屋」了。

□ 手寫的，字體不好，不能保證，很可能亂七八糟。請多保重！

涂靜怡 2005年12月16日 夜

福成詩弟：

昨日才把58期的《秋水》寄走，今天就收到第二期的《中國詩歌》，哇！好美美的封面呀！好清貴的花，好有內涵的第二期。迫不及待，讀了你的〈向金聖嘆悲言〉那篇，但願你的「悲言」，金聖嘆能所得悉，以此為慶。

第二期的《中國詩歌》比創刊號更進步許多，足見你們的團隊所付出的心力，一定很辛苦吧！謝謝你們，祝愛好好好讀。（謝謝幫我們打廣告，好美！）

中國年了，告訴你一件事，我習在初一、初二都閉關，那是我多年來的習慣，遠離世俗，喜歡孤獨。想好好讀讀三本的書，補修一下「人生之學分」充實自己。尤其最近不知怎的，竟收到陌生人的贈書，總要看看呀！所以先在此向你拜年，祝你新的一年凡事順心，大吉一年接一年的好，美美的一年，希望《秋水》會繼續有唯美的詩。

我已準備記住了，三月，星期日，屆時再聚聊。

感謝你這一年來對《秋水》的呵護與疼惜。

謝謝你創辦了《中國詩歌》，讓我們快樂擁抱詩的心靈。真心謝謝你幫了我們，期待和你相見。

新春好了。祝福再祝福

感謝再感謝。

涂靜怡 2006年元月26日夜

涂靜怡用箋

（我的郵寄，給你驚喜了嗎？）

福成詩弟：

謝謝你惠贈〈五十不惑〉這本書，太棒了，你用你的50年「成長心路」寫就的書，我也花了一個多星期才讀完。也可以說，這一個多星期以來，我的思緒幾乎是整個都被你的這本生動的書所深深吸引著。也十分感動！你的優秀，也直至此刻才發現，你自幼就很懂事，是一個乖孩子，更重要的是，你有一顆上進的心。從小學、中學、大學到研究所，你都是孜孜不倦地求知，每一個階段，你都能一一去克服外來的困境，拚出亮麗的成績，所有的成功，都來得那麼不容易，你也都付出了真誠和努力。真的，打從內心佩服你。

也感覺你好幸運。能在成長的過程中，遇到像王維叔叔那樣有學問的貴人。那時他為你耐心講解「論語」、「孟子」的過程，讓你能深刻地對古典文學產生興趣，進而能做到「倒背如流」，對你日後的寫作幫助太大了，你有今日的成就，王維叔叔的教導功不可沒！

長長的軍中生涯裡，雖有過「迷宮事件」的發生，但繼父對你的愛，是恩重如山的幸福，那不是人人可得的。

在家庭方面，你也是一位幸運兒，有一位美麗又愛好音樂的好妻子，二個和你一樣優秀的兒女，因為賢伉儷的教育有方，讓孩子們從小就養成讀「歷史故事」和「小牛頓」雜誌的習慣，從你摘錄那孩子的「讀書計劃」和他自撰的「求學生活」裡，我們已能讀到那用功的孩子的美好遠景了。對寶貝女兒所寫的詩，「鏡」、「微風」、「不的矜誇」等，也都早早表露了她的

涂靜怡用箋

通俗，傑出的文采。尤其那首「蝶」，釋意那麼濃，意象那麼深，思想用筆，似乎遠遠超過了她的年齡，實在太難得了，該說是天才的，像這樣深奧的詩，我還寫不出來呢。

當然，從這本書中也知道，高中時代的你，早就用「楚木」發表作品了。

至於大陸方面，把你定位在「台灣筆魂」上，我覺得你是當之無愧的：原諒我引用魯迅以後的詞令：「寫寫萬般，寫寫出類拔萃」！還真是貼切！

你在「黑暗中摸索」出來的世界，我因為未曾讀過那本「決戰閏八月」，所以也不知道你就是鼎鼎大名「霧燒」的那位作者。

我是井底蛙，長久以來生活在打造「地球」上，讀書不多，見識更是缺少，雖也很上進，很努力，但和你比較起來，我真是望塵莫及啊！

因為這本書，才認識你，這本書給我很大的震撼和鼓勵。我相信，未來的日子，我應該讀多讀些些。感謝你的贈書，感謝你對「地球」的好。

贈詩美得的你，（沒想到吧，我們是同樣有的：因為，那不是因網人都有的。 我猜你

天天都「快樂的不得了」。

謝謝！謝謝。

淳靜上
2006年
3月18日夜

稻成詩家：

來信收到！春風吹來同樣下著，也來點點的小樣詩句，美好的我，有一天我想，你可以寫首詩嗎？有沒有看到「詩」相見，我一律不記得。我想你寫詩看見，我想詩這詞的一個了吧？我就是這般笨，沒用！千萬別，沒關係我都已高興，請你見笑了。專程請你們的小來讀詩，都說好感動我們把你們的精。好像詩的是不錯，這是值得欣慰的。

因為第五期同仁送來三期了，我們第一本不久休息了時了要每期寄一本，第二期的回到都要去了九份，尚有「黃屋詩詞館」，直到第三本時他們不適同步寄送，所以已寄回了。所以我都不想說，也想好好休息一陣子。

如果說「秋水詩刊」的第一屆有人談到的話，那你的事情方才，也不可說！在此我到國外去旅行，謝謝你的支持。第三期的「中國書法」早收到了，也拜讀了，很不錯的，已第三期了，當時我們看到第二期有了張老師高興，第三期很想看看好些，所以看到「中國書法」第三期，感覺是很講究的。第二期已內容很好，第三期都有進步的進步。是更好的內容，很感謝您。

因為你想許願了要我「秋水」？可能只有一本，所以再寄一本，也感謝你對「秋水」保持的幫助。若有感想，請回寄來讓大家分享對「詩人」的期許。

一千個　祝　福

涂靜怡
2006年
4月25日

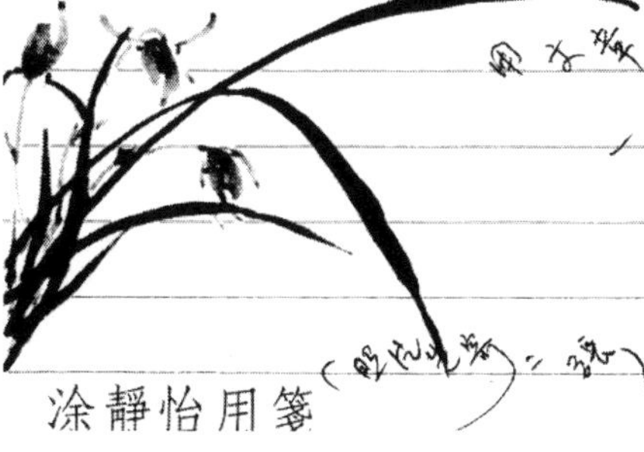

涂靜怡用箋

福成詩弟：

你好嗎？

收到你4月28日的信，好些天了，知道你心情不是很好，你說「五十歲後深感人生蒼涼，也深感到，未必能見到明日的太陽，對所謂的"未來"充滿不可測，不可掌控的悲觀情緒」，你還說，「我的中國春秋」誕生，把該出的書在今年都出了，卻好像不再有期待」，心情似乎有些低落，讓我很感不安，你也說，撐不了多久，你可能於下個月結束「中國春秋」，聽你的告白，我難免有些驚訝！但仔細想想，你此刻的心情，我是早該料到的。如果我沒記錯的話，我曾對你說過，期望你辦「中國春秋」的熱情能持久一点，因為，辦一本刊物很難，不光是金錢上的付出，我想最重要的，應該是人力上的消耗。辦刊物，要有長期奉獻的認知，精神上的鍥而不舍，沉着耐勞，任勞任怨都是必須的承擔！你的心好急（詩人本色），一下子想做的事太多，一年之間，你恨不得全世界都在聽你說話，壓力自然大，、今年出版的文集，不覺得多了些嗎？我的老師告訴我，寫作的創作，不是以"量"來取勝，我老愛把這句話當"座右銘"。你一定得沉澱一下心情，該放一些事，不要上「一把枷」，才不會那以累！

你已傑出，才華，要慢慢用，不要一下子就用完，

沒有關心，是你的缺失，改一下就好了。

我因為在整理吧它，也不斷有詩人朋友來參訪、「詩信」，

所以沒有私底好好的休息，可以說累極了，我拒絕了

所有的訪問。（包括詩校的，和詩界的）我只想休息

一陣子，人與人之間，很難相處，我一人要面對

大家，不可能讓每一個人都高興！我永不能做

到面面俱到，傑出的你，聽聽「老人言」吧！讓自

己沉澱一下。50歲仍是黃金般的年齡，我很幸運，

在晚年能認識你，加油！別把心情弄壞，你比

誰都幸福、美滿，好孩子，都被你擁有，還有什麼

可求的呢？腳步放慢一些，可以嗎？羨慕如你，

祝福如你，幸福的你。

加油！加油！

一千個祝福

涂靜怡
2006年
5月14日
母親節

福成詩弟：

我已平安從遙遠的北歐返回台北了，雖然累極了。因為長途旅行。但這樣的收穫，能去到地球的最北端，並能平安回來，我很感謝。一生中，能去一次北歐，是幸福的，那裡的景色美呆了。全是自然景觀，雖然沒什麼歷史背景，我仍覺得太值得了。所以連寫不出，稍覺遺憾。

詩，我選了4首：

(一) 風雨

(二) 她，在離月湖

(三) 等詩？

(四) 秋波

其他的寄還，以便你可另投其他刊物。

「相思」我也很想留下，不過請相對修飾一下詩作中我覺得不妥的地方，如：「恨不得把她們一個一個都吃了」，和最後一段：「我要把雁群她們都吃了」，這些句子讀者有些害怕？（你又不是老虎，怎可以吃人呢？）詩句一定要柔和，而不是讓人讀了有「毛骨悚然」的感覺，這首詩是新作，感情豐富，因為是寫給爸爸來台56年，很感人，只要把「吃下」的句子，修飾一下，我都很欣賞你的詩

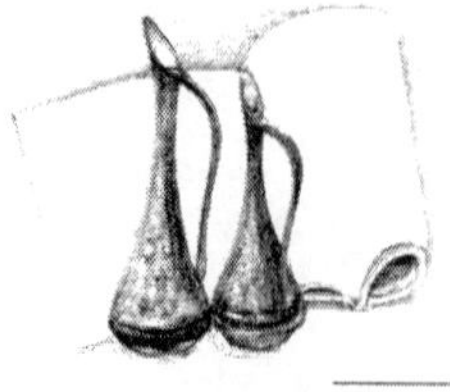

涂靜怡用箋

「秋水」：

知道你要出詩集，我也很高興！好好地出版一本書吧。我也很知道，雖然不會有很多讀者了。你不覺得嗎？除了，只要有詩，人人都可以寫，所有文學創作，尤其是「詩」，都是文學中的「精品」，真不是人人可寫，可讀。所以，用心，用情，寫好每一首詩，是我們的事情。誰叫我們走上這「詩的不歸路」呢？

很感謝，晚年還有一位貼心的詩弟叫我「姐姐」。

校對完詩刊，想好好睡上三天，卻因好奇看「世界足球賽」，但又不能好好睡，白天要到凌晨才行。啊！你也許說這，老人家也愛看「足球」嗎？讓你見笑了。

祝福你

事事順心，出書順利

一個詩姊 靜怡

涂靜怡 2006年
6月25日

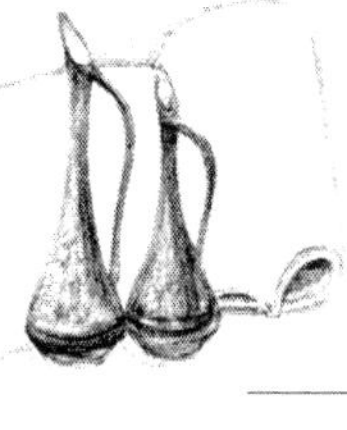

涂靜怡用箋

福成詩弟：

「北歐行」真的照了好多照片，不過都是我亂拍的風景照，雖然你想看，就寄幾張給你，希望你把錢存起來，自己去一趟，一生能去一次北歐是幸福的，那裡的湖光山色，足以洗滌我們疲乏的心。我以前就很愛旅行，有儲蓄旅遊基金的習慣，每月存5000元，一年下來，可以去一個地方，去年沒有出國，所以今年去了北歐，這是因人姐姐的安排。

你出二本詩集，最好請王老師和綠蒂先生為你的書寫序，綠蒂先生一定願意的，他的詩寫得很好，把那本「情詩集」交給他就對了，等你肯用心寫好情詩時，我再來說話，這是良心的建議。今年我不會有空，7月17日還要陪往廣州出席第X屆國際詩筆會，我會帶琹川去，因為她將會是未來「秋水」的接班人。

寫詩，是所有文學中，最難的一環，你真的要好好靜下心來加油，我說過了，等你肯用功的心來寫詩，我自然會有話要說，這二本你就請那二位老先生級的人來寫吧！我不來了，一定是正確的，祝福你安康、快樂、順利

一千個祝福

涂靜怡
2006年
6月29日

福成詩弟：

知道你的詩集就要出版了，恭喜，太好了，一分耕耘，一分收穫，真替你感到高興！

你說要送50本給「秋水」簽售，書款捐給「秋水」，你的美意當然很好，但以「秋水」的立場來說，有些為難。因為，出詩集的詩人朋友很多，若是每個都能收到一、二本，如果「秋水」接受了你的「構想」，別人也要比照辦理，我得很難開口拒絕，考慮再三，覺得不宜，你可以寄給5本到「詩屋」，我們也願做出書的訊息，但寄售我就不敢答應了。因為，出錢的同仁，我都沒有意推銷，其次有一層難，給人家書都很難，做的好，是應該的，一點點不如人意，背後被罵，是常有的，我想你一定能體諒我的心情。你已加入「葡萄園」，相信他們會願意接受你的想法，同仁是有優待的。「相思」詩選的，有收到。

謝謝你的好意，我知道你是想幫助「秋水」，但以我的經驗，對推廣詩集的，實在有限，對不起。

一併問 安 福

涂靜怡
2006年
8月11日

涂靜怡用箋

福成詩弟：

今天打了電話沒通，只好寫信。

讀到，詩集第三輯已寄至高雄大樹鄉

佛光山寺給滿光法師了。前日她通了電話，

她說你有寫信給她，想說你也有捐錢，做善事，

是一位很有福報的，善良如你，不斷地在「布施」

行善，非常非常令人感動！向你致敬！

新一期的「秋水」收到了嗎？改了些版面，感覺如何？

想聽聽你的看法。謝謝你對「秋水」的幫助。

一千個 祝福

涂靜怡 2006年 10月30日

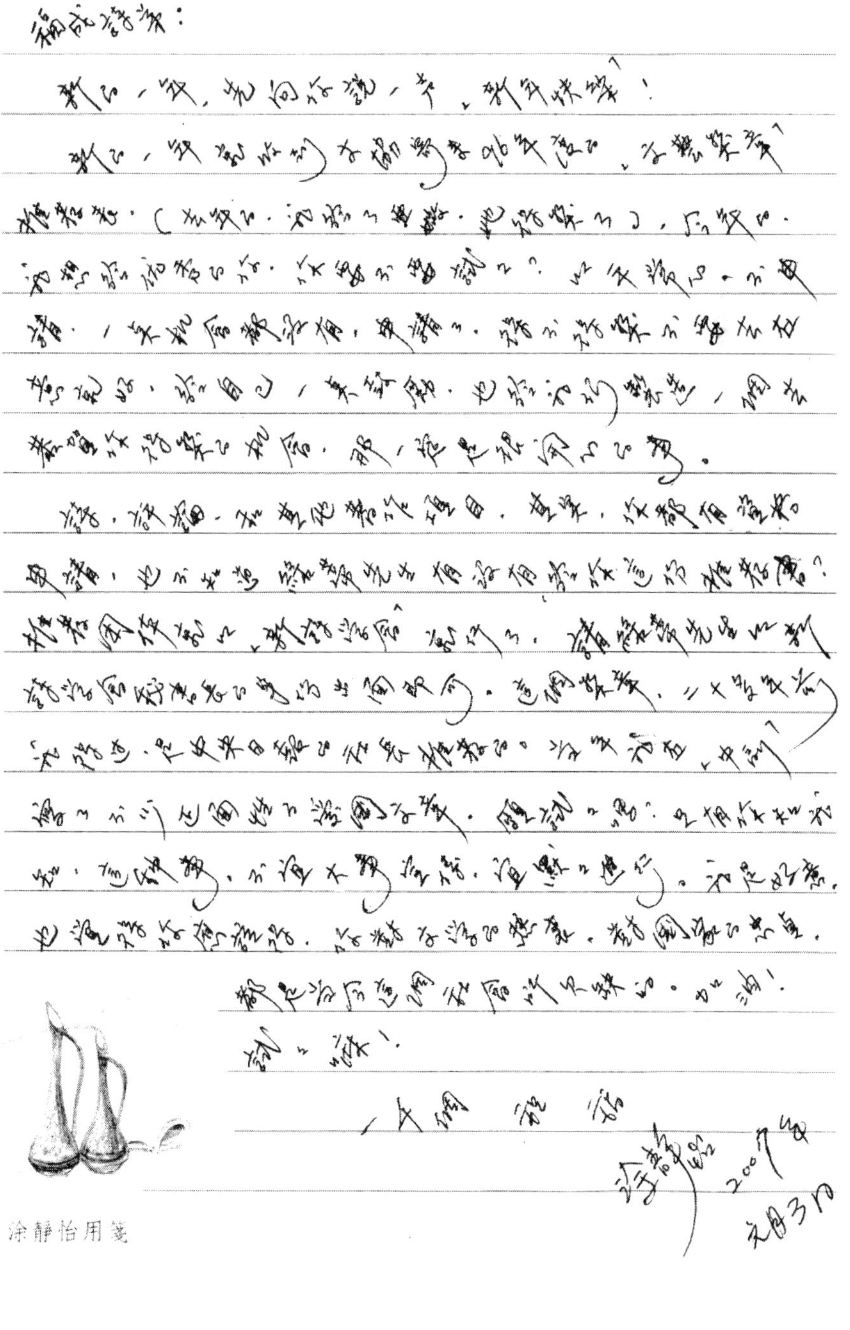

福成詩弟：

[illegible]

涂靜怡
2007年
元月3日

涂靜怡用箋

福成詩兄：

前天收到你寄的第6期《華夏春秋》，看到你已劃下「句點」，我有些難過了。有些不捨，但這種「經驗」我在26年前就經歷過，它深深的，瞭解這個過程的心境。都說平靜的接受。接著我很快的籌辦了「秋水」詩刊，就這樣跳下去了，不管那是不是「陷阱」？「深」「淺」，不想回頭。你有辦法為辦刊去努力，你不想做的事，那就算了。《華夏春秋》是讓福成開心的。「中國春秋」也是。不要難過。有志的人，要專心去做，很好。詩與書出版，請你一定多寫些詩、文，「詩屋」、「秋水」，這半年的還有，是「國詩」的日子。寫信了就給你，都留在「詩屋」，有空來坐坐。

涂靜怡、綠蒂、「秋水」、詩人們的感謝，感謝你的心意，以及「秋水」的支持，那是難得。祝你事事順。

一切祝好

涂靜怡
2007年
元月29日

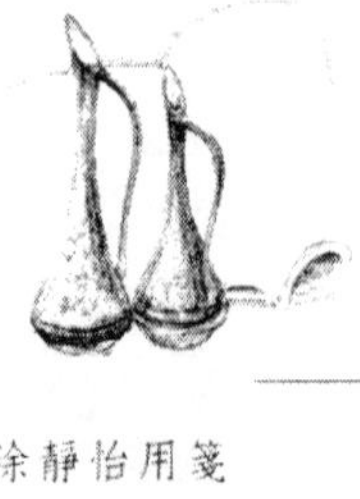

涂靜怡用箋

福成詩弟：

知道你，真有心，也沒有來打擾，

我從動完手術三個月以來，病情好多了，胃也不痛了。

但治療期間三個月，所以很在醫院用動手術中。希望

快快好起來，也沒有多為詩友們服務。

新一期的、秋水出版了，寄四本贈你。

謝謝你兩本書。

上一次你來「詩屋」開會時你已到了，可惜

不詳述。但已過了好幾個月了，留作紀念吧！

寄來的「詩屋」詩稿，「巴西是愛詩的人」的。

不合適刊。另一首「媽的話」也不錯好。你要

加油。因為下一期只是方向，是詩友們自己選擇。

你的交稿等的很好，詩同時「詩房」，「詩的窗口」

都一一要求清楚，要好好推敲每一行詩。希望你

加油。我已經為你的文字的路很好，很可惜。

7月28日我們開會，「詩屋」。

一切都好

涂靜怡
2007年
7月22日

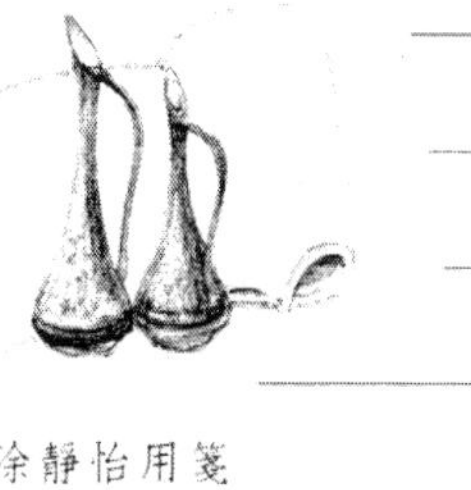

涂靜怡用箋

福成詩兄：你好。

最近收到好多本書，還有一月間你的精彩作品的詩集。感謝，謝謝你，很有感觸。你的「禪詩集」等新作很有意義、「把水」詢內的……遠大的詩作，並想很美。充實不錯。

正在整理你的『詞作』和你寄的一個詩詞的比對。我卻收到新一期的『葡萄園』，看到了你也寫很用心和李老師對你的推崇。以及『葡萄園』同仁和其他詩人朋友對你詩作的讚許。覺得，你能在短短的時間（3－4年間）就得到那麼多詩人朋友的認同，是一件不簡單的事情。相信你一定很高興。只是，任何事情的『成就』，適可而止就好，過了就是負面了。

我不知道，你還寄給我的這本是否已準備好了，或者已寄出了？我很想先看看。如果你詢來寄出，那麼請整理好再寄了，好嗎？我覺得，『把水』不適合『葡萄園』已經出去，要要的『推薦』（它指詩作裏的『春秋筆法』之類）我的想法就這樣了。不願意跟隨，如同我不願意把我的詩和我們以前的同仁李瑞騰的『詩選集』一樣，我是真的不要再『依據著期望』了。我有

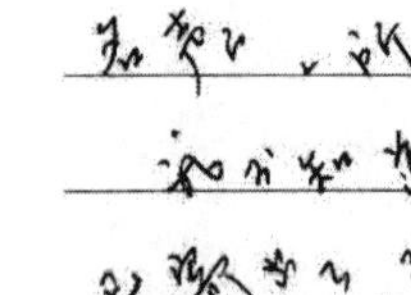

幸好的設計，還要到你這邊。同樣，我還是覺得，一個詩刊用這種方式去推一位詩人是可以加分的。第二個詩刊都

涂靜怡用箋

這以後，就一定減分了。對你，對「秋水」都不好。所以我要立即「結束」。謝了你，也謝了「秋水」的諸友。盼你能諒解。

我有些後悔了。不該聽綠蒂先生的話，那以輕易就讓你在擁有「葡萄園詩刊」之後，還硬拉讓你來主「秋水」。你本來是當有前途的單身作家、詩人，卻要強迫你改寫風格寫我們要的唯美詩篇。你寫的那些文字，卻也屢次經我刪改，真的為難你了。我好自責。我都沒能想出兩全其美的方法來。

你那以忙，還要，我要盼望好心的你，能快快樂樂地去寫屬於你能寫的詩篇。如何面對這「難題」呢？我想不快樂。同樣，我似乎，搞錯了很久了。我本來就不認同，一位詩人可以擁有二個詩社的「同仁」讓投稿啊！那是不好，不專心的行為，都是我不好。誤了你，也誤了我自己和「秋水」。這封信，要寫我下了不小大的勇氣。

一千個祝福

涂靜怡
2009年
8月15日

涂靜怡用箋

福成詩兄：你好。

交予詩刊好久了，還在六月間你之攝影作品為詩圖，然後，寄來也，很自然也，把你之攝影作品編輯「秋水」詩刊的讀者之詩友，也覺得很美。我甚不錯。

正在等待你寄「詞作」和我寫之攝影詩稿之比對。我卻收到新一期之「葡萄園」，看到了你寫得很用心和李老師對你的推崇，以及「葡萄園」同仁和其他詩人朋友對你詩作的評介。覺得，你能在短短的（3-4年間）就得到那麼多詩人朋友之認同，是一件不簡單的成績。相信你感覺很高興。只是，任何為我之「評語」，適可而止就好，過了就是負面了。

我不知道，你要寄我之資料是否已準備好了，或者已寄出了？我很想先讀讀，如果你還沒寄出，那以請盡快寄來了，好嗎？我覺得，「秋水」不宜在「葡萄園」已發表出去，重要的「推薦」（包括詩評家之「評析對話」之類）我的想法已改變了。不願意跟進，如同我不願意以前詩刊同仁李魁賢寫「詩選評」一樣。我是真正不願再「依樣畫葫蘆」了。所有寫好之稿件，暫且到此為止。同時，我深深覺得，一個詩刊用這種方式去捧一位詩人是可以加分的，若一個詩刊都

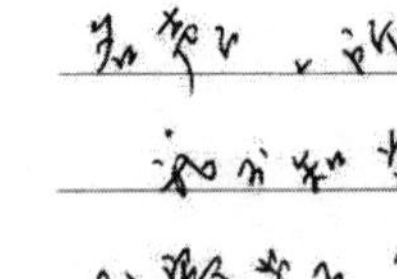

涂靜怡用箋

這心情，就一直減少了。對妳、對「秋水」都不好。所以我要立即「煞車」。錯了，辜負了妳，也錯了「秋水」的好意。盼妳能諒解。

我有些後悔了。不該聽信鍾鼎先生的話，那以輕易就讓妳在擁有「葡萄園詩刊」之後，還破格讓妳來了「秋水」。許多老友是當初擁護支持的早年作家、詩人，都要離開許多詩學風格讓我們所愛的唯美詩篇。妳的那以年輕，卻也還沒熟讀那后，真的太難為妳了。我好自責。我都沒能想出兩全其美的方法來。

妳那以忙，其實，我多盼望好心的妳，能保持平和也和緩面對妳能寫的詩篇，如何面對這「難題」呢？我想了很久，想了許久，我也想，想錯了什以了。我甚至不認同一位詩人可以擁有兩個詩刊的「同仁」資格啊！那是不好，不專心的行為，都是我不好，錯了妳，也錯了我自己和「秋水」。這封信，要等我下山才寄出啊。

一千個　抱　歉

許悔之
2009年
8月15日

涂靜怡用箋

福成詩弟：

你好嗎？

這首「蒙娜」寫得不錯好，讀讀得有那麼一點味道，似乎還要再推敲推敲。修改寫完來，更有可讀性。

例如，說要有那麼多的「詩評」呢？都說清楚了，就沒有「想像性」，沒有好奇心，讀者性。那樣，讀者讀了，也不會想，讀再讀，那樣的效果。這不會是你要追求的吧！你應該同樣把你的思想，寫詩要的很難，不然我們要讀那麼容易。好在你，細心，「秋水」已有你的稿子了。這首可以擱在一旁再想想，再推敲一下，會更完美。

謝謝你同心和好詩稿子。你說是要我找，好讀者，但是的想法和你一樣，好詩難寫。七年十一年，已經很少了。只要詩有靈下的東西，要他的一字不改。這是我一貫的編輯風格。

記得，你是2007年4月加入「秋水」的，你繳了一千元，訂133、134、135期。扣去9000元，你還剩下有1000元，2008年如果你有沒有退出「秋水」的打算，那就請再付1000元。訂136、139期，很不好意思，這是「公費」，請諒解，不能不「例行收費」，這也是要說清楚的事，請勿見怪。

一切順利 安好

涂靜怡 2007年12月13日

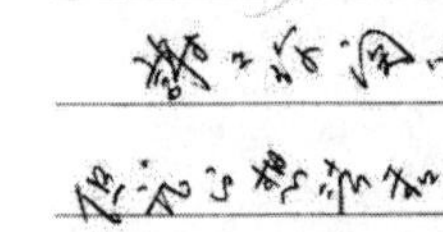

涂靜怡用箋

福成詩弟：

請別介意我說了什麼，那都是好意。

希望你看的好，好上更好。

明日我將出國，放逐自己，「秋水詩屋」

讓我身心俱疲，週邊之環境讓我窒息，

我希望孤獨能讓我休息。

記得6月15日是你的生日，寄上

誠摯的祝福。祝你生日

快樂　事事順心

我22日才回來。

大姐

涂靜怡

2006年6月7日

福成詩弟：

新一期的「秋水」出版了，有我們在「詩屋」舉辦「閱讀會」的后記，還有對你的新書所做的「訊息」，請慢慢閱讀。祝福

新年心想事成。

涂靜怡
2011年元月28日

靜怡便箋

古晟詩弟：

詩，我選了三首，（有改一字ゝ）其他奉還，以便你投其他刊物，但我留下的這三首就一定不可以另投了。我很喜歡「在意」一稿三投。「秋水」篇幅很有限，不能刊登用過的稿子，很堅持。我自己從此也要求自己。我留下的三首，分別是：

（一）快樂感恩
（二）安安穩穩
（三）君子。

請記住。

午安 祝福

涂靜怡
2008年
5月11日

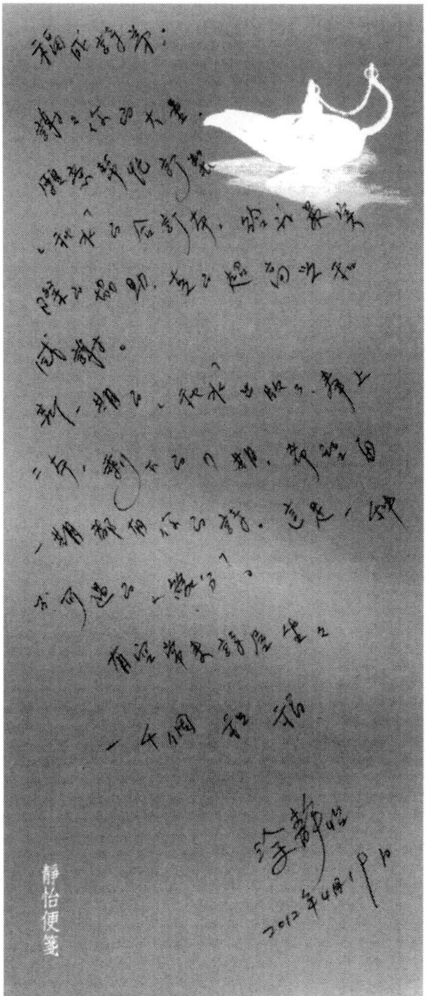

穎成詩弟：

謝謝你的大書，

贈寄我的詩集

《秋水》[illegible]

[illegible]

感謝。

新一期的《秋水》出版了，奉上

二本，[illegible]

一期都有你的詩。這是《秋水》

不可思議的「緣分」。

[illegible]

一年[illegible]

涂靜怡

2012年4月1日

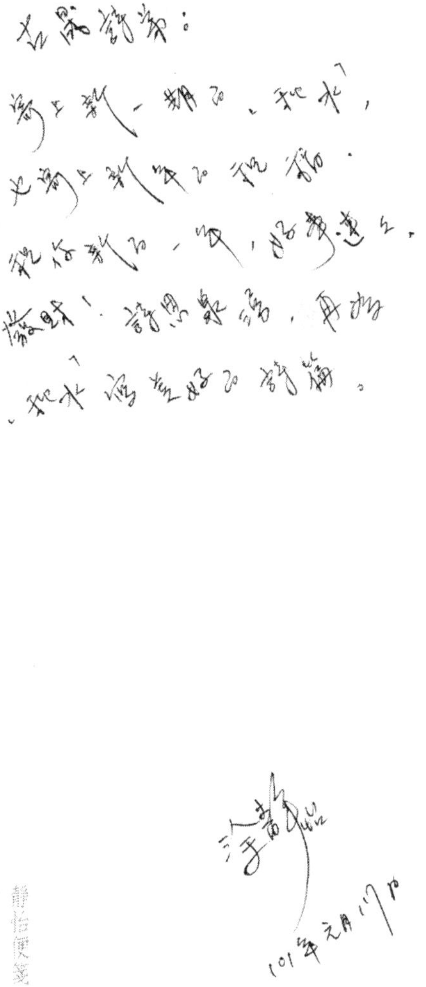

[illegible]詩弟：

寄上新一期的《秋水》，

也寄上新年的祝福。

祝你新的一年，好夢連連。

發財！詩思泉湧，再為

《秋水》寫更好的詩篇。

涂靜怡

101年元月17日

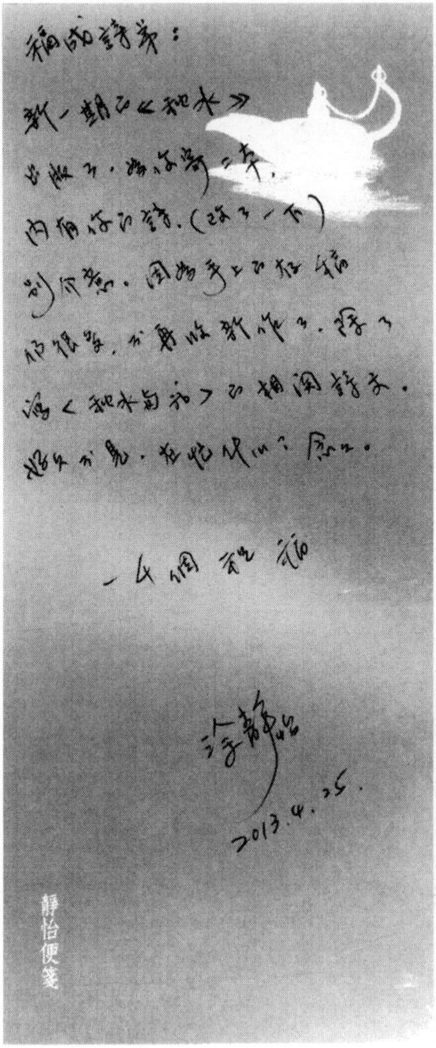

福成詩弟：

新一期的《秋水》出版了，特此寄二本，內有你的詩。（改了一下）請你原諒。因為手上的存稿仍很多，不再收新作了。謝了您〈秋水與我〉的相關詩文。好久不見，在忙什麼呢？念念。

一切 [illegible] 祝福

涂靜怡
2013.4.25.

靜怡便箋

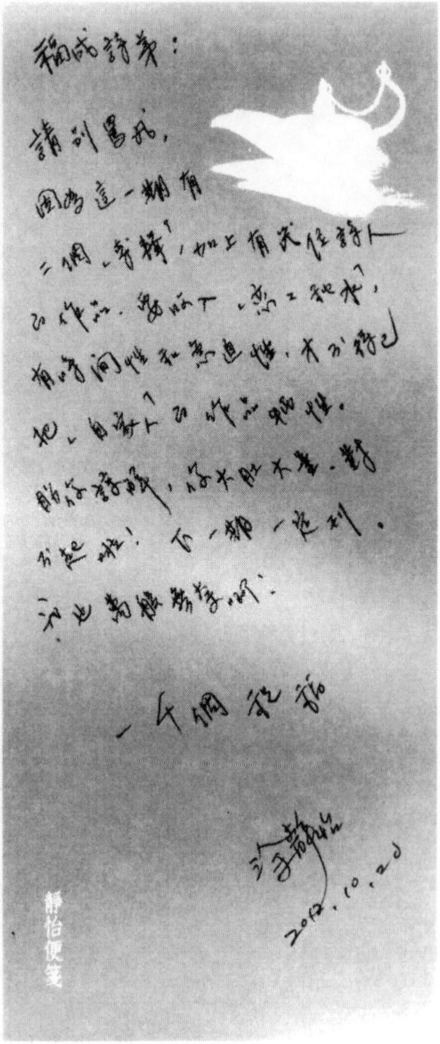

福成詩弟：

請別罵我，因為這一期有二個「專輯」，加上有哀悼詩人的作品。要給了「悲之秋水」有時間性和急迫性，不得已把「自家人」的作品延後。盼你諒解，你大人大量。對不起啦！下一期一定到。你也要繼續寫啊！

一切 [illegible] 祝福

涂靜怡
2012.10.20

靜怡便箋

稱成詩弟：

你好嗎？

寄上151期的「秋水」，雖沒有你的作品，但有給你的信，一個「訊息」。請你慢慢欣賞。

「秋水」創刊一期了，感謝謝你那麼長日子以來，一直對「秋水」的好和支持，你是我的好弟弟很多，你是我同家裡的，有話我說的多年。我們的詩不可沒，也不要期待你能詩「秋水詩」，只是想寄給你看看，對你說聲：「謝謝你對秋水所付出的愛與關心」。願好人有好報，祝福你詩、字、業、語、書作多多。

一個祝福

涂靜怡
2013.10.30

靜怡便箋

稱成詩弟：

你好嗎？

當了理事長，一定很忙壞了吧！

謝謝你多年來對「秋水」的鼓勵與支持，和關心，同意說「秋水」要走了，停在自己的歷史的一刻，也告訴我們反對了，說有歷史性的不應結束，謝謝！你是一位熱情的值得尊敬的作家，「秋水」來能有你的參與，永遠是美麗的，謝謝你的包容。

寄上新一期的「秋水」，有封信訊息，請慢慢欣賞。

一個祝福

涂靜怡
2013年8月16日

靜怡便箋

福成詩弟：

謝謝你寄給的祝福，那小精美的賀卡，我欣賞的卻是寄卡人在買卡時的心情。

三首詩都拜讀了，不是寫的不好，是不夠好。詩味淡了些。抒發感情的格式，就難以感動人了，不但不唯美，也不空靈。

你聰，你聰明絕頂的孩子，可惜不用心。

我想起從前，你在「秋水」上寫的每一首詩，都比別人好，都能感動讀者，留給讀者一種心靈迴旋的空間。而不要像那首「旁」那樣，把副題放那麼長，其實上，詩味就沖淡了，尤其你又用了「娘子」這樣的字詞，讀來真的很「俗」。我的話，也許說重了，但目的只有一個，盼你寫出詩味濃一點的作品。

詩，不一定要寫的多，一首能引起共鳴的詩，過目不忘，比10首平平淡淡到處發表的作品，意義是完全不同的。

詩不怕修改，不怕推敲，我希望你能悟到這一點，把超過水準的作品再寄來。（行數最好鎖定20—26行之間）

「秋水詩屋」已在12月20日落成，但只是一間小小的空屋，過了節留個空，就不去買賀卡了，用學生送的賀年卡給我的明信片，可以嗎？

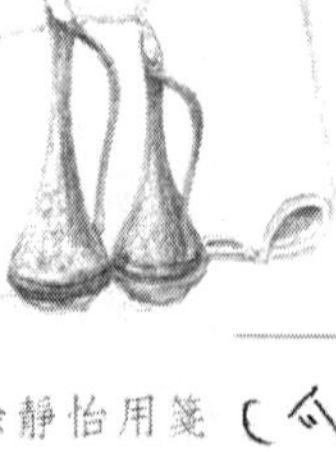

（別人只有10張，而我手上有60張，因為，我很幸運被他在四張空白被他選擇，結果他抓住拍照，四張全印了）我正在忙124期秋水付印前的工作。

— 4個祝福

涂靜怡用箋（可以再給你一張小卡嗎？建檔用的）

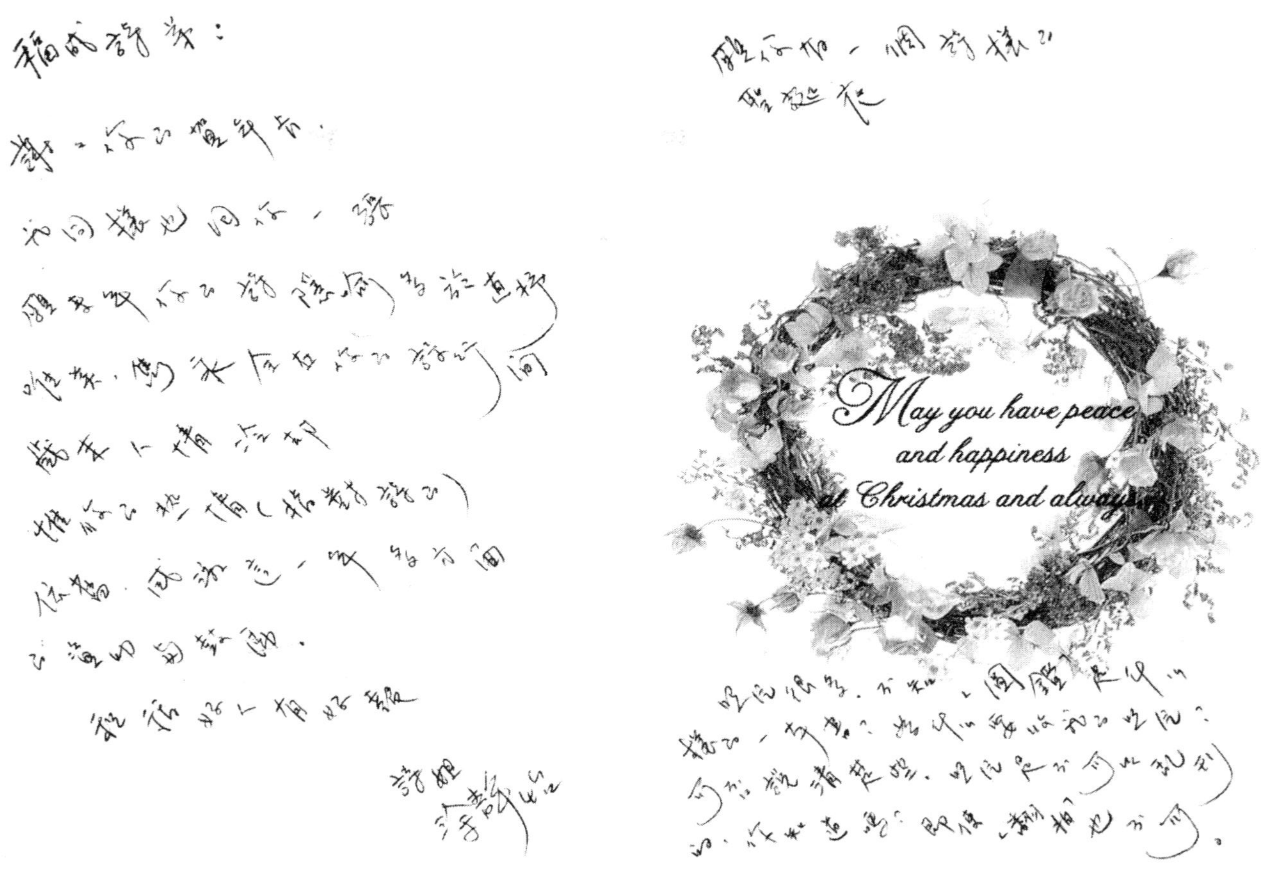
May you have peace
and happiness
at Christmas and always

請把你們的文學作品這樣寄一套給我，謝謝了。你贈給我們，我想留在身邊隨時閱讀。

又及

涂靜怡

福成詩兄：

你好嗎？好久不見。[illegible]

[illegible]，對文學，對詩歌。

[illegible]「秋水」[illegible]

[illegible]

[illegible]

[illegible]

[illegible]

[illegible]

[illegible]

[illegible]

[illegible]

[illegible] 謝謝了！

涂靜怡　2011年9月7日

涂靜怡用箋

輯五：截取路途上一段腳印

— 我在小金門的日記

54 年考上東勢工業職業學校，那年寒假叔叔王淮帶我到台北圓山玩，他是第一個為我講解論語、孟子的啟蒙者，也是最早指導我寫作的人！

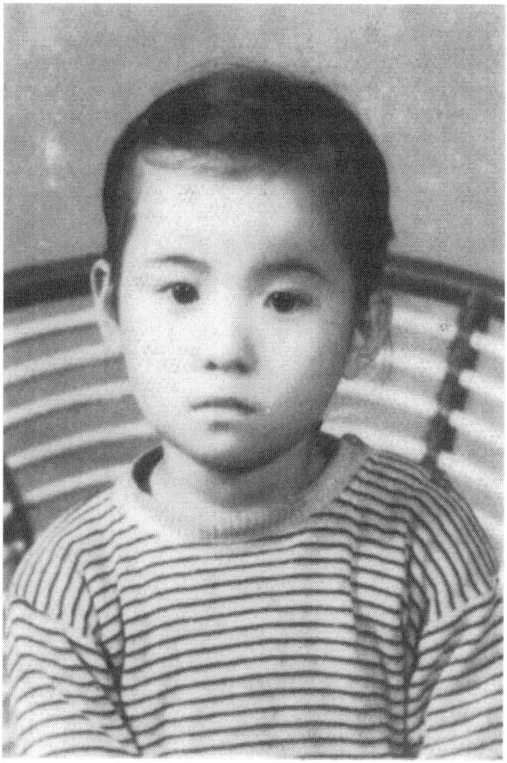

七歲的她，我前世的情人

The reward of one duty is the power to fulfill another.
責任所獲得的酬勞，是實現另一責任的力量。

DATE

78年5月27日 星期二

日子總是這樣的，靜靜的，無奇的，每天都是為了長官要來看忙的昏頭轉向的。

「表面工作」能夠做的出神入化，做的「天衣無縫」，不計一切代價去把表面工作做到「極好」，是我多年少見的——小金門的在地直接指揮官要部下就是這樣要求的。

一個人，不論他是甚麼人，投入一種環境，必然受到環境的影響，自制力再強的人，都不能忽視環境對他的影響力，這幾乎是「理論」，可以証明的理論。

當然，人也會改變環境，甚至扭轉乾坤的，隨主客觀環境推移，各方都有其足以影響的力量，看誰力大。

✓ ○P30○司令官程邦治中將來看643兵舍營建一大憤怒。我以前管過一年多工程，未見如此糟的工程，簡直看不下去。原因：
①趕工，日夜趕。②技術工缺，本來嘛，現在社會上有誰肯當水泥工的。③偷工、品管不實。

今天是到小金門當營長的第15天，日子過的輕鬆的。因為直屬防衛部大砲營（240榴、八吋、155加）所以事情少，我也比較清閒。（五月八日到小金門）

If you want people to notice your faults, start giving advice.
要暴露自己的缺點，最好是替別人出主意。

比薩　PISA

DATE
78 年 5 月 24 日 星期 三

楊國樞和趙少康是我一向都很佩服的。他們有獨立自主的知識份子情操，敢於批判。
權威有其價值，但須要批判；
政府更有絕對存在的價值，但更須要批判。
一個不接受批判，無人敢批判的，不論是權威或個人或政府組織也好，必然自然而然的走向專制、獨裁、腐敗。

中國大陸的民主運動風起雲湧，掀起全世界中國人爭民主自由的浪潮，香港、日本、美國、英國的中國人，都紛紛起來大聲聲援，台灣卻相當「冷漠」，我是很失望的。政府直到前天(0522)才發表聲明，「誓為學民主運動的後盾」。但民間、學生反應仍不熱烈。今天早上看華視新聞報導，楊國樞對我們的「冷漠」提出嚴厲的批評，特別對政府反應太慢提出檢討；而趙少康要在今天中午在國父紀念館發起靜坐聲援運動，很是可喜。

中國今天走到了轉捩點，就像1911年；民主和獨裁之分通常是轉眼之間。

Fun is like life insurance; Ithe older you get, the more it costs.
尋樂也像保壽險；年紀愈大，付出的本錢愈多。

DATE 78年5月25日 星期四　雨

澳洲 AUSTRALIA

毛毛細雨下了一天，人有些煩。

兩天前周姊寄回我一封信：丈夫年老、媽媽身體身不好，想起來不勝感慨。這三十多年的流浪，居無定所，食無定時，家庭無常，普天之下可能找不到類同者。我和大姊周姊在思想上很接近，談得來。只可惜，可痛，她的命運乖離，還好她堅強也有她的閒。我當兵二十年，許多事情她在處理，姪子也受她和二姊照料很多。這一生，說覺欠她們很多，我會給她們補償。

至於太太，目前已經不介意，不再要求她甚麼了！

台灣可能好日子過久了，每個人大多只關係自己生活、薪水、股票，對於中國的事物已經極少有人聞問了。對中國大陸民主運動的關懷，不如日本、美國的留學生，甚至不如頭比地一番了，是以人擔心。北京天安門廣場「人民英雄紀念碑」上發現張貼的兩首詩我很欣賞：

萬千學子拳拳心，匯聚血淚望民魂
廣場遍灑精英淚，窗牆唯達民主音
動地驚雷君不醒，漫天苦雨民怨深
莫道專制能長久，載舟覆舟唯人民

紀念碑前起狂飆，天怒人怨罵官僚
絕食學生危待斃，無情政府冷眼瞧
先烈空遺自由恨，豈容再撤民主潮
欲哭神州之血淚，共爭人權不折腰

He who gives promises lightly is often careless about keeping them.

輕易許下的諾言，往往疏於遵守。

DATE

78年5月26日 星期五　　陰

胡平，這個人我一直很注意他，他是民國36年出生在北平的。民國七十六年一月到哈佛進修，後來加入「中國民主團結聯盟」，並擔任為主席至今。他對中國的前途真是很有「概念」，以一位真正吃「中國共產黨」奶水長大的人，會放棄共產主義而致力於民主運動。這可徹底証明「共產」是無人喜歡的。跟我前年在研究所看的一部影片「巴山夜雨」是相同道理。

中國大陸的民主運動至今更入轉折，胡平的聲音比國內還「大」，這是我佩服、注意的地方。他認為二十世紀最大的悲劇是出現了許多命長的共產黨員，一語道破時代苦難之來源。治療中國大陸的藥方就是民主自由，共產變私產，大家才能出頭苦幹。我一直有一個信念，專制獨裁不長久，時代總要變，要向前進，蘇聯、匈牙利、波蘭都在變，中國亦然。是故有個「公式」我常拿來向人解釋中國要統一的「時程」：

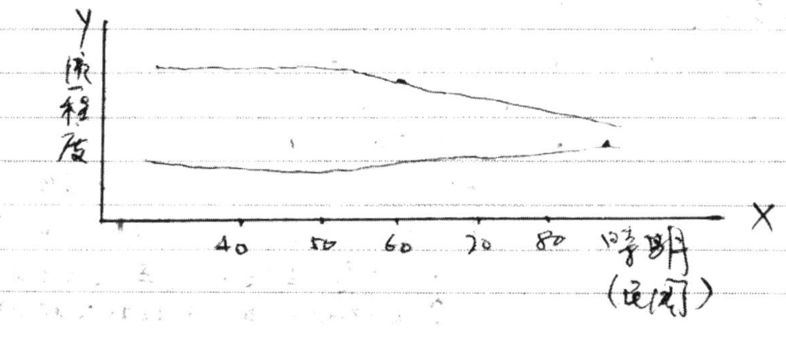

Nothing so surprises an angry person as kind words.
人在發怒時，最使他吃驚的是平心靜氣的話。

DATE（同前）　　澳洲 AUSTRALIA

年　月　日 星期

從「政治哲学傳統」來檢証這個圖，是有相当程度的「解釋力」和「預測力」，它雖非理論，但可稱之「準理論」。故這個「準理論」我名之曰：「中國統一理論」。延着兩條平行線的延伸，可預判中國統一為時不遠，在未來十至二十年內應可達成。

就以目前大陸情勢發展看，保守勢力顯然佔了上風，一時要走向民主自由、實行民主政治是不可能的。全世界古往今來，沒有一個政權自動「放棄」他的「江山」，一定是撐不下去，反對勢力太大，才會垮台。今天大陸上的學生民主運動，基本上只是要求一些改革，而不是革命，也不推翻現政權，所以大陸的共產政權一時不會垮台。

如果學生獲得各界支持，推翻共產政權必垮。可惜．．．．

People who jump to conclusions often frighten the best ones away.
速斷速決，往往忙中有錯。

DATE 78年5月28日 星期日 晴

日子太过平静，没有变化，单纯，似乎是会使人产生「厌倦感」。

来金门已二十天了，每天日子不过平平静静，除了一些例行工作外，大部份空间用在读书以备明年博士班考试。准备考试有时是一件苦差事，要把所读的内容变成兴趣，也似乎不易。我以「势在必得，志在必取」的心态读书，容易累。是否正如《大学》传文第七章说的「有所好乐，不得其正」。我对事业有所「贪图」，故容易有厌倦感，是值得检讨的。

要使生活如风之吹，如水之流，都应自然，都应美好。

或许我以前的十年是有些荒废，至少是在等待中过日子，在十字路口上逗留。现在想用三、两年的时间弥补以前十年的流失，谈何容易，所以现在我向年青的干部讲话，都叫他们要早早立志，善用时间。

Character is the fundamental principle of success.
性格是構成成功的基本原則。

DATE 78 年 5 月 24 日 星期 一　陰

法國 FRANCE.

遠流公司出版的「青年的四個大夢」一書，提到當代青年心中的四個理想是：
① 尋求人生的價值。
② 尋求一位良師益友。
③ 尋求終身的職業或事業。
④ 愛的尋求。

檢討我自己，第一個夢是在研究哲學後，才對人生的價值有些認識。所謂「價值」在哲學和科學的兩個層面各有解釋（例如高亞力和楊君博、Isaak 等人的書中都提到），基本上它是一種主觀意識。有人追求黃金，有人尋求陽光。我呢！我把我現在的價值界定在「快樂、如意、充實、自然」，就是所追尋的價值。

第二個大夢是良師益友，當我一個可為師亦可為友的，恐怕從缺了。若區分為二，則良·益兩有兩位，應是於願已足，不須多求了。

第三個大夢應該尚未確定出來，現代社會太過複雜，現行工作上變數太多，我常說「誰知下一秒鐘會發生甚麼事？」更何況追求終身不變的東西。所以我現在的態度是「抓住今天，計劃明天；充實今天，準備抓住明天」。

第四個夢是愛的尋求，這和第一個「價值」一樣，更具有「絕對主觀性的價值概念」。一般愛的對象是你的情人，再擴大去愛你不喜歡的人，

→下頁

Enthusiasm brings success.
熱誠可以導致成功。

DATE
78年5月29日 星期

←——接上頁.

要擴大去愛你的仇敵，還有整個國家社會，就論之大衆而言，愛自己的情人較易，其餘則難。那些不容易去愛的，正是杏林子所說的「另一种愛情」，一個人要培養到那种境界的愛情情操，絕非只是信口或腦袋空空簡單的人所易做得到 。至於我呢？

親人：天生就愛.

部屬：我依法愛他们，因为現在是營長.

國家：當然，軍人不愛國也不配當軍人了！

不喜歡的人：慢慢練習.

仇敵：於私沒有仇敵，於公是戰場上的敵人，談不上有愛。

仙惠奴：很愛.

四种大愛，我想不是青年人的问題，人生整个过程都在追尋，有人找到一个、有人找到二个，有人找到三个、有人找到四个，我相信有不少人是一个也沒找到——他有愛，但找不到。更有的人沒有去找，他「不知」有愛——不知道人世间有那些可值得追求的東西。

Modern music is okay, we guess, but why did it have to come in our time?
現代音樂諒亦無傷大雅，但我輩適逢其會，不免引以爲憾。

DATE 雨

78年5月30日 星期 二

碉堡內，整天安靜，彷彿天地間只有一人；
碉堡外，終日細雨，像極了憂鬱的小女生。

沒有出去，只在堡內想事情，看書，寫東西。
從小，在困苦中長大，一切靠自己。許多人認為成功須要顯露些特別的本領，例如公共關係做的好，例如能洞察上級的企圖，或善應工夫。
成功是一顆毒糖，任誰都想吃。而我從想活的像我自己，做事實在些，做人誠懇謙虛些，該盡力的就盡力，該付出或該讓的不保留。

至於那些我得不到的，原非我所有，強求不得。
就活得像我自己吧！
雨仍然在下，不論外面如何嘀嘀咕，我是我。
我想起多年前在馬祖時的一首現代詩：

I'm still waiting for some college to come up with a march protesting student ignorance.
大學生時常遊行抗議，卻不見抗議自己的無知。

DATE

78 年 5 月 31 日 星期 三　　晴

印度 INDIA

✓ 總司令來小金門，召集營長以上幹部講話，要項有四：

㈠做好領導統御、內部團結工作。

㈡幹部忠貞問題，走私問題。惟忠貞是用。

㈢安全工作。

㈣帶兵不要情緒化，給士兵留下惡劣印象，讓他退伍後懷恨部隊。

晚上，連絡官謝戰，來向我辭行。鼓勵他把握青春光陰，好好幹。他是陸專職，56期的，特別告以千萬不能有「過一天算一天，過一年算一年」的心態，果如此，真是痛苦極了，未來的日子長，怎麼過下去呢！要有「過一天有一天，過一年有一年」的雄心，讓每一天都很充實。這是現任參謀總長郝柏村先生以前常勉人的話，一字之差，完全變樣。

如若抱殘守缺，停足觀望，沒有明天，沒有希望；改正一字，務實踏實，進步開明，明天會更好。

數十年來，盡管有無數說不出的黑暗，有無數顛沛流離，我仍相信黎明一定要來。

堅信明天比今天更好。

新的潮流必定向前沖，歷史一定向前走。

Mankind's happiest times are the blank pages in history.
歷史無事可記，即人間極樂之時。

DATE

78 年 5 月 31 日 星期　　　　香港 HONG KONG

今天有幾個感人的新聞，都是感動、激動的要叫人流下熱淚。

首先是早上的香港電台，播出大陸民主運動的現況。

學生的淚水，激情，是我們生活在民主自由地區所不易想像的，他們對自由真是太渴望了，其實說明了整個中國對民主自由的渴望，持續了幾十年。總要有個宣洩，一如張曉風作詞，李泰祥譜曲那首歌「給翅膀一片天空」。

給翅膀一片天空／給夏天一樹[illegible]／給神州一雙眼睛／給民主一[illegible]／給鐵樹一條小徑／給歷史一次[illegible]／給河流一個出口／給[illegible]／年輕人，年輕人，年輕人／天安門，天安門，天安門／爭民主／起風雲／

其次是省議長要卸職前，李總統慈湖及大溪謁陵，向他的老長官告辭致敬，那種知遇與恩及長年的感念之情，緣先流露，是中國數千年來政治圈內不多見的「溫情」。

在我的影像中，省議長是公忠體國，苦幹實幹，克盡職責的標準公務員，但很不適合當一個政治人物，政治人物須要有政治的形象，要有廣告氣質，要附和造自己的風格，還要有政治魅力，群眾的擁護。

再者是台灣有大學生百餘萬人，自北到南，手牽手，心連心的連在一起，以支援中國大陸的民主運動。

此岸也好，彼岸也罷，目標都是民主、統一，這正是雙方共同的語言、一種世界語

When a man does the work himself, it gets done.
自己的工作自己做，就做成了。

DATE

印度 INDIA

78年6月4日星期一

中国统一，民主，要待何时？
赋一首诗：

中國統一待何時？
十年廿年不算遲；
如今已快半世紀，
人民期待好日子。

依我浅见，人类有史以来没有一个政权，用自己的军队，拿着武器，对自己的同胞——手无寸铁的学生，进行残无人道的屠杀。没有类似事件。

有，但不是对自己的人民，是一国对另一国，一个民族对另一个民族。例如二次大战德、苏联对波兰的镇压，如日本对中国人的侵略与屠杀，又如200多年前，白人把黑人贩到美洲等。那种种存在太多偏见、种族歧视，是另一问题了。

当一个政权产生危机时，可能有两个反映：对内镇压、与对外用兵。所以我们一面声讨，一面加强戒备是有必要的。

这下子，中共的"香港模式"，五十年不变，和平统一等等，一串串西洋镜又拆穿了。

Hard work yields joy as well as profit.
勤勞的工作不僅僅有好處，同時也產生許多快樂。

DATE 78年6月10日 星期六 晴

雅典 ATHEN

寫完"一個前線單位對於新大陸政策的具体意見"一文

已寄聯合報。隨他用不用。

（何梅尼）

伊朗精神領袖前天死了。

全伊朗數千萬國民（含知識界），瘋狂的為他悲痛、哀悼，聲言要繼續他的路線。

西方，我們看起來，他簡直是個魔鬼，一個失去人性，不正常的狂人。

人類之間的偏見，竟然如此之鉅大，遙遠；世界大同，實在是一個"神話"（myth）.

People who are to transform the word must be themselves transformed.
要改造世界，先得改造自己。

泰國 TAILAND

DATE 78年6月11日 星期日

大陸學者王曉波說獻身民主運動有兩個理由：
① 中國數千年專制力量太強大了，必須推翻。
② 中國人奴隸性太強，必須喚醒。

果然，此二者是相互推移，而相互增強。領導階級力量太大了，形成一種專制的政治文化，而此文化到人民的生活層面，奴性就愈大。

反之，奴性愈大，便愈要領導階層的專制統治。這不僅王曉波說過，七十年前中山先生早說過了。

到現在，我們的百姓仍不知道要如何過民主生活，所幸我們可以在民主生活裡學習如何過民主生活。希望很快學會。

晨間新聞有大陸學生領袖柴玲的錄音訪問，天佑她，她還活著。她哭的好傷心，我眼眶都紅了，溼了，她說：原以為頂多把學生強拉出去，沒有想到他們（中共）用坦克把學生壓成肉餅。這種政權，滅亡的時間到了。

一個使人民痛恨的政權還能存在，天理何在，所謂歷史精神又何在？

Worthy action gains good opinion.
有價值的行為，可以獲致旁人良好的意見。

DATE
78年6月12日 星期一 晴

香港 HONG KONG

✓ 聽到屋外的河兵喜用一種嚴肅的口氣，好像在叫誰，「李鵬！李鵬」。

我好奇的出去一探究竟！。他們說指揮部所最近抓了兩隻小狗回來養，一隻叫「李鵬」，一隻叫「小平」。
北平那群喪心病狂的劊子手真到了「亡共亡党」的日子。

不知怎麼，平時每三兩天就給老婆孩子寫一封信，而今竟有一個週沒有寫信了。突然間，似乎兒女情長的事情成了次要的問題，每日關心，並向當兵「訴說」的，盡是中國民主、統一、自由的話題，以及中共死狗急跳牆下毒手對愛國學生的殺戮，歷史是這樣寫的。

大陸學者楊答松來訪，對暴說不敢批評，說擁護中立？我對他有所批判。

In the keeping of an unjust thought you wrong yourself.
你把不正當的念頭保留起來，就會損害你自己。

DATE 79年6月12日 星期二

雅典 ATHEN

金门三宝

小时候读书常唸到：

东北有三宝，人参貂皮乌拉草

我以为金门亦有三宝：

空气治安交通好

金门之所以有三宝，是用代价换来的。一方面地小，再看它并未开始现代化。"现代化"是个很好的境界，但也伴随着许多负面影响：例如人口集中、治安恶化、交通混乱，传统价值观念与规范崩解，而新的现代化法治观念与价值体系尚未建立起来，於是乎是一个"乱"字了得。

这些，金门却尚没有很明显的出现。在现代化过程中，是要促使现代化

Civilization is nothing else but attempt to reduce force to being the last resort.
萬不得已始使用武力即爲文明。

DATE 78 年 6 月 17 日 星期　　中華民國 REPUBLIC OF CHINA

以提高國民所得與生產量，或要安全，常是兩難。
最好是現代化與安全、和平，才是真達到現代化。
這個想法何時才達。

We like a man to come right out and say what he thinks, if we agree with him.
和我們意見相同的人，我們才喜歡聽他的意見。

DATE 78年6月14日 星期　　晴　　　　荷蘭 HOLLAND

✓ 當一個現代軍人要懂得政治，要認識政治，卻不能介入政治，這之間的分際在那裡。

基本原則：

①效忠國家，保護人民。
②不屬於任一黨派。
③不介入任何政治勢力。
④不參與任何政治運動。
⑤憲法上有規定的，照憲法規定，行政命令有的也行政命令。

所謂權力只要了解事實的真相，只要明白事實，才不致有價值偏差

Years wrinkle the skin, but lack of enthusiasm wrinkles the soul.
歲月不居，肌膚枯皺；疏懶成性，心靈枯皺。

DATE 78年6月15日 星期四

日前同事賴題寫張，太太寫一封信，她用一种不太正確、對軍事術語又不太會用的口語說：

大陸情況危急、混亂，台灣的軍人得加強戒備。平常老百姓說軍人太多了，其實真正用兵時，就不嫌多了。

她的看法正確，所謂養兵千日，用兵一時。又說：

我們屬下的幹部們、兵們都得要使這個國家是想待他們，平常得去關心他們，出門在外，尤其這種前線，目前又是戒備，更須要是家的外等。

太太一介女流，沒想到對用兵養兵也懂一些道理。人家夫妻相信，多半是人為加安全，她又加上對其他官兵的關懷，豈不感人。

There is nothing so kingly as kindness.
仁慈最能表現君子之風。

DATE 78年6月16日 星期五 晴

乘「海連陸」去大小金門，浪都大。
船在海中身不由己的動盪，極目遠眺，無際天涯。
人在世上，不也如此，永遠在漂，在流。
永遠沒有靜止，連躺在地上也不是靜止的。

船在水上漂，
水在地表流，
大地隨著太陽轉
太陽系在銀河系中動
銀河系在宇宙邊緣奔馳
宇宙不停在擴張（或縮小）⋯
那宇宙⋯⋯

天行健，君子自強不息，
人啊！是永遠不能休息的苦行僧。

Being is more important than getting.
實現比攫取更爲重要。

DATE 78年6月18日 星期一

方勵之受美國大使館保護，引起雙（中、美）之緊張關係，同時台灣大陸均也議之紛。不值追望。

談我對中國知識份子的觀感。總覺得中國知識份子欠缺一種健全的風格，客觀批判意識甚為不足，數千年來的專制政體可以證明。當然敢向專制批戰者並非沒有，只是鳳毛麟角而已，像方勵之等者只得其一。與廣大中國人口相比約數億分之一。

知識份子總是領導潮流的，中國的民主、自由若不由知識份子來事領導，產生思想層面的變化，我以為終究是空口號無據，沒有希望的。

所幸，海內外知識份子有了覺醒，並且聯合。
台灣的：陳永律師、
香港的：李東明、金耀基、
大陸的：方勵之、李淑嫻
海外的：丁學良、胡平、

Dissent is no sacred; the right of dissent is.
異議的權利神聖；異議並不神聖。

DATE 78年6月19日 星期一

但對國際大師級——中國大陸地理學者，
譚松壽先生，我倒有些不甚欣賞了（當然，
他沒有[illegible]的欣賞）。
他訪問台北，記者問他對天安門事件看
法，他卻說：太敏感了、不便多說。

他得了科學研究的「價值中立」？那未免太教
條了。況且「價值中立」在60年代已被學
術界廣加批判為欠缺知識份子的道德良心
，沒有歷史使命感。

不知他是保守？落伍？不敢言？

誠如「河殤」作者說：
歷史卻給中國人造就了一個十分獨特的群体——
知識份子。
他們很難有統一的經濟利益和獨立的
政治意識，他們幾千年來都是一種附庸。

他的批判很激勵，但有失全面。他又說：
把科學與民主的蔚藍色甘泉澆灌在黃土地上的
是他們！

He who brags most usually does least.
最愛說大話的人，往往做的事也最少。

DATE
78年6月22日 星期[illegible]

格林威治　GREENWIC

柴玲，清湯掛面，白上衣、短褲矣，胸前掛付太陽眼鏡（見聯合報78.6.11日，八版照片），可愛極了。個兒嬌小，典型的中國姑娘。

很俏瘦細，有著爭取民主自由的認知，堅定意志，在天安門廣場學生運動總指揮部，在夫婿封從德協助下，領導百萬學生與中共相抗衡40天，震驚全世界。

如果在自由民主中生活，他們真是世上一對，天上一雙，在情侶道上，香果林下，徘徊雙雙，多麼令人羨慕的一對。可惜！

我此時的感覺是，中國知識份子終於勇敢起來了，柴玲（北師大碩士班）、封從德（北大研究生）兩人就是代表。

但願
翱翔夜空的一雙（中共通緝犯），
讓有情人為我們留下悲歌
生生世世，
我們子孫即難忘的。

To do some one thing well is a worthy ambition
把一件事做得很好，這便是一個有價值的雄心。

DATE 78年6月21日 星期三

請朱高正加油：

朱在联合报(78.6.17.5版)发表「台湾党全面的危机—对执政党路线的初步批判」一文，使我对他更有了好感。他所批判的四大危机：

① 死硬的零和斗争路线
② 盲目的群众运动路线
③ 盲进的台独建国路线
④ 激进的革命取向路线

真是一针见血，但有些知识份子的人也都认同，是此四大危机乃真正问题之所在」。

时代在变，社会往前发展。国民党已经放下「意识型态」的包袱，民进党部分人士竟却又拾起「意识形态的结」，实在开时代倒车。

我很希望，朱高正能站在同党、同事之场，再加批判、纠正。使民进党成为健全的政党，对于中国民主建设之推展。

Humility is a strange thing. The minute you think you've got it, you've lost it.
謙遜難以捉摸。在你自認爲謙遜的時候，你已經不謙遜了。

DATE 79 年 1 月 14 日 星期 日　於小金門　英國 ENGLA

一年又過了。
準備陸院考試，半年未寫日記。
等待放榜的日子，心不太安定。

近讀胡平著「給我一個支點」，關於「論言論自由」者，台灣似乎尚未評的如此徹底的，堪稱之「當代中國人權宣言」。以此標準看，現在軍隊何有言論自由，說什麼維護憲法，真[illegible]。

每天說假話，只有對着日記說真話，還有顧慮呢？

Education is discipline for the adventure of life.
教育是人生奮鬥的一種準備。

DATE

79年1月18日 星期

巴黎　PARIS

春節快到了，每年此時各級大官都要到前線、基層慰問，如司令官、總司令，今天是部長來。對基層幹部與一般官兵言，此種事已成為憂，如臨大敵般可怕。原因之大，就是叫各級幹部去工作白做，大官那種只有給長官「看」，任何單位與個人都不能出差錯，好像說錯一個字，作錯一個動作，便要有心院大禍之禍，不准士兵「亂說話」，一切都經過安排。誰若錯了誰就丟官，心態之可怕，已到了外人不能想像之地步。

基層幹部不想幹，沒士氣不是沒有原因。部隊處事封閉，官僚、獨裁，正是備受與外界隔離，很可怕。近日與以軍長談起，都覺可怕、可憂。

是國防部的決策單位及大官有能治之國軍官兵。

To half-do anything is to make a failure of it.
任何事情半途而廢就是失敗。

DATE 79年1月12日 星期六 陰

中華民國 REPUBLIC OF CHINA

同學黃富讜來訪，他在七營，適來小金門，與希連長一同陪他們遊此地，老友來訪，甚是愉快。

前天已得知陸院沒考上，心情有些不佳，十多年軍旅生涯，到此關頭，進不是，退不是，一陣茫然！

滿腔熱血，逐漸冷了。說實話我心已冷，當然也拼勁都不見了，只是能力太差。

Hardened consciences are hard to teach.
硬心腸的人很難教化。

泰國 TAILAND

DATE
79年1月27日 星期

春節在無味、無聊中渡过。每天只是吃些魚肉，喝些酒便是过年了。

還有應酬，若是朋友的是無妨，長官的應酬才是無聊無趣之極。

台金電話又不通，名曰通了，實則根本不通，打了四天

A man must have a certain amount of intelligent ignorance to get anywhere.
人要聰明中略帶胡塗，才能有成就。

格林威治 GREENWI

DATE
79年3月30日 星期 晴。

✓ 好久沒有寫日記，心情不好，得不到定位，找不到方向，寫了也是無趣。

近日申請太太來臺，未准。
又寫向太太寫情書，心情不好的情況下，竟使她為我擔心，寫了、看看書。
書中才有好的、美的，得一些安慰，不然怎麼辦呢？也不能一走了之。

只有讀些書才能看不見，聽不到那些醜陋的、令人痛恨的——。

一決我想去吧！
今年的博士班100%又不能考了，都是一些爛規定。

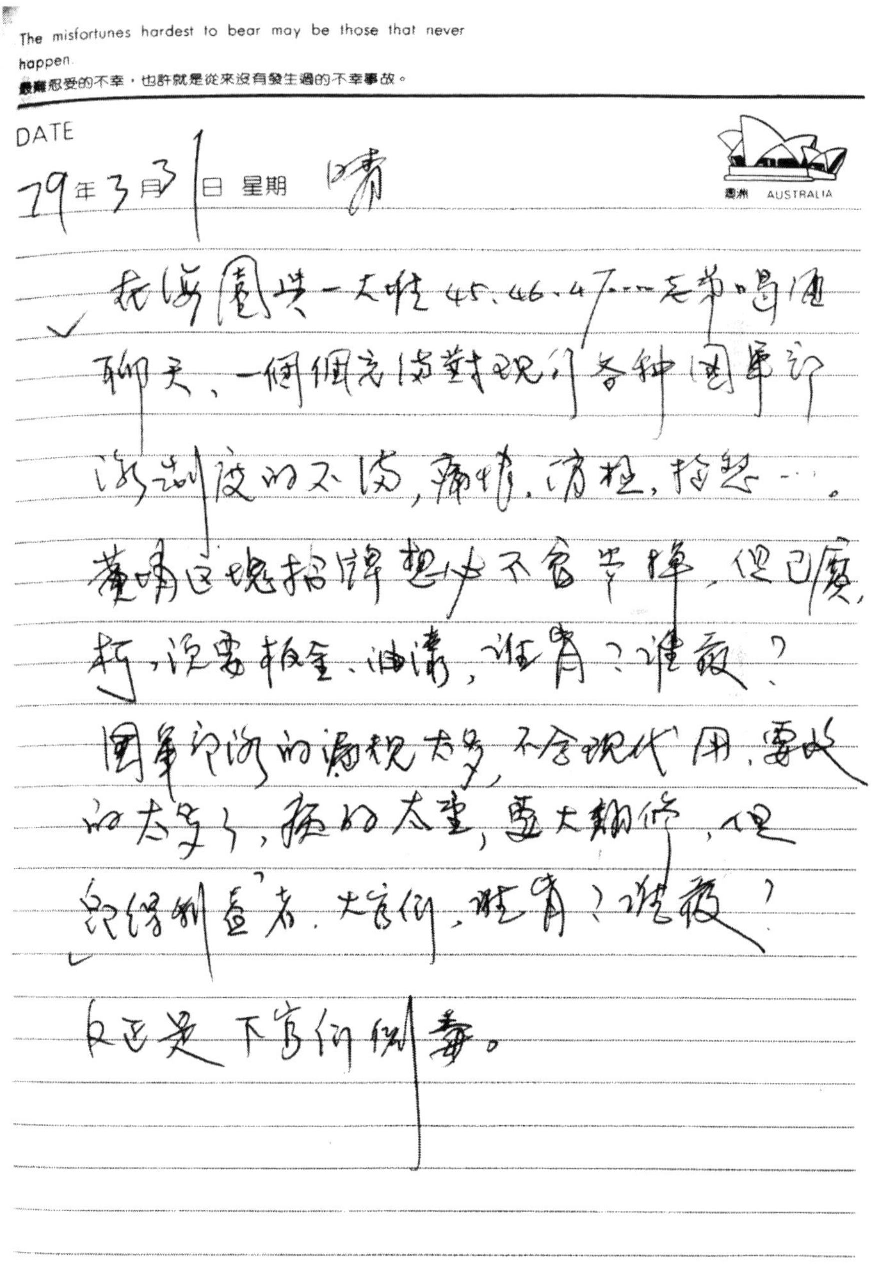

The misfortunes hardest to bear may be those that never happen.
最難忍受的不幸，也許就是從來沒有發生過的不幸事故。

DATE

79年3月31日 星期 晴

澳洲 AUSTRALIA

在海園與一大堆45、46、47……老弟喝酒聊天，一個個在談對現行各种國軍訂徵制度的不滿，痛恨、消極、抱怨……。董明已經搞得想必不會出掉，但已廢，都沒要拍全、油漬，誰背？誰敢？

國軍訂徵的漏洞太多，不合現代用，要改的太多了，痛的太重，要大翻修，但只得罪到老者、大官們，誰背？誰敢？

反正是下官們倒霉。

To travel hopefully is a better thing than to arrive.
懷著希望的心情旅行，比到達目的地更有意思。

DATE
79年4月10日 星期 晴

荷蘭 HOLLAND

德音，我總認為革命感情

是迷思(myeh)。

今天我終於相信革命感情

的存在——

吳林副指揮官和472號長

把酒一壺，談起國事及今天的

海戰風波，

交相擁抱大哭。

時為四月七日凌晨兩點。

Personally, I hold the brain above the book.
我個人的意見認為頭腦比書籍重要。

DATE
79年8月1日 星期

等待，如果是等一個情人，或一個希望，這是很快樂的事。但此刻的我，等待似乎是一種苦悶，擺不開的時候，或許要打讓手錶過吧！每夜生活是到此，

如果一直待在野戰部隊，無異我將不適。安全局又要出缺了，再過二十多天就退伍的同學也退伍了，有希望的升官了，一些沒多大希望的，退不成，上不去，很苦的。

希望，不是要多大的官，只是再待下去有什麼意義？此刻有黃埔（國家）誤我一生的感覺。

Better talk too little than too much.
少說幾句總比多說幾句好。

DATE

79年8月27日 星期

阿拉斯加 ALASKA

同學黃中原德我任司令官事將要金門，升上校了。今年八月中旬也是本期同學任15年，有不少要退伍了，幹了15年，有上校的，有中校，有的還幹少校，這種決定因素很多，有關的似乎不多，關鍵在於和建立關係，所以要嘆的事，縱容的僅一二而已。

引人感嘆！說讀何？

It is better to suffer a wrong than to do a wrong.
因爲人家的錯誤而受損害，總比自己犯錯好。

DATE

79年8月8日 星期

日本 JAPAN

今天是爸爸節，對長年流浪的我似乎不具有多少意義。其實對現在金馬的軍人也一樣，大家都如此說。

倒是最近接太太幾封信，大多對於結婚十年的感言，幸福感已很深了，這是夫妻兩人努力的結果，但長久先生不在，其實是十二萬分的不願意。

最近心裏很煩，新司令官來做簡報，都是沒有意義的東西。但身不由己，真是可憐又無奈，這是當代中華民國許多軍人的同感。

Progress is the thing that puts most books in the discard.
進步這種東西，使大部數書籍成為廢物。

DATE
79年12月3日 星期

英國 ENGLAND

人員主任，你一場不要談論要事，看破了政治，現在的政治只要会兩件事，便能升官：①逢迎拍馬、
②拉關係、套交情、
這兩件事我卻不会搞了，真是很痛苦，20年前進軍校，怎知有此一日！

Let any man speak long enough, he will get believers.
任何一個人，如果講話很久，都會得到相信者。

DATE
79年5月25日 星期

金门

今天是聖誕節，到小金门去探朋友
找一些安慰。
不知道为何今天特别凄凉至此地方，
一些長官刚罵完了官兵，不要带小、
姐到這里好好的好好的，回头她
自己就一个女人，回去后头和那个
女人在這里，関在小房间内，甚至
晚上也多才放她回去。
当长官的，大要当相似的每天在
K拉OK唱、跳，真是太矛盾
了。

Are we growing in proportion to our opportunities?
省察一下，我們性格的成長是否和機會成比例？

比薩 P

DATE
80年 1月 1日 星期

一年过了、提不起精神。
新的一年開始。
沒有希望的去年。
展望新的一年，
也看不到希望。
日子，怎如此的黑，如
此的暗，革命之路怎走
成地獄之路？

To be trusted, prove yourself trustworthy.
如果有人信任你，足以證明你是值得信任的。

DATE

80 年 1 月 5 日 星期　　　　香港 HONG KONG

三毛自殺，死了。

我的感覺是她始終活在一個幻想是永遠達不到的、即使達不到，再走也是白走，走了算了。（很容入，但很難出）

她被讀者「神格化」了，她自己也已經活在「神話」世界，顯然已經脫離了人間；但明明她活在人間，矛盾、矛盾，解不開的死結。

只好一走了之，但傷害了萬千的「三毛粉絲」們，真是很可惜！

Tact is the art of building a fire under people without making their blood boil.
在人腳下生火，而不令人冒火，是謂「圓滑」。

DATE 82年6月28日 星期

比薩 PISA

82.6.28 花防部報到。
畢業18年，第一次到花蓮，有新鮮感。
自行開車到花蓮報到。
台北—宜蘭—花蓮。
路段周邊招牌多。
沿途風光很好。

畢業至今18年多了，我還是老中校一個，同學少將都幹過頭了。不比這些，但為何41歲了，仍陷自己於絕境中，無力無法，又無法脫困，到花蓮度假吧！

Though the past is irrevocable, it is not irreparable.
雖然過去的時光不能倒流，可是並不是不可補救的。

DATE
82年6月28日 星期

法國 FRANCE

從去年考進三軍大学，经一年苦讀，終於畢業了，沒有叫我第六度外島已算天保佑。
小路，路復國，学生时代和他不熟，雖都是砲兵，但未一起玩过。他現在是「花防部砲指部指揮官」，应有机会升少將。我去接副指揮官缺，一向「謠傳」正副主官是同学，最後都搞得不欢而散，同学会見面不說话。我以为，這种事不会在我身上發生，除非是那种很爛的。小路是個嚴謹的人。

輯六：狼煙 30 年，家書抵萬金

妻，民 58 年

大妹，民 56 或 57 年

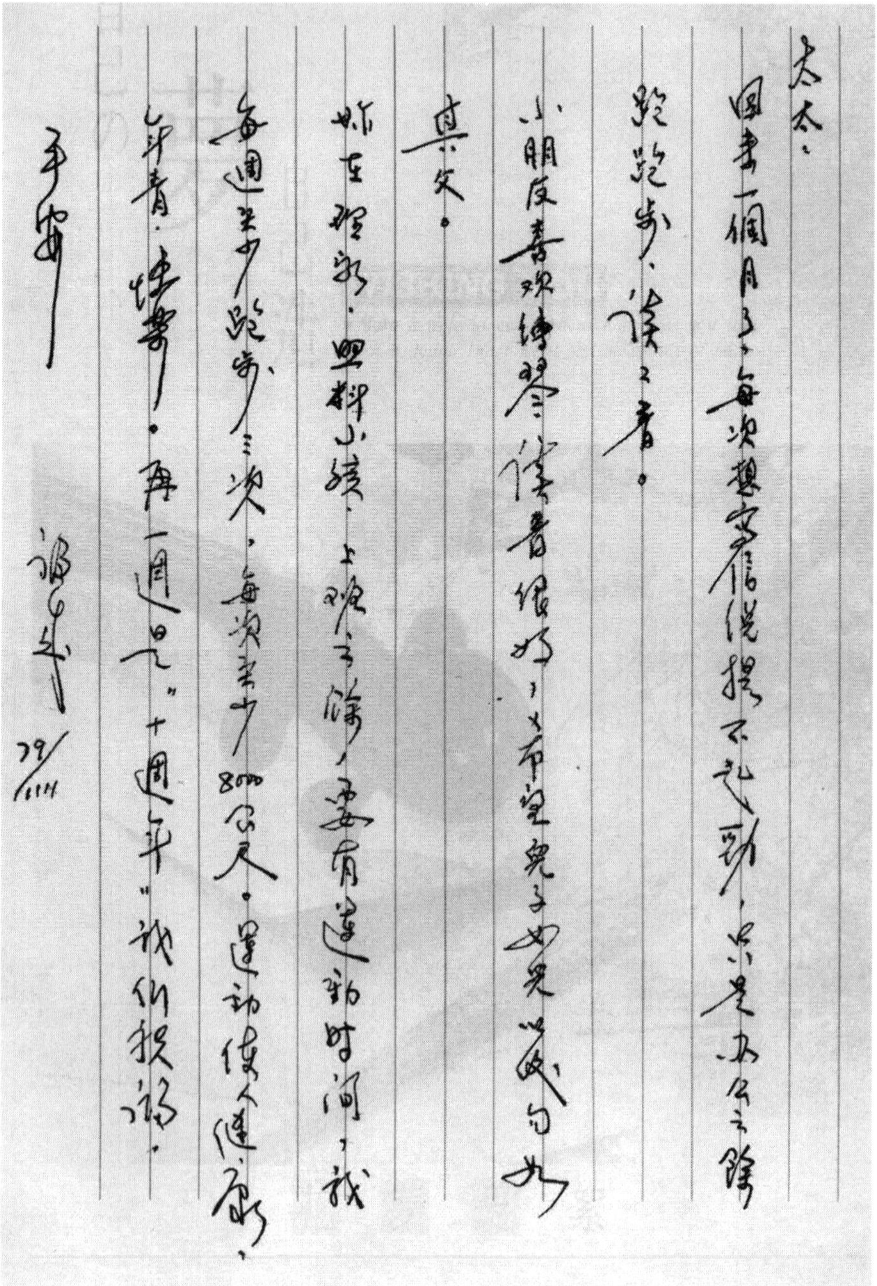
太太：

回來一個月了，每次想寫信總提不起勁，只是辦公之餘踏踏步、談談書。

小朋友喜歡練琴，倩倩音很好，又希望兒子也學彈的樣，真笑。

妹在理家，照料小孩，上班之餘，要有運動時間，我每週走步跑步、三次，每次走步8000公尺。運動使人健康、年青，快樂。再一週週日"十週年"我們投稿。

平安

鴻生
79/1114

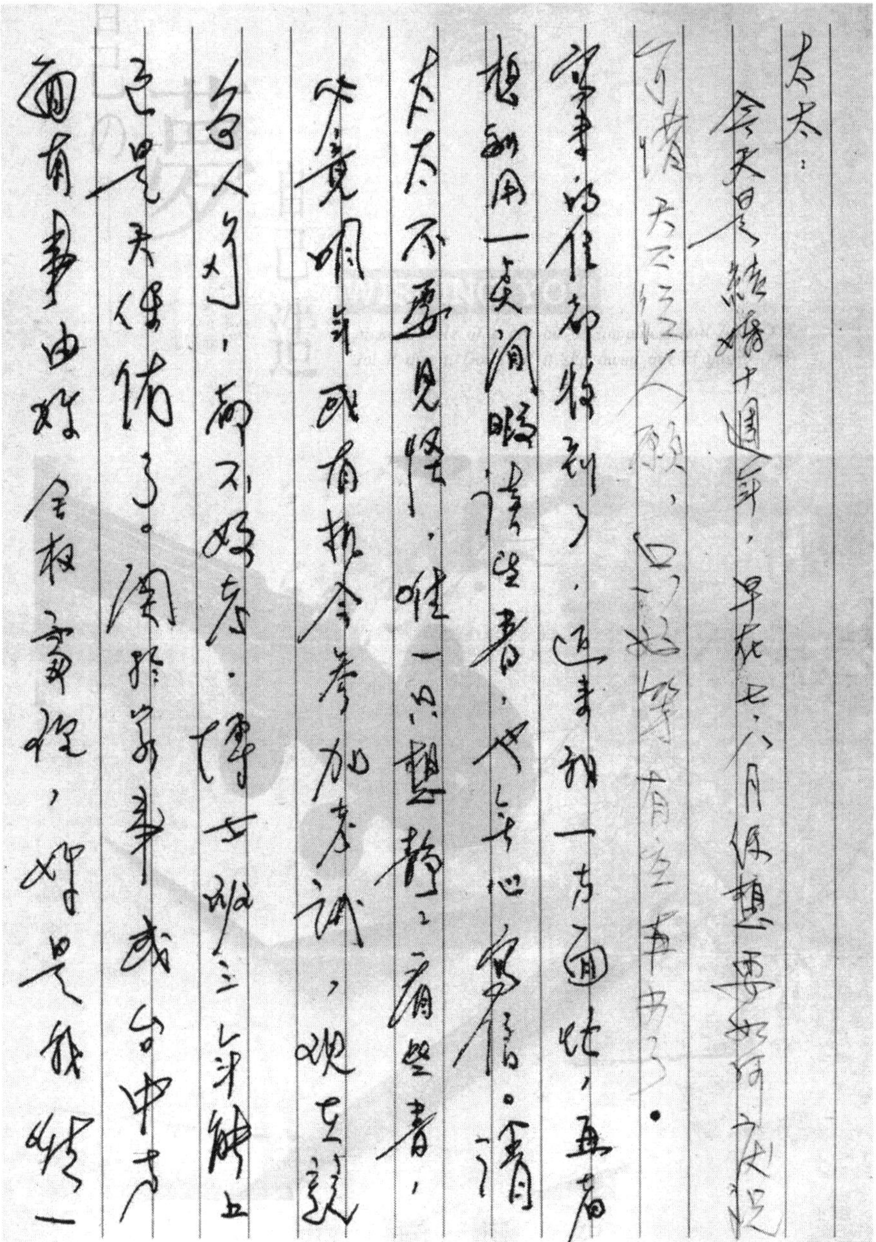
太太：
今天是結婚十週年，早在七、八月便想要好好慶祝，
可惜天不從人願，只好等有空再出遊。
家事的工作都將到了。近來我一方面忙，再者
想利用一段閒暇讀些書，也是安心寫信。請
太太不要見怪，唯一只想靜靜讀書，
究竟明年或有機會參加考試，況且說
各人各好，都不好意思。博士班三年能上
這是天保佑了。關於家事我台中方
面有事由妳全權處理，妳是我結一

的全校代表。

小朋友們能有一了健康的生長環境，比

考第一名，比學任何東西重要，所以教育

非只能鼓勵他，也要給他壓力。

至於鋼琴，看要讓他們都學彈好，一方面

我們自己有，要物盡其用，二方面培

養興趣，以後走入歧途機會少。

好自己即有心讀書，便要有得，所

謂：「定、靜、安、慮、得」是也！不如足之

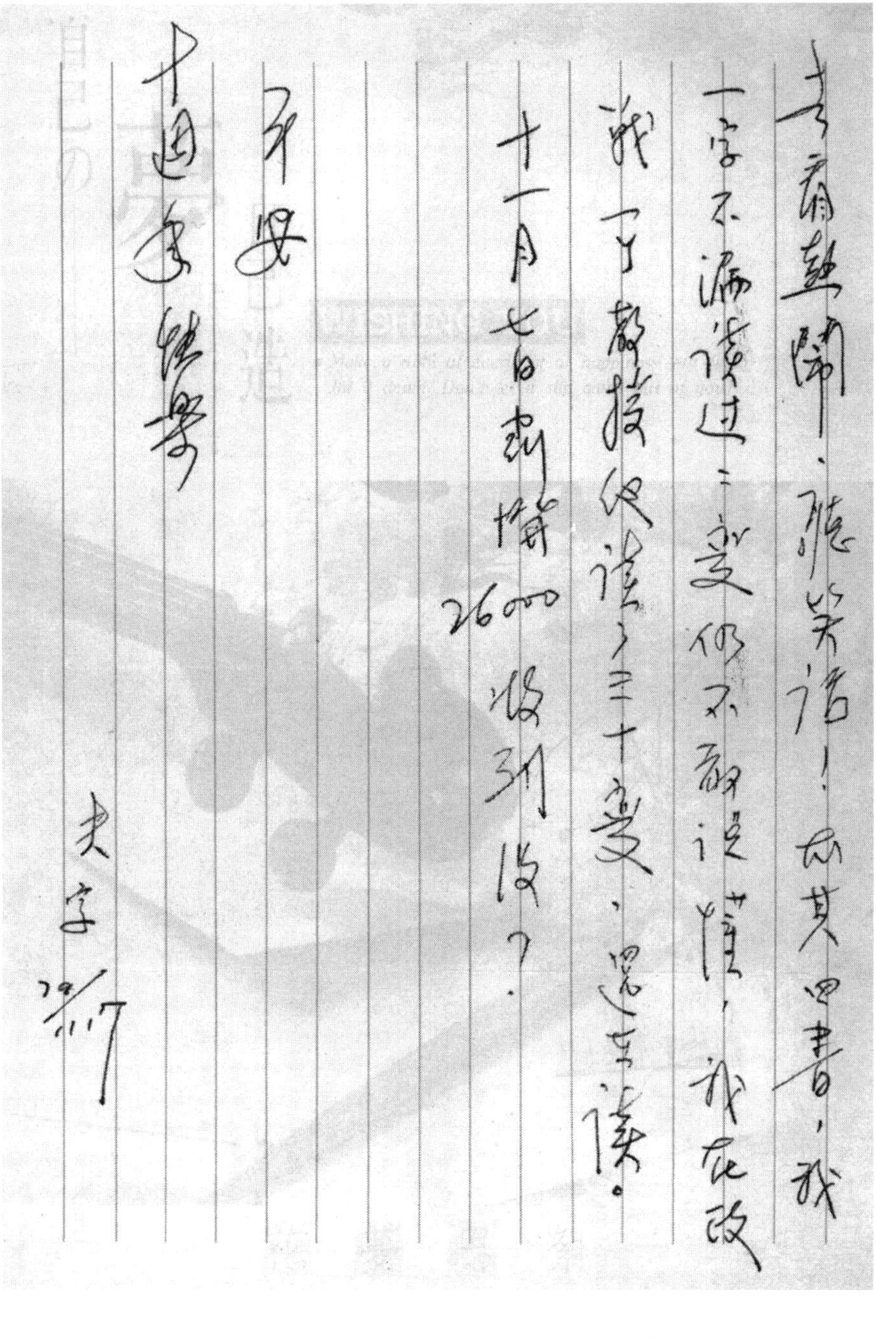

老套無聊、騷笑話！尤其四書，我
一字不漏讀過二次，愛你不敢說謊，我在政
戰了教授也談了三十遍，還要談。
十一月七日劃撥 26000 收到沒？

平安

十週年紀念

夫字
79/11/7

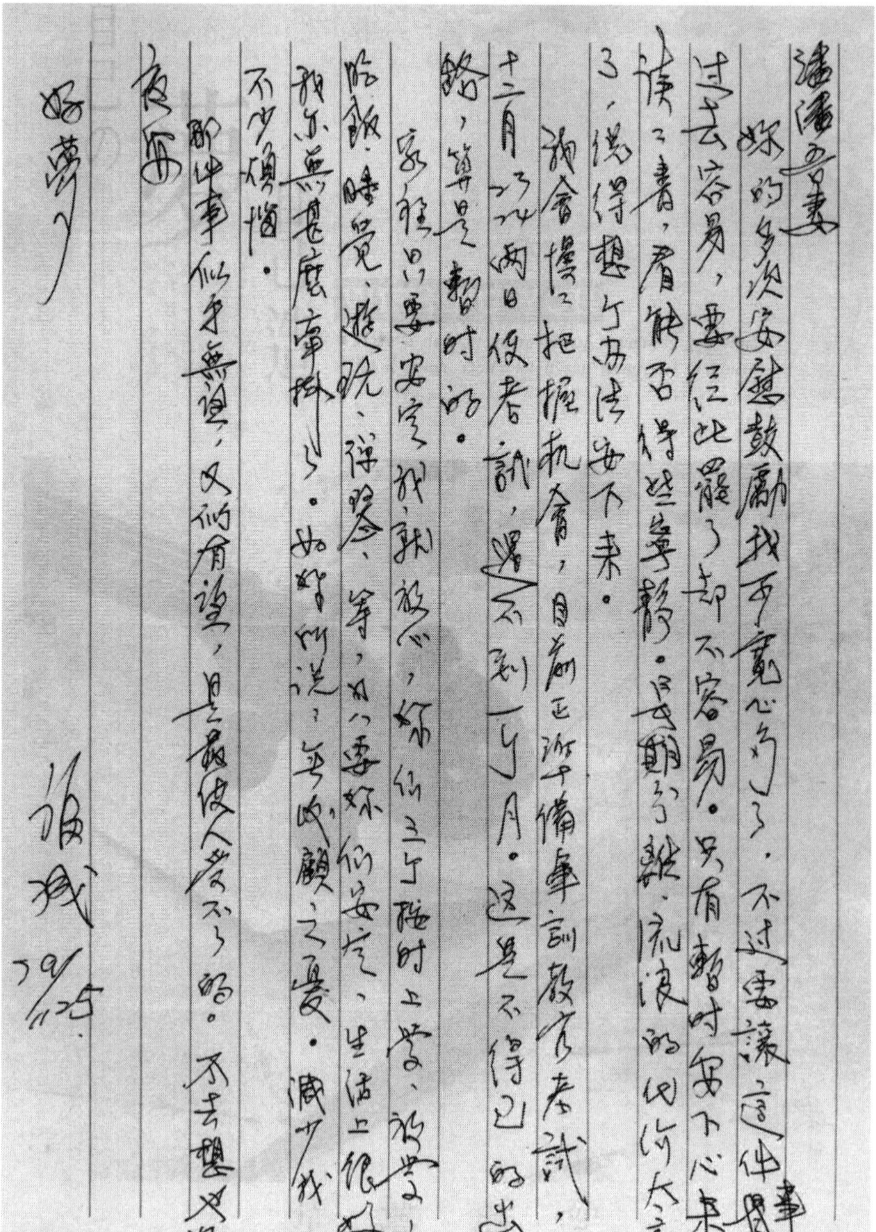
潘潘吾妻

妳的多次安慰鼓勵我可寬心多了，不過要讓這件事過去容易，要經此嚴了却不容易。只有暫時安下心來，使之靜，看能否得些寧靜。只好斷了許，流浪的代價太高了，總得想個辦法安下來。

如會掌握機會，目前正在準備軍訓教官考試，十二月二十四兩日便考試，還不到一個月。這是不得已的出路，算是暫時的。

家裡只要安定我就放心，妳們三個按時上學、放學、吃飯、睡覺、遊玩、彈琴、等，我只要妳們安定，生活上很好，我就無甚麼牽掛了。如妳所說，無心顧之憂。減少我不少煩惱。

那些事似乎無望，又似有望，是最使人受不了的。不去想也好，

夜安

好夢

福成

79/11/25

太太：

已劃撥三千萬給妳（十二月薪俸），及眷補證三人份，收到來信。

「東擇」是我同學沒錯，寄1000元給他即可，不用去了。

妳說身體狀況不太好，是頭痛的問題，運動量太少的原因（你們三人皆是），以後我希望全家常常做運動。

最近準備考試，工作壓力也大，很懶的寫信。

祝

平安

福成

79/12/12

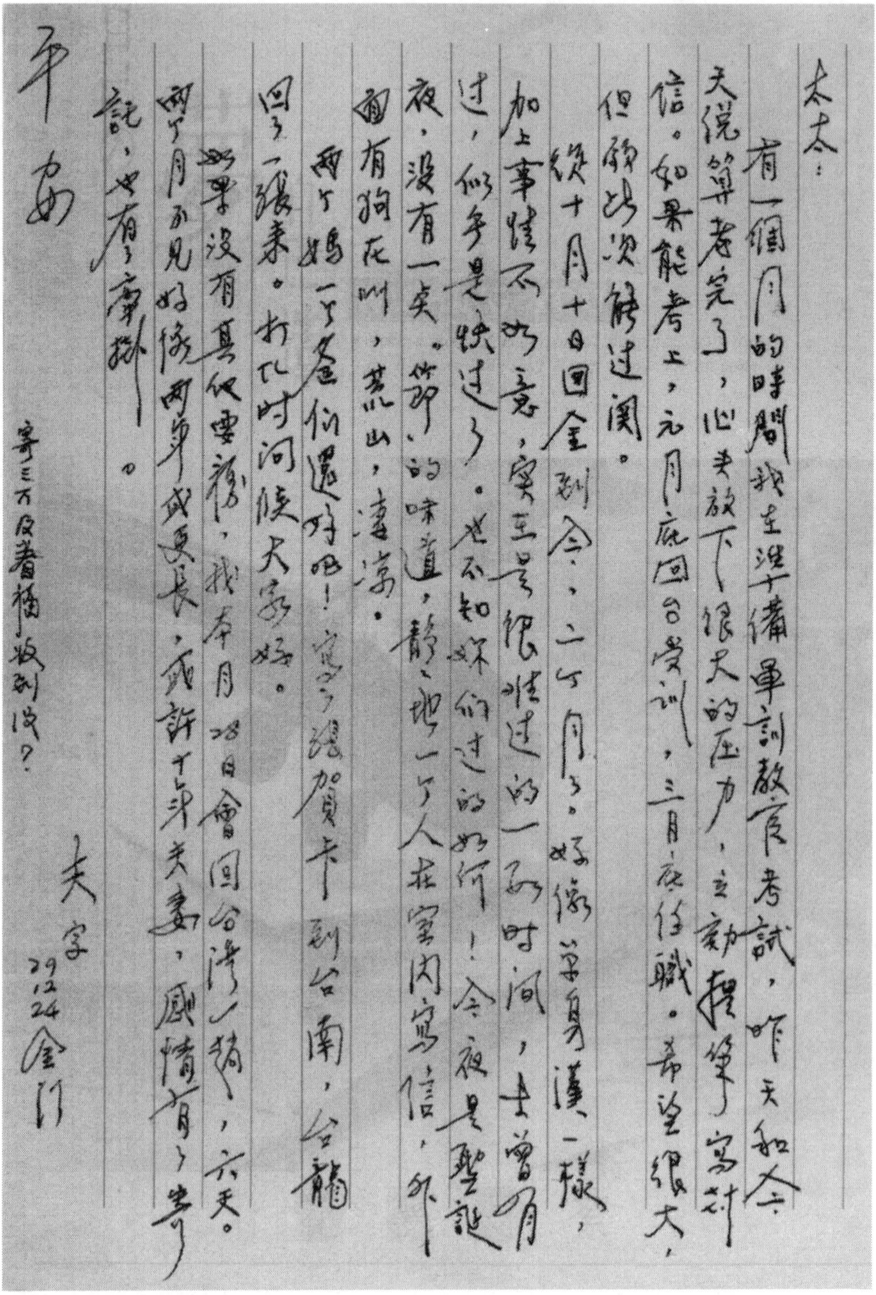
太太：
有一個月的時間我在準備軍訓教官考試，昨天和今天總算考完了，心裏放下很大的壓力，立刻提筆寫封信。如果能考上，元月底回台受訓，三月底任職。希望很大，但願此次能過關。
從十月十日回金到今，二個月了。好像單身漢一樣，加上事情不如意，實在是很難過的一段時間，未曾有过，似乎是熬过了。也不知妳們过的如何！今夜是聖誕夜，沒有一点"節"的味道，靜靜地一個人在室內寫信，外面有狗在叫，荒山，淒涼。
兩個媽一個爸你們還好吧！寄了張賀卡到台南，台龍回了一張來。打電話問候大家好。
如果沒有其他要務，我本月28日會回台灣一趟，六天。兩個月不見好像兩年或更長，或許七年夫妻，感情有了寄託，也有了牽掛。
平安
夫字
79.12.24
金門
寄三次皮蛋橘子收到沒？

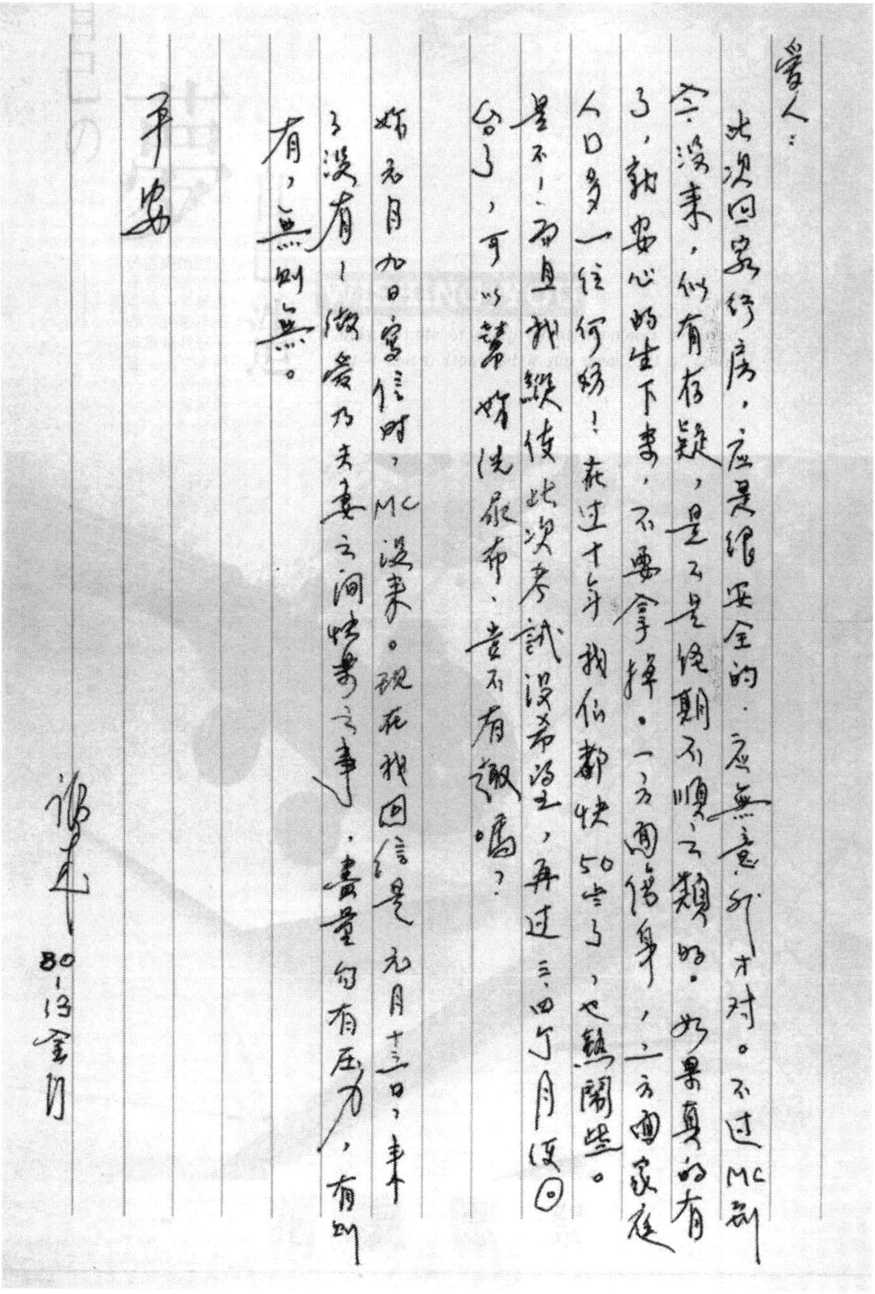

愛人：

此次回家修房，應是很安全的，應無意外才对。不过MC卻令沒來，似有存疑，是不是經期不順之類的。如果真的有了，就安心的生下來，不要拿掉。一方面健身，一方面家庭人口多一位何妨！再过十年我们都快50歲了，也熱鬧些。豈不！而且我蠻欣慰此次考試沒希望，再过三、四个月便回台了，可以幫妳洗尿布，豈不有趣嗎？

妳元月九日寫信時，MC沒來。現在我回信是元月十三日，來了沒有？懷孕乃夫妻之间快樂之事，盡量勿有壓力，有則有，無則無。

平安

[illegible]
80.1.13
金門

太太：

信都收到了，這些是不能回來了。可能要到十一月二十多以後才可能休假。我係儘量提早。甚麼書帖能全了，妳沒有寫，信的前幾行都未說明是誰。是親戚的話問鳳嬌，是同學（及其他），除劉、吳二人外，都可隨便。他也未必熟悉，要不要以後再說，重要的是自在歷史。

平安

福成

80.1.26

注意：信箱改了。

親愛的太太：

近來好嗎？我們的寶貝兒女沒叫妳頭痛吧！快過年了，妳們也該放寒假。要好好利用休假日。前封信妳說要去東部玩，就好好的玩，只是要注意安全，外面的飲食衛生，一年才過一次年，應留下美好的回憶。

預定二月八日關餉，除媽的兩件和鳳婷春梅的兩萬直接劃撥給他們外，餘寄給妳，（我留下一點點，最多5000元的特別用途）。如果郵局不誤的話，妳在二月十二以前可以收到，正好春節可用。

我也甚好。

平安

祿成
80.1.30.

親愛的太太：

厚本是早可以回家了；接的人未來，我想也沒關，就想誤了。再過幾天應沒問題

收到信也不用寫信了。

前封信妳提到正在害怕著，一方面也作之間的問題，我一直很擔心，深怕妳弄的「兩面不是人」，一面是老濡居，一面也是朋友。要小心，所以我想再提出一些對問題的看法，給妳參考。妳信中所提到他們都不夠厚道，甚至太情緒，自私等，這都是事實，問題在這點也是人人都有，只有本性大家只是程度上有別。即使是人人具有的本性，就不是可怕的罪惡。假設我們把厚道再詳分成：「完全厚道，很厚道，厚道，處厚道，不厚道，完全不厚道」，則極少人是屬於前兩種，情緒和自私也是相同道理。站在出面排解，須要了解此種道理並超然之，才能順手。

妳該說：「兩邊都是好朋友，盡力……」

不能說：「兩邊都不厚道……」以後便相處了。

妳須時刻……西寧縣天，謝謝你。

丈夫 字

(80)

0413

福成：

不知不觉，日子过得这么快，今天又是星期一了，你回金门也快一星期了。天气的转换，自己要多留意。佳青、佳莉两个有些咳嗽，很久没给孩子吃西药了，是想让他们有些抵抗力，这两天会多观察。自己由于闲着，新近不得有些可口美可停奏，最近睡得好，更胖了不少，像成个肥猪的动作。

上班下班，回到家中是最幸福的，自己爱念的书，自己爱做的事，自由自在。我的工作大部份是为了赚钱，孩子们的读书问题，兴趣当然也有，也有已被一些压力打垮了不少。所以工作存到一定量，开始学生，另他一样不会。

中午轮到我看会计班午睡，利用此时写了信，今天得到你的理发什么钱，收得了信。

先生（爸爸）在我的日记中，家中生病时候许多。不多家人，有空不妨多写信。

祝

万事如意

秀太

79.10.15

SMP'12:31

太太：

又是一月了，時間真快，再過十天就春節。妳們此刻大概是休假在家吧！忙着辦年貨、打掃等。近來天氣很冷，妳們身体不好，是最難过的，多利用时間運動，正常持恒的運動是保持身体健康的不二法門。

向太太說声：对不起。近來沒甚麼寫信心情，所以很少提筆寫信給妳們。最近好，那兩本「十週年紀念集」可以給妳懷舊，休假在家時我看了那些信件，尤其是早一点的，例如「高登時代」的頗有趣的。

春節前記得向「一爸兩媽」及親朋好友拜个年，代替老公向大家請安。

平安

福成 80.2.5.

福成：

學校開學了，一切都是新氣象，自己該要有計劃（畫）把自己的工作做得較以往完美，且要充實自己，因為時間上的安排較忙碌些，晚上也晚睡，體力倒還好。人生旅程有不是很自在，還是多利用時間做些想做的事。教書已三年多，每晚都得檢查一些功課及予簽名，使得我已慢慢的開始較也煩了，教養是自己小孩子、家中的生活一切安穩快樂，同學們很為我表示羨慕，其實自己或許勞碌慣了不覺得累和埋怨。所以真的你能對自己多保重和寬心，因我們的後面即是你。

工作進行如何，記得，一開始我們即得著收大自然的態度和積極的進行，自己一定要去服一切，定下心靜下來看些書準備功課應考。埋怨、怨天尤人對自己都是不利，突破自己才是最重要的。

又好久未接到夫君的來函，甚為想念與掛慮。

孩子們漸漸長大，自己感覺也輕鬆許多，比較有更多時間參義，最近添了一些新衣裳，以前真是太省了，不然那會有今天的氣，你說對嗎？最近留直髮，看起來又年輕許多，再加上心境的開朗，日子要如過的，曾經有一段日子為你的工作煩，其實想「通」了，真是「空」也，像條大路通羅馬，怕什麼呢？、不過單獨的你，對自己的前途，和還在社會等等，卻是次考慮之道、你的老母、妻兒、千萬不要意氣用事、冷靜常能很自不會損失一些美好的東西。颱風天，撿到一天放假日子，家中生活真優閒。昨晚2:00才睡今6:00起床，現在每天都是晚睡早起。你陸官同學會寄來會員冊由又君勝等到人、我幫你寄去參加此同學會、通訊錄回家你再看。台中大哥、母親都很關心我們，有時我也向他打，不在家，所以沒回電，不過我一直感念打電話問候一聲，就此擱筆、等公去郵局順便提金錢來寄信，祝好

太太
79.9.7
早8:30

福成：

可好，錢我收到了20000元左右。你寄多少，已經交了會錢，這個月還是向老爸借的。因此不想會錢交給你去，現在一切都OK，12月開始會好了一些也輕鬆了。

昨晚好友蔡姊兄打電話來讓我得到大姊那的消息。有時候不敢常打電話給大姊，怕自己言多而失。（關於他們家中問題，因他家人我都認得，每個人我都不能得罪）所以等有把握才打過去，昨晚一聊又是二小時鐘頭，我怕的不怕就怕言失。自己很小心了。

說到重要時，以目前的情況，你自己要以最謹慎細心的態度處理任何問題。（這指工作的這段時間或許是對你整個的考核，記住埋怨的話（對以後）查覺經驗了吧。目前大姊說外力都用不上，適當時机再加油。一切安心等待，忍耐。（你自己再加以判斷）

「圓」的做人處事，我倆都能得加強訓練。上封信自己也寫了一些怨語。一切都謹慎些還是好。

大姊說過年左右她會再積極。同時你去金已一年多了，過完這天也正好都將是你很好滿時。

我會把和大姊談的話，利用阿娟他們有話時，告之，你放心。你自己心裡也再醒些，記住千萬不要在「人」面前表現不悅的形象。（和你聊天這麼久很少聽到）。再謹慎些。祝

安好，一切如意

太太

77.10.17

早7:10

福成：

今接到你來信，才知地址弄錯了（我已有二封信都寄到30836），所以這封信不敢亂寄，卻找不出一个信封，後來急急地把它寄了。已知你寄了2000元。

对了太姊這邊我会一段時間保持聯繫，你放心。至於和你拜会的，我想逢年過节我會打Tel請安。爸爸媽媽的Tel已打，你放心吧，應當沒這麼快的。不要常常以为了之人吧。

大姊有把網站合拍給我看，所以她要你不打了電話，給她得報，他會給出通，因对方已略告知她，所以你自己一切謹慎（言行），應酬時千萬要留意，以免失態。

過年別忘了寄些賀卡，大姊要你寫的報告你寫了嗎？她說有好你寫。自己在和好友詳談。自己在憤怒時要醉酌一下。同時也靜下心來，充實一下自己的功課，書本太久不看，会很陌生的，也很吃力，效果差些。

這几天天氣轉換，好几件毛衣還是不到，卻感冒了，祇有我不能住下去，可是，自己要多留意身体在好，這是比不上在家的好。

冬天的時候，你那也須留意，有些事也是多不得，但也不能太慢，你說是嗎，寄上一份……我等待你寄信來，你可以改一改回。

79.10.18

親愛的先生：

連續幾天自己像個大作家一樣每天寫工作報告，晚上都要通宵，昨僅剛剛寫好卻打瞌睡了，真討厭啊！

有些事情說起來真好笑，好多所謂要我們拿工作報告寫成一本書，連77、78年的課程都要寫，自己沒親身的體會要胡謅，真是太離譜，所以很多事情好處理，也是一笑置之，寫寫唱唱就算了，這樣還離不開我的，祇是常做一些昧著良心的事，祇好在別的地方修身養性了。

這一陣子牧云可把我整慘，身體差得不得了，每天到了4點（清晨）就開始咳嗽，咳個不停，我就得起床，拍背，並按摩穴道，指壓法，這兩天總算好多了。不吃藥了，用食療來治咳嗽。一個多月，幸好牧云還能吃，不然身體可真吃不消。

信青還好，精力充沛，很乖，不打一覺不睡覺，身體也很好她的，還好些。

結婚十週年那天本來想提筆寫封信，正好弟弟他們都來[illegible]，所以忙著交代，忘了，晚上累了也早睡，可是心裡卻一直記掛著，十年的婚姻真不容易。雖然不是十全十美，我覺得很滿足了。先生、孩子，人生還有什麼可求了。多充實自己，下班時間安排太晚，沒有或讀書的習慣。這現在加緊腳步，希望不要[illegible]。

最近可好！換提筆時就寫吧！>6000，已用了，吃的好，住的也是，我不想錢[illegible]，所以在吃的衣著上我都得捨得，其中一切布置可，不會掛，怎麼可以，不多言。　深情依

身體要保重，一切如意

太太 79.11.20

親愛老公：　錢不夠、同事借我半數。

再見最近直瘦，李体你想我們，可好！每天拉

孩不停，趕工作，看保姆等等。

卅一日帶他們八人去小提琴，接着我帶女律、律母

們到老師家去跳，女律、也好柳學、自己開開

的小姐她有點地，我們過去了約會，孩子們都

好說，就是很想念你的一顆愛的念念。

教壽有篇文章我的，直不錯，寫出了妹妹

的辛景，還加得了一句任衛國永的念念，孩子們

長大了，辛要中帶着一份甜蜜。你書要是讀她

有點事而不知何時被她弄好，例如妳要被剪（我的）

為發精流行，真很是好懂心，所以可她可的很安。

還着去上課，再聊，祝

安好。

太太

79.11.2

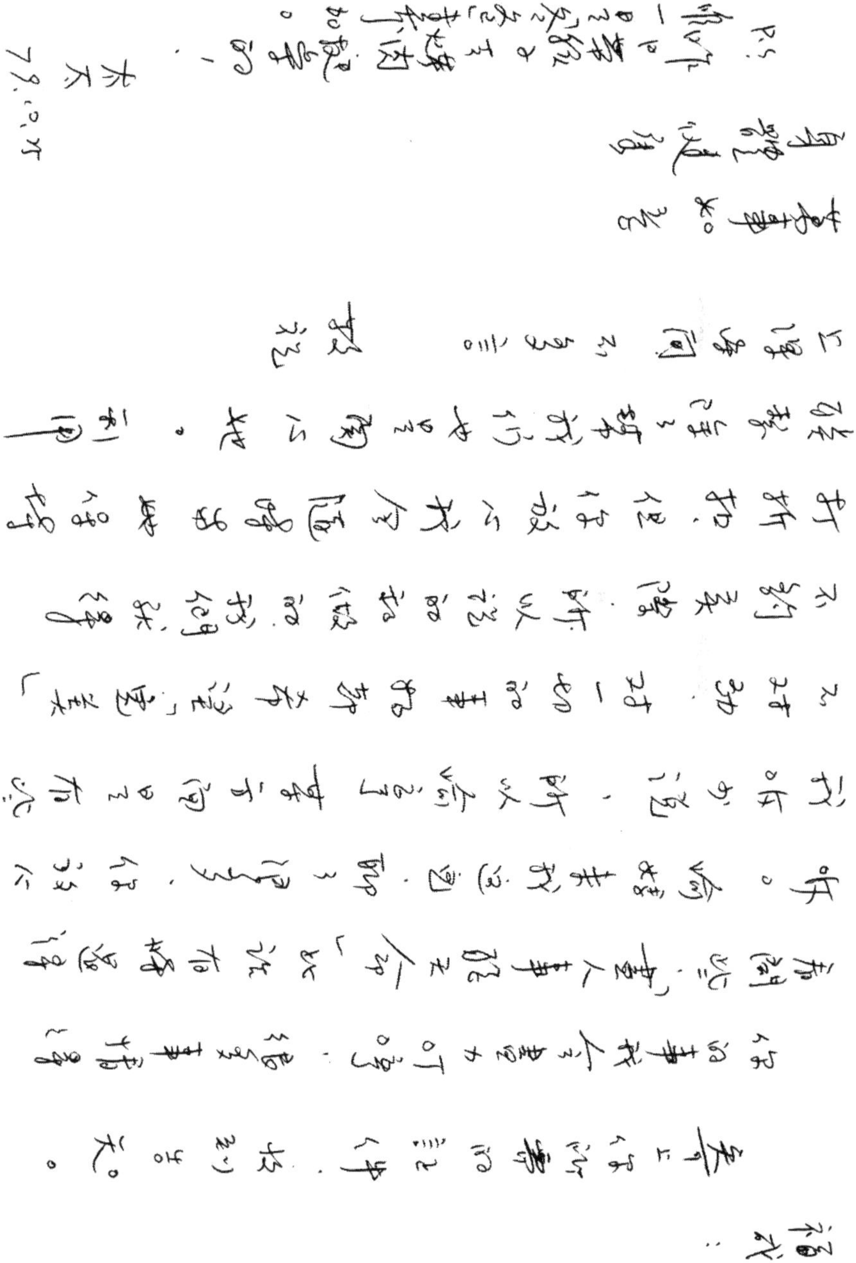

親愛的老公：

最近身體是很瘦，定是你太思念我們了吧；家中都好，生活過得很忙碌，充實倒是。昨日也放假早上帶覺由、桂琴，跟著蔡老師、師母，一塊到蔡老師岳生家跑上古城的山上，並捧，有魚池、漂亮的山坡、我們學會了釣魚，真是開心，一天很快的過了，小孩睡了，我得整理家務，也等到十二點多才睡。

自己身體上大致都還好，祇是覺得手的部分差了些些。今天晚，那天陪去醫院看看檢查檢查。[illegible]這回考第四名，然而每天檢查他的功課也花我不少時間真是天下父母心。

今晚義輝和我們聯絡，講了一些問題，對了，我們除了等得以外，你是否還想到別的路子，平常你這方面是最內行了，我想你該想到了吧！你自己斟酌看看，若太太說呀不妨也讓我分擔了啊。

又是新的一月，工作、各方面都還順嗎？自己在外多保重。又該發薪水了，年末要拿一千令的，可是同事家的就多因而下月再拿，等了我要上寄給我，順便事前去。很我多的，我要付會錢，十二月份開始我開始輕鬆。少了二萬元的就會，你不用操心我的經濟。可是你得盡快寄如嗎？甚近家信少些，可是心常是記掛著。不多寫

祝老祝你

平安快樂

太太
97.11.1
11:00.

福成：可好。

很想念你，每天的生活節調都一致，上班工作、下班家庭，孩子們也是上學、放學。大体上說來都算乖巧，自己的脾氣也較以前能忍下來，心性的增長，讀一些經書的好處，較會用自己的智慧。我的經書老師強老說，讀經書是將古人的智慧變成自己的智慧，我覺得真不錯，可以時間上運用得不夠自如，但自己睡眠時間也長些，睡不夠易生病。這兩天台北氣候甚差，致感而我們都有些不喜欢。

這兩天半夜都聽到孩子的咳嗽聲，自己也睡不穩，心裏總是憂心，月考孩子考得還好，上星期五因生病，就考差了，這孩子對分數的好壞自己了解，所以也不想再責備，鼓勵給他信心，所以我做的祇能幫助他計劃如何準備第二次月考，每天分配方式功課教演室自己去演到十二點，可是對三年級的孩子來說，睡眠會不夠。

二天的假期很充實，星期日早上有我和孩子做功課，我們看了致代。一天帶二位老總的路旁，一等半個頭就走完。那過程。回到我中帶他們練休息，晚上讓他們看國父傳，故事很長看但看得了看卡通片，小平每次都叫別人看他記，想大些會好些。太洞日如前了。不過越大越差。我們孩子都瘦了些。

金門氣候，還適應吧，是否需要太太寄些衣物或吃的。工作還好吧。心情上是否能如以前能靜下來看些書，有空就多提筆聊聊，總是對一些的有感而發，明年的五月即將來到自己方面鋪路，學擬，也告訴太太要如何做。家中的母親最近還好，大哥常到房的師傅，從母親的話中精神還佳，當然老人也都會有些老人病，共同給自己身體的。不多聊了，又要準備上班時。祝

平安、健康

P.S. 有時想二月初的假期回去真好呀！

太太

79.11.13上
5:30.

福成：

又是夜深人靜時，孩子們都已入睡，天氣的變化，又時雨了，孩子們較過敏，所以做老師的都得煩人些，其它的都還好。

現每星期上二堂課，連續坐二個鐘頭不休息，還真有些累，讀得覺有意思的，其中有一句話讓自己很尋味：「人要是為了吃飯而活那太容易了」，偶而都會抽空看一下書，學是邊練習思，才會有收穫。

金門天氣還好嗎，自己多留心。工作、學業之餘不要忘了讓自己輕鬆心情。家中最近音樂季，每年又都捨著要練鋼琴，校室已不用我叮他練琴，漸漸品味出琴可調劑身心。

從青少年發展時，教任者的方法稍為改一下，同時上外課，他的增長，自己的耐力也增強不少，每天抽些時間陪孩子們佳青你信，這是老樣子，多多要我生氣。

最近錢緊些，所以也沒寄錢給台中娃，不過我曾打電

向保也說明，不過年底因媽他們新居落成，我是準備

一些要送給他們，因按各一萬元。希望即將從這裏寄些。

我的身體很好，唯一手指全發酸，忙得連感

冒都沒時間。你自己多保重，每天胡搞着假日來到。

這回在金門時間要延長一年才能休假了。你一個人很清靜

看書得閒，日子是過得快，我們每天人多熱鬧，時間的消逝

在部中都消逝。學校家庭很單純。你要安心。不多寫

祝你

萬事如意、身體安康

太太 79.11.6

11.30晚

福成：

不去想不去算一天天的還真快，最近氣候的不穩，秋寒作祟，這感冒了咳了一個多月，尤其半夜常咳到咳嗽聲，自己也跟着擔心煩，急也帶去看了，這二天可說快好了，生病原來的體力卻減退，可是身體還是第一，咳得很厲害，自己也因為擔心難受，也有些不對勁。

昨晚開始，天氣下降10度，差太多了，金門想必也是吧，多注意身體。

謝謝你還關心我們的結婚十週年，以前我們都還要好好的，唯一你的工作因為時間而停擺在那，想了很久，自己是得真的我們不需再等得有沒有都要算了，現在一定要讓自己的心靜下，當然不容易，可是真得去做，有多想走個路子走走，記得你以往的做事都是如此，你還記得大學課及學校詩社的好事嗎？

依你的程度，再加上用功，我想你博士班沒問題的，再加上家裏也無後顧之憂。台雄說英文考博士班要加倍。其它需要什麼資料來信告知，太太幫你寄。

你同學邱先生也打電話，可是也答得含糊的問（他的朋友）所以一定不要期望太高，以免相對的結果，那就太累了。

憂，我勸他不用煩心，一切順其自然。

在今重新再恢復以往的實力，專心看書當然除了工作。碩士班不都由金門考上的。加油吧，太太換了份替先生[illegible]冬打拳，天下無難事，只怕有心人。前封寄錯地址，被退回。因是676，誤成636

台中舟輸那挺的，大哥也換成廚師，吃不愁也。你安心吧，有空就多多問候老母親。自己現除了吃外又得與奶奶以前儉用存錢。吃也較貴的，再加

祝好

太太 79.11.21

8:00

福成：

每天每天的過呀、教小朋友的生活過得特別快。氣歸氣，可是他們總是天真無邪的一群。還真喜歡他們跟大人相處，使得處處小心，和他們每天快樂無邪！另外和他們個別聊了天，也有多思的，有些孩子全部都會來告訴你。

昨日校長請假一日，我請半天帶他去三總檢查，王達台等同學很照顧。說我們照X光、驗血，開了兩份藥，所幸，白血球高些，肺部有點發炎，輕微氣喘。咳了一個多月，中西醫都吃了，自己真不知如何是好，還怕他是肺炎，還好，自己都很小心注意，每星期三下午就醫檢查。今天吃了昨日開藥，似乎好多了。（對於吃下藥了）。瘦了~4公斤，每天校長還會吃，雖然吃了也不少，可是生活不吃好，味口很好，很多吃肉菜。他吃很不用我操心。昨日下午在家休息一下午，今日月考國語還不錯竟考100分。這孩子懂得用功。唯有條不夠本錢，做爸爸媽媽的我得多補充他營養。今晚睡前喝了一碗中藥滋補的清肺湯，希望沒白費心血。（12月3日）

佳青也放假，我說樣姍一請王美等回台南休息，一來我也休息。照顧兩個都會有顧不到、辛苦了些，明年此時也是一年級的學生更不可能如此輕鬆的過生年。台南爸媽身體還蠻好的，所以請老爸幫幫我照顧。媽媽以手術我會帶孩子，還得多學習。

每天早上和校長一塊去上學，到學校很早休學看看書，8:30才上班，雖然不埋，日子還過得去。

台中女說所得也還好，我想過年再給她老人家些錢了。因為我回前已向台雄借了8千元、收支個人帳等於是台雄的了。其它都不欠了。1000元拿出都看不見，我買吃的多、水果、肉菜，我們伙食吃得很好，我希望佳青從食物中滋補人健康。我自己很好，請安心。服役這事考試、你自己決定吧，太太的我，是隨著

先生的意。我祇望先生事事如意，家人平安。即是
金錢所換不來的。收音機問題較該，晚上睡覺又是靜悄
所以特別買了電暖氣，晚上給他使用。這個東西我都懂得卻不
對了。你乾弟楊文彬寄張賀卡，請回。（弟稱）
嘉義縣 義竹鄉義竹村108-56號
Tel. 05-3411243.

還有一件事情，若要接你回信，我會
幫你處理，你不用寄。你祇要告訴我
認為寄多少較恰當，若你未回信，我將
寄1000元或600元。千萬別忘了。

於中華民國79年12月14日星期五

次男 東樑
次女 劭莉 } 我想起來了，你的陸官同學
他哥哥政戰的教授對嗎？你曾經對我說過，
不知可能給1000元對嗎。

祝
事事如意，身體健康

太太 79.12.6
12:00

順安：親愛的：

想你回到金門一定住了好多天吧，人身在江湖身不由己呀！古話總是說得這麼恰好。

希望大，失望也大，不過得要克服過去，人生十之八九不如意，我們共同克服吧。別氣餒，自己打氣，家裏還這麼多人替你打氣呢？一分耕耘，一分收穫，我想很多事情是要十分耕耘，一分收穫，所以想通了，你就會快樂些！

你剛收到就如此我的，祇差我沒請假來而已。不知你是否感受到。所以你一定要頂下來，再努力，福成很多事情要得到通，不論讀或其它都是如此，我們盡自己能力做，其它順其自然，當然（方法手段還是得用）、這樣子壓力不會太。此後自從不過萬來，人生幾短，又何必如此對待自己呢？

台北今天甚冷，10左右，金門定更冷了。多穿衣服注意身體健康，太太不在身邊，自己要留意。年紀愈長愈感覺對方的重要，你說是嗎？妹妹很好，佳青也好在台南特那兒，今天又下雨又冷的天氣真令人煩，但自然的東西我也祇能感到無奈。

自己從小基礎（讀書）不夠，所以現在看書倍感吃力、沒耐力，瞌睡也容易來等，最近這年來自己都慢慢培養看書習慣，增減讀些知識，不然交談就有距離了。

身體很好，和老公做愛真是快樂，可是現在還在等M.C來啊，有些提心吊膽。想寫信時，就提筆，生活總是要些東西來調劑，我每天把想念老公的心去練字，希望有一天能達到某一個程度。你呢？好好的照顧自己，你不是說人要活在希望之中。再鋪路吧！夜已靜，晚如刻服看些書要睡了，由午今傍晚以陣。 祝 安好。更期望早日你能安定下來，不要長年累月在金門戒地，太辛苦了。心中歡感不平。數數日再三個月左右就可回台灣，真為難讓我等了。 太太 80.元.9

福成：

心煩吧，我想我倆是相同的，這是要點快樂之事如解心頭之悶。今晚很想偷個懶，但還是去上課了在四樓上。

原則上鼓勵自己參加考試，不論成敗，都是件良好狀態，不歸敗的考，以防我們沒自信，考上也不一定能走得成，所以祇是學習考試來鞭策自己看些書而已；看書我學懂的我可真學呀；很羨慕會讀書的人。

一元莊小參考书，別忘了告訴太太，如考試經至得要控制，臨時多一月份支付三仟多塊，可把我們炸得暈哩呀。嘻嘻，可是人情世故呀？

原則上年終獎金時，我想就把阿婷、秀美的10000元都寄給他們，婷婷（台中）2000元，你認為如此妥當嗎，來信指示。台南爸媽也要給點，沒算，不過不能少於去年。平日做女兒的我也半天不拔的。因為所剩也不多，過了好年倒沒問題，也安排一下活的行程，（可能的話）提前告訴我，讓太太也有了安排。等待常讓人感到不安，所以自己能把等待時間安排緊些好才過得快和好。又說深了，祝你　好事平安

80元月10日

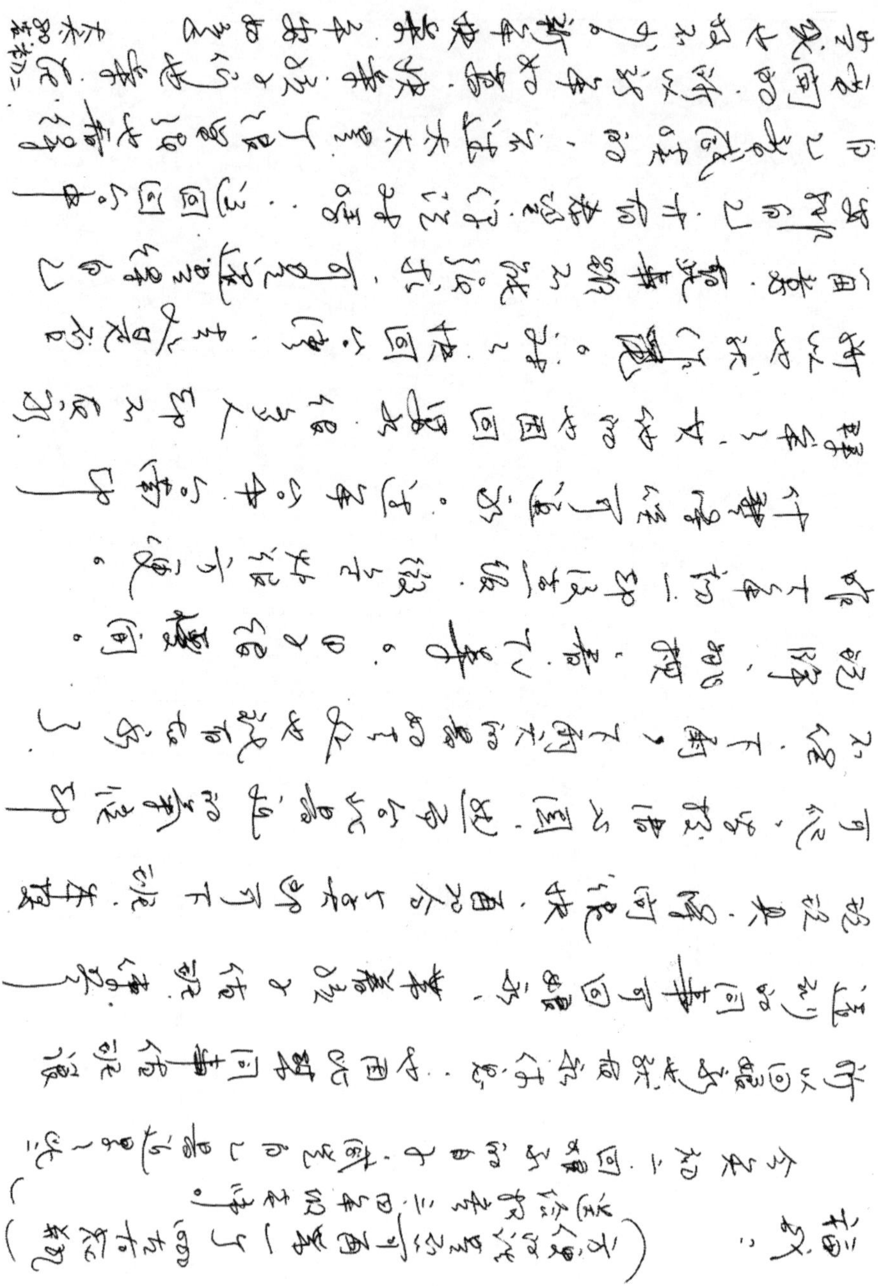

福成：

過春節你無法休假，因為我帶二個孩子也不回台中了，等你回台時我們再一塊比較好。過年我帶孩子在台北過，初一晚上我會請台中來過年，初二我還是回台南一趟，初六得上班，所以初五即返北，時間上也很緊湊。

20000元由你寄也好，順便2000元也寄上，請鳳嬌幫我拿紅包袋包好再給台中母親，我會TEL說明，可是你要事先告知。

這兩天也較情緒些，還好M.C來了，你放心，我不會隨便拿小孩，上回真的是吃了中、西藥不敢生，拿孩子之時，我很怕。所以若真的懷了就得生。這回自己倒是蠻自在的和老公做愛從心底，所以也從盡情的，時間上差了幾天，是擔心了些。

我還好，孩子也好，你放心。

喜帖要寄多少份你未告訴我，我用鉛筆寫在信紙後面詳述告知。這兩個月真是破財，連續三個炸彈所幸我們兩人賺，若以前的人不得了，六個孩子，幾千塊，真是得免學樣帶都吃緊用了。

需要什麼東西來信告知。我寄給你。又是11点多了，得休息，明早一大早又是新的一天開始。今天去買菜，洗澡，回家不想停了，看了TV，整理小飾物，寫了信，对了還有寶人，校老師作文「寒假要做的事」寫了文不对題，寫成暑假游泳，我氣了半天。所以分數給很差，剛好他寫一篇給我看才讓他睡。　晚安。

祝你

萬事如意、平安快樂。

太太

80.2.16. 11:30

親愛的伴：　我想寄些吃的給你，不知否

又好久未提筆了，每天忙碌不停，練琴，和姪兒溫功課，打電腦，看故事書，都11、12點才能就寢，你呢？也忙不忙？又有運動呢？可好？大家甚為想念你，可是有否......。

上星期(四)曾打TEL回台中問安，聊了一會，還好，不過人老了，腰痛也跟著多些，台中媽媽心情還好，也請她老人家北上過年，我想你在台北，我許會北上，所以姊說會回在台中，再接老母過年吧！也提及錢的問題，所以你就寄上2000元至台中，因為會幫我處理好，老公不讓你知，所以我就好不說出來了對吧！

你說心好了，人生嘛，age也慢慢的增長，對於這些也想通了許多，何必斤斤計較，(對別人都不會)對自己人又怎會呢。

你可記得我在星期日晚上接到你的電話平安，心中甚安。下星期回我回台南接小孩了，就家又開始忙了，這位小姐還不要回來說要在台南過新年，台南的人算她打打，就有些女孩嬉，還有冬至的老先生了……

姪兒升上國中，週考數學差了些，這回期末還不錯竟考100分，之前媽媽的指引，總算通了。以他說老師說三角形的第二次，老師送他一枝鋼筆，不過他則是差了才藝，尚且都考不好，不過我會去加強改變，並在家補上功課，上星期三我請了半天假，他請一天去三統看展，在那休養。這好二天的考試都還算理想，國語98，數100，有時想想真是天下父母心，吃苦，有用　　伴

祝

萬事如意，平安快樂　　鳳　81.元.27

福成：

一星期一星期不算日子，不等得日子过得真快、佳青不在家，每早带着牧去一塊上学，牧方便的10分鐘即到校，我也就在学校上课，我想我的每分鐘都很充實，可是人倒底不是机器，總會疲乏，所以每天也看些电視，打打毛衣休閒自己，学校夜班娃娃们每星天来半都自己很喜欢他们，生氣歸生氣。

心情还好吧，家書抵萬金別忘了和太太孩子們報告你的平安好。我们想念你。

開車路不通走上射雪，所以你也別心急，我想很多事情總有想出来的，只要多加留心就好，記得每年你是心我过年天的，对吧。

我将我的行程大约告訴你，我在2月1日或1月31日下午將回台南接佳青，2月5日再返台北家中，2月6日学校註冊，2月7.8.9去台東玩，过年初二將回台南娘家現都是一星期回去一次，所以起假日我回去多住幾天。你若有假期需要我配合的或你配合我的都可商量一下。如嘆，家中一切都好，放心，台北天天是雨，也如佳青在外很好，不然可真是受罪，又冷又下雨，也真夠煩人了。最近腦子裡老閒呼大部是牽掛你。

祝　好

薪水我已領 24000元。

喜帖費用請自己多少錢　　太太 80.10.14 11.30 夜

P.S. 太太再寫

2月15日春節，2月16日（初二），2月20日返校，回台南時間祇有4天，時間很短，2月25日開学，又是新開始。

福成：每天早上大約十點左右起床，整理家事，順便做個一小時的伸展操，若還有興致即很晚才睡，最近晚上的時間，陪仲仰看個寶寶，看個電視，其它即沒做什麼。一天天的日子過得很快，每到即過了，在家看看書，順便看一些有關營養的東西很有幫助，教育意義去大陸，黃山，阿姆帝等處遊玩，這几天兩人身体漸漸恢復，天氣的不正常，容易讓人生病，這得父母留心。我這回還好，稍有感冒咳嗽還好吃點藥。倒是兩個小孩的輪流感冒很夠折騰了一番。你一人在外，做太太的不能照顧你，自己你可要當心，多喝水，多休息。書讀得如何，英語已通，在此給你打氣，大家很念著你。這次休假回來，兩個孩子好爸爸夠你瞧的了，太久沒見面，做太太的也是各方面都想念，你呢？

讀書讀到通就一切順利，做人處事也一樣，對一些事情的處理我看法，能不斤斤計較，日子也活得快活些，自己感覺已逐入此種境界，一切即是在學習和摸索中，從書已能走很多些了，脾氣很大，得慢慢的收斂。收音就是吃得不乖，一切都還好，最近孩子消軟架，寄了台中的家很也未寄來，我寄去的家用雙書（可掛號）也未寄給我份，若有其他

你寄可寄个信問看看。祝

平安快樂的

潘弓 5.12 晚上 6:00

福民：來信收到，畫也收到，謝謝你的關心。自己是少看一些修心養性的畫，但在工作上我還是看了一些屬於孩子們的畫，因到家想帶青青了，白天在所以下了班會帶她到武功國小溜溜、再回來吃飯，是蠻輕鬆的。自己也蠻喜歡，織毛衣服和織毛衣所以一邊做件衣服給孩子穿，我說她說，不過說做衣服非得孩子不在家時我才有空呀，不然她搗蛋得不像話。今年我騎車了，把我手都整當掉了，嚇得我打她（比較不敢騎了）。

對了我已給打電話至政戰問何時放榜，它說八月廿日放榜（在校門口）親你不到，錄取者並直接通知你們。別忘了告訴我考試的消息。不多寫祝之安，祝

好

潘潘

7.21 晚 12:00

郵政標準信箋

敬宏在台南很好，吃飯還是老樣子，要好好餵。青青很會說話，也要跟我鬧，家裡剩我和她時，聽到風響、門鈴響，都會怕得哭。很貪吃，爸爸們在家時，家裡總是熱鬧許多。除了太太辛苦，孩子們也辛苦得很，但身為軍人之妻，須要訓練和習慣這種先生出門在外的日子。事情很多都是要做的，抽空要整理等。台南的天氣還很熱，我每天都有做一些運動，但常有噁心，現在噁心較差。做運動對身體的確好。謝謝你的提醒，自己體重減少一些些，瘦了又很多都可穿了。好現象。太太很愛美的，自己是比較不喜看書的，但訓練等，所以假期還想有些進步，我只能說，我們人各有所好。希望孩子像你喜歡看書。

7.22

郵政標準信箋

錫城你好：

今接來信，內情詳悉，你說最近要結婚了，使我非常將喜笑，先在此地為祝福。你說你仍在當連長，那是磨練，不必要說是苦，把它看着是一台戲，你只不過是其中的一個色而已。我記得我以前曾給你談到朱元璋在北京大殿上，感嘆的一付對聯，他說：堯舜淨，湯武生，恒文丑旦，古今來許多角色。日月灯，雲霞彩，雷雨鼓版，宇宙間一大舞台。把一切看開是喜樂，才是人生寄居在這世界上的真正意義。你說你父母給了你沉重的壓力，你現在是自主、自身了，又是現役軍人，一切可以自己作主了。那麼說我們要原諒別人七十个七次。更要想到大舜的遭遇，我們的心中壓力已就減輕了。那說是嗎？我的工作早已丟掉了，我是今年四月中旬住進榮民總醫院開刀。五月出院回安休養，你知道我是一個人，進洗是兩条腿，回家是四条腿，这種痛苦是可想而知的，我的一切生活上的工作，还不是靠着兩条拐杖一双手維持到现在了嗎？環境是靠人去支配的。我本不想把这些々告訴人的，我觉得可以给你作一個借鏡的。我从出洗到现在，一直在家休養讀聖經，现在已經可以丟下拐杖作事了。再过一段时间就可以復原了。不必顧慮。總之你是信徒，把一切的重担都卸給上帝，求祂替你担負。你要多讀聖經，多祈禱，那怕是最簡單的三兩句话，一定把他當為早晚必修之課程，这樣你的負担就会減輕的，希望假日来玩。不恭之處請原諒。

祝你

平安

快樂

王兆敬啟

69.9.30.

親愛的你好：

今接來信，使我非常高興，你們添孫，有了家的責任，這是神所喜悅的，祇是大喜之日我未能前往祝賀，去年你來時，我曾表示過，不希望你來臺，因為你來臺了，我很難處理。你已知道我的個性，如是你本人要名，我很高興，你能明白我的意思了。我目前仍未作了，不過每天比以前更忙，大多數時間花在幼稚園和兒童圖書館幫忙，是此代你們的，完全是一種精神上的安慰，和享受，只是算服務，每天上午七點鐘去，有時要到晚上七、八點鐘回園來，你們如果要來的話，要先通知，否則我家是找不到人的。我一切都很好，希請勿念。代問你們的新婚夫人好。

願主祝福

你們平安喜樂

王兆凡

70.3.7

福成伯伯好：

收到伯伯的信已經很久了，近來較忙，身體常感疲乏，未能即時回信，請鑒諒。上次伯伯大哥來的電話說要來結果未來，不知為何，電話中我說不要帶太多東西，是因為怕孩子不適合此地的氣候，有很多的人都由新竹來此，孩子和大人都不適合此地的氣候。為顧及這一點，我的意思等到一個時期都適應了，再去機票不遲，是否使他生氣了。請有機會把話與他說清楚免生誤會。致前生活多加保重。

願神祝福伯伯

勝利成功

71.11.21

彼此相愛

Love One Another

哥哥：

紀元 士林郵政 83/4 之 信箱

民70.12.

昨天打電話給公司，以我生日之名由，請求延後，以便一個日子跟元旦十日左右去一次，[illegible]如何？

我於本月二日進下一步驟，由於手術後不足之大量出血，連打數針不止血，才幾十分鐘，血壓[illegible]為剩四十，我的身體全身冰冷，眼睛一直看不見東西，但時得到醫生的種種醫療救治的方法，和科技先進的醫學，也許是那種[illegible]的力量，救活我不[illegible]裡，有一種[illegible]不去的信念。於是，我到鬼門關繞了一圈又回到人的世界，連醫生都覺得奇蹟，我又一次的走過生死的邊緣，在死與生一線間。平時若是誰以又以的說這[illegible]話，自己都不敢相信了。

祝

好

[illegible]

馬祖北竿 P308～6号

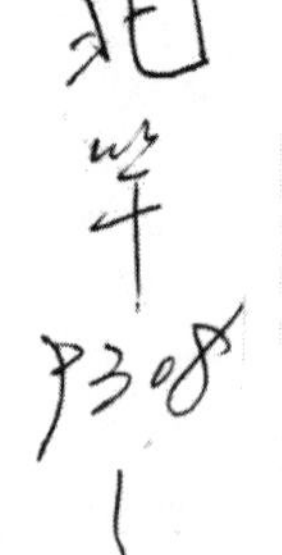

二哥 你好：

來信已收到了、近些日子來 媽的身体也較以前好些、莫媽說你端午節回來團聚很是高興、更希望你在八月中秋能夠逢假回來、我也期待着能夠實現、你說是嗎？你說小龍的字比以早進步地很多與以後必將再力求積極努力、

我現在工作也跟以前一樣、其實並不怎麼累的、聖曰：勞其筋骨、餓其体膚 這是人該做的事、

好吧、你休息了、多多注意你的身体、

再見

順

祝你 健康快樂

弟 [illegible] 代筆

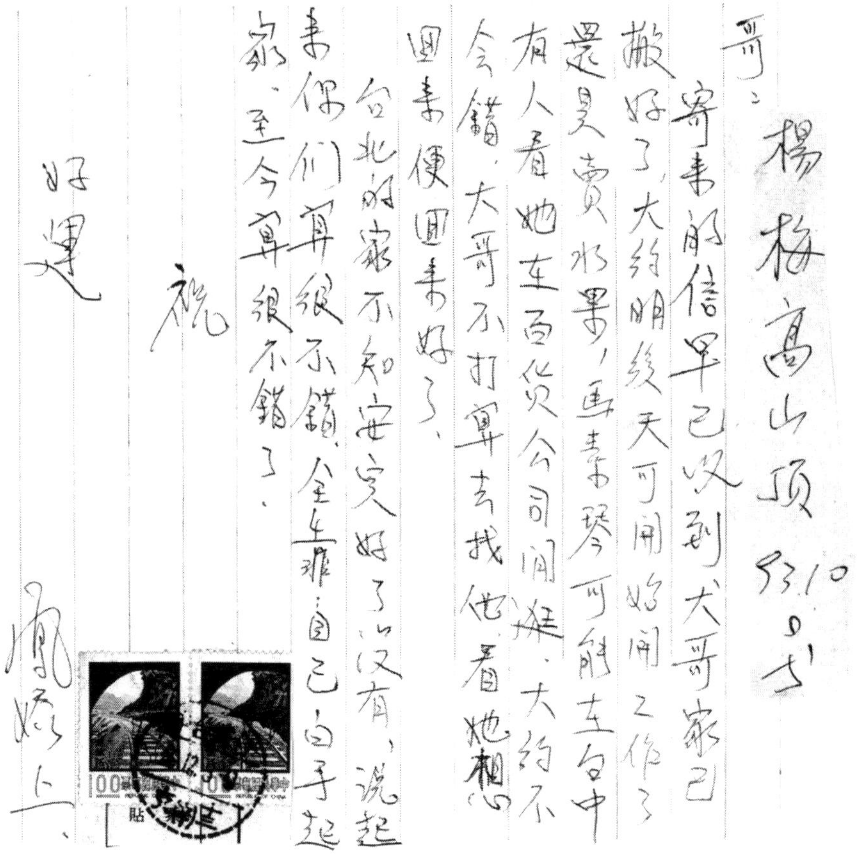

楊梅高山頂 93.10.3

哥：

寄來的信早已收到，大哥家已搬好了，大約明後天可開始開工作了，還是賣水果，馬素琴可能去台中有人看她在百貨公司閒逛、大約不會錯，大哥不打算去找他，看她想回來便回來好了。

台北的家不知安定好了沒有，說起來你們算很不錯，全生非自己白手起家，至今算很不錯了。

祝

好運

鳳嬌上、

金門郵政 80836 號信箱

哥哥：

謝謝你寄來的酒、收到了，曾經打電話給你，是逢你一營長大人外出，真不巧，祇好叫綫机轉告你，想想還是寫信來得實在些，聽二嫂說你的歸期有變，不知是何時，上週老母親生日，媽媽說等你回來再過，反正相差不過十天，所以一等等到今天，方知你歸期已改，也祇好順延了。

媽媽最近身体是好了許多，但心情卻難平靜，大哥家正在春秋戰國，媽媽處在那，實在也很難存，尤其婆婆的角色、在婚變中，一直是難以自處的、也祇有期待，這場紛爭早日結束，身為妹妹的我，也不好說什麼、不是嗎？順其自然吧！

祝

好

鳳娣 敬上。

馬祖北竿 93.14 号

哥二：你好，一個月了，未收到你的片紙隻字，不知你的近況，心中十分記掛，又因近來工作較忙，所以一直沒有給你寫信。

房子除了尾款七萬外，本月15日前又要繳房屋火災保險費千餘，及過戶手續費不足千多，共約二千元，二嫂是要沒有和我聯絡，到時如沒有寄錢來，我會先付，你可放心，房子沒租出去，每年都要付出一大筆錢，實在不合乎經濟學，但是又何奈了。

大哥現在似乎真的自新，和朋友合夥作買一部大貨車，專跑外縣鎖貨品，每天忙得不亦樂乎，大嫂在工廠，這似乎是好的開始了，媽媽在新屯村攤山獻身体老樣子，春節期間和舜任阿姨將作北部之遊

民 72.元.8.

你家自繼昊其中一部了、明旺的工廠，現在也日夜趕
工，自然也多了，也許你下次回來他們搬家，
為了要擴充工廠呀！我們老樣子，今年做球拍
的工作也多，每月可做一萬六七，也算不錯啦！若不
新房一再的要錢，我會很好過年的。
說到過年，不知你回來不！要不要寄點臘肉什么
的去給你呢？若要就來信，要哥許我也好早些準
備。因二嫂過年後似乎要去上班，小孫孩子呢！良人
香請媽々去台北帶呢！
寒流不斷，台中也很冷，馬祖一定更冷，要多保重。
祝
軍安
大妹上
72.元.8.

哥：你好！

昨天是「大寒」，而今天本省天氣是入冬以來最冷的一天，窗外冷風颼颼，室內也冷得手腳發麻，本島尚且如此，你身在海的另一方，想必更冷，且又身担重任，你們的辛勞可想而知，忙碌之餘，每天面臨浩瀚的大海及吹來刺骨的海風，心中的寂苦，自是難免的，但是，在人生的旅途上，當然不能事事皆如人意，祗有儘量的剋服環境，控制自己，並尋求另外一种寄托，寂寞孤独自可消除，

房子之事皆已辦好，但因你尾款七万未繳清，許稅金多花1500—連同房屋火災保險，這次共繳了3500元

前些期，你的小寶貝，小牧宏發燒住院，現在已完全

馬祖北竿郵政93140号

民73.元.21

好了，最近台灣又流行感冒，真是防不勝防，我的
小寶寶也得了，尤其小朋友，竟因感冒太久不愈，變成
氣喘，如今成了長期病號，花了他一生的健康，花再
多錢也在所不惜，一定要治好才行。
年關近了，大家都忙，不知道你的假期定了沒
來信！若心中悲寂，不如提筆寫寫東西，也能
令快活些，媽媽一直念你，你說寫信給媽媽的，
她現在新王村，每天無所事事，希望能把身體弄好
希望她別那麼愛操心！夜很深很冷，下次再談
多多保重身体別着涼了。

祝

平安

[illegible]上

陳元利

馬祖北竿 9314 號

民 70 5.1

二哥你好：

好久都沒動筆寫信給你問安了，不知近況好嗎？媽媽很想念你、

鳳嬌現在暫不能給你寫信，因為在七月下旬發生了車禍，右手腫得無法動彈，其它並無大礙害我緊張了，二哥放心好了，沒什麼危險的。

二嫂在母親節有寄來六佰元給媽媽作禮物另寄一仟元給鳳嬌買東西吃，因為二嫂沒空下來所以由我看鳳嬌，

我家大小一切均安勿念吧，

就此暫停

順

祝

軍安

妹 秀梅

[illegible]手跡

72/15

三榮牌出品

民74.9.24.

哥哥：金門郵政8963／一號信箱

來信以悉，要的東西今寄上，但不知作何用？
媽媽現住這裡，一切很好，也胖很多，大概是心
寬体胖吧！你大可以放心。
母親心記掛兒子本是天经地義，媽媽對你表現
較為激动，但也是出於愛子之心，你若久未來信
媽媽每天盼望着綠衣使者，一次次的問可有我
兒來信，報新聞時每天留意可有[illegible][illegible]金門
的新聞，兒子是否平安，畢竟血濃於水，你
就是他身上的一塊肉，這種思念不是金錢可
以撫平的，所以我於對於你少寫信少回家的作
法不表同意。

為人丈夫、為人之父、為人之子都有他應盡的責任，這些責任，除了金錢外，還得真正的付出愛心，我覺得你對媽的能力有限，身在軍旅時間有限，但寫寫信，幾句關懷的話，則定在能力之內，別讓孤獨的老母，每天目送綠衣使者、失望而過吧！

不知道對我的說法，你可表贊同呢！

考研究該準備得如何呢？如果考上了，對我們家無疑的是項記錄吧！也是少有的，我們都祝福你，若真忙，少寫信也無妨吧！

祝

如意

國橋 敬上

9.24.

哥々姊們　郵政八九六三附一號

來信及匯款已收到了，勿念。

媽々在你返回駐防地當天即出院了，因為病房沒有床位，回家療養也可以，昨日到大哥家休養數日，那是大哥的一翻心意，媽々不忍拒絕，今天下午媽々會回來，秀梅家明天起秀梅要開始上班了。

媽々說病是長期的，愈往後、情況愈差，身為孩子女的我們都必須担負起照料的責任，若情況不好時要秀梅全天候照顧也不行，她是有家有小孩，要照顧，最少要兩人輪流才行，不過這都是以後的事，到時候再作打算，不管出錢出力，做子女總要盡力去做才行啊！！

寄來三万、連媽媽所說伙食費1500、其支出12500、餘17500留待
將來再費用、媽媽的錢我也會讓她花在有用的地方、前天
買電子血壓計3600元、配一付眼鏡400元、另買一些藥、及化驗
精原用品也花費近1000元、媽半薪領24840元、故目前媽媽還
有一些錢、尚不必動用你的錢。

祝

如意

鳳嬌 上 6.30

民75.7.1.

金門郵政八九六三附一號信箱

二哥：

來信及錢均前已收悉，今又接你端節來信，才想到給你回信。

前天媽媽的病情一度出現危機，接到醫院打來病危的電話，就一直忙到現在，病已穩住了，目前沒有危險，勿掛念。你的老同學張虎誠很幫忙，你下次回來該好好的謝人家。

秀梅早在媽媽住院前就已經全面停工照顧老母，白天每天到醫院照顧母親，晚上則回來照顧小孩，她的老三祇有一歲多，白天我可以照料，天黑則哭鬧不已，秀梅只好回來自己帶，若媽病情好，則晚上無須人照料，若病重時則我在夜晚到醫院去，媽媽的病相當不穩定，時

好時壞，所以我們的照顧採机動性的，因為明旺、玉懷工作都不能停，五個孩子也不能不管，但是母親我們還是會照料好的，你無須掛心。

秀梅雖窮，却也不平白被救濟，拒収你寄來的兩千元，照料母親大家都有責任，你要補償她，日後再說好了。你也不必太自責，自古忠孝難兩全，媽媽也從未怪過你，二嫂每晚來電，詢問病情，並寄來五仟元，雖不能來照顧，但也儘了心了，媽媽也很感安慰了。

大哥之事我不清楚，他也去看過母親數次，對你們之間的信件來往則沒有提起过，我側面了解，他已到山窮水盡了，上月底因違反票据法，被送法辦，雖花錢保出來了，祇怕事情尚未了結，真象我也不甚明白，因我不懂法律，祇有往後看了。

鳳嬌 上，
6.13

金門郵政90836號信箱

民78.6.27.

哥：

收到你的來信，和寄來的書，心中無限的感激。二十年的悲歡歲月，總有你與我共渡。每當心情低落、情緒低潮時，也總有你給予精神上的支持。上天待我真是不薄，得此兄長，何其有幸呼！

劉俠的故事我早有耳聞，也曾看过多回，報上的散文。她除了对生命的摯熱愛，也愛親人、愛朋友，對國家那份真愛，及啟發的思考，字字一編編动人的文章，我真的很佩服，相形之下，我只是何其幸，而又何其不幸呢！我比她有更好的條件，卻落得如此的下場，人生啊！人生的路，如果能再走一次，我定然不会再把自己走進如此的婚姻胡同中，

現在回到現實，媽媽的身体還好，我的家也總是如此，秀梅家較有希望，

投資穩定的進行中，跟原先的預料一樣，但願能安穩的渡過我的春秋戰國時代，下次再談，祝

好

嬌 上. 78.6.27

莊敬自強信箋

哥：

(二) 民收 70 6 7 6 發信函

許久沒有收到你的來信，心中正掛念不已，忽收來信，顯得高興萬分，我早已知道你的事情有變，否則不會了些音訊，這也許是命中注定的磨難，我雖不是宿命論者，但多年生活的磨難，迫使我不得不看開，看淡，凡事隨緣，命中有些，皆莫強求，就如緣起緣滅，皆非你我所能掌握一般，祇希望你也能放開心胸，以靜待動，總有柳暗花明的一天呵！總之我想你了解我的心意吧！

老娘身体老樣，妹之每週帶他去看病，也常買些東西，水果，日用品給老娘，她的用意，我想正如你心中所想，此小事你不必掛心中。

房子一樓基礎工程已完成，目前進行二樓的工程，因颱風來臨，已停工數日，沒有造成災害，算是大幸了。

莊敬自強信箋

有関投资公司之事，也未了结，一家在法院進行訴訟，算是最麻烦的，另一家投资代表監管財產、土地，老能賣掉，（最近有買主在談）三個月內，可拿三成左右回来，這也不是你我能控制的，因為其他大户才有決定權，我們只有等啦，上懷身体也還是老樣子，唯一的安慰，孩子很乖，兒子已经讀國一了，成績好還是其次，沒有交上壞朋友，染惡習，每天按時上、下學，不用我操心，是稍足安慰的。

秋節將至，天氣漸涼，你独自在外，要多珍重，年过四十，步入中年，身体的调適，使不如年青時候了，這是不容你不信的，

祝

心安

妹 鳳嬌 敬上

9.12

哥：

很久沒有寫信給你，也未收到你的文字隻語，不知你的近況如何，忙些什麼？時至秋初，早晚些許透着涼意，要多珍重，注意保養，隻身在外，生病總是不好玩的。

老娘的身体老樣，秀梅每二週帶媽到803看病，另外也吃中藥，治腿疾，只要能維持現狀就不錯了，心情方面較不好，想你占之，愁大哥的家「無事」占之，另外一個很不好的消息，表哥陳坤鴻於九月二十二日上班途中，不幸車禍而喪生，死狀甚慘，遺下一妻三子，及年近八十的老父（陳大舅父），真乃人間一大悲慘。雖然坤鴻表哥生時給人的感覺不甚如何，但對我，對媽媽，却一直禮遇

金門郵政 PO676號信箱

台中（台）79.10.2-18

中華民國郵票 3.00

有加，如今遭此不幸，真另人不甚稀噓，想之、人生不過如此，有什麼好計較的，在世如何意氣風發，如何得意商场，又如何落泊，這麼樣，兩腿一伸，最后不是一坯黃土而已，不管，窮富，也不過擁有一坪多的地，真是爭什麼？共誰爭呢！想之我天天忙碌，辛苦，也真不知是為何？為什麼？爭什麼？天知道，命該如此吧！

生死有命，告訴你這消息無異令你傷痛，也許這才是他唯一的解脫也不一定呢！

若有空寫信給老娘，一提起你，媽總忽不住嗚咽，這就是母親啊！

祝

秋節愉快

妹 鳳妹 敬上

10.1

金門郵政 90676 S 800 公信箱

哥：

提起筆來，真不知從何說起。玉懷病逝，雖早有徵兆可尋，但總覺得來得太匆匆，讓我一時手足無措，不知所以然。整個人渾渾沌沌的。多虧大哥、秀梅、明旺，和玉懷幾位難得的好友，全力相助，料理一切後事。遺體火化成灰，但十四年來，日夜相處，內心的痛楚，卻不是那麼容易抹平的。他！是個愛家的男人，留下稚子，離我遠去突然也放心不下，走得不安心。

每當午夜，一片寂靜，不禁想起我一生的悲慘命運，不禁潸然淚下，一生的困頓挫折，不因婚姻而改變，如今更走上茫然難卜的前途。望著兩個尚不知愁滋味的稚子，安祥的睡容，更叫我心碎，想到以後的日子，漫漫

（附收成本費伍角）

長的路，真不知我還有多少心力支完全程，努力的雙肩，能扛得起千斤的重担嗎？未來真是個未知數啊～！你數封信中的勸慰，道理我都懂，祇是要在短期內完全遺忘這14年來的美滿又談何容易，今後我祇有讓工作來麻木自己，也賺取自己和孩子的生活費，對孩子我會儘力讓他們如常人般長大成人，雖然我力量有限，但也祇有走一步算一步，日子總是要過下吧～！生活應不成問題，你也有自己的家，自己的事業要費心，也不必太為我操心，免得加深我的不安。

希望時光能沖淡我的愁緒，歲月能撫平我的悲情。

更祈讓我自己慢慢的走過一切吧～～

為我祝福

妹上

二哥如晤：

（金門郵政 90676～800 號）

已好久未提筆與你聊聊，不知現況可好否？

近來我因兼差一些額外工作，致使未能和你連繫，請能見諒，在家鄉大小一切均平安，勿掛念於心吧，盼你能照顧自己，有健康的身體才能保國衛民。

關於房子的改建，祇剩後面的那部份，可是今年就得在祖厝過年了，時光如同電似般、一年一年的過，農曆新的一年即將來到，我在此先預祝你新年快樂、萬事如意　並

軍安

明旺　敬上

二哥：你好！

最近因爲年關已至，比較忙，到今天才給你回音，媽媽東部旅遊已安返家門，玩得很盡興，也開了眼界，媽媽很高興，並且已經決定在春節後十五天，再和同一旅遊團做爲期五天的環島旅遊，費用大約五六千元之譜，事先告訴你，好有個底。

貸款之事因不知你貸款帳號無從查問，但我查問了我的尚須16萬餘，真可怕，三年來付出七萬元，卻祇還了兩萬本金，其餘的都是利息。

大哥是否給你答覆了呢？結果如何？

祝

好

鳳嬌上

舅舅：

您好嗎：

今年ㄎㄚˇ已經收到了ㄎㄚˇㄆㄧㄢˋ很好看我很喜歡。

您還要幾天才要回來，我和爸媽都很想您

奶奶想到您就哭了，奶奶說金門很冷沒有

人跟您說話您會ㄐㄧˊㄇㄨㄛˋ嗎。

金門很冷要多穿衣服。

敬祝

—

快樂

外甥

联台敬上

莊敬自強信箋

哥二
失去聯絡許久，今天才見來信，真是高興萬分，不管你身在何處，我們對你的思念與關懷，分毫不減，祇希望你一切平安、順心，則願足矣！
我的帳號未變，祇是金門劃撥，要一週始能收到，目前我們的房子尚未動工，因為我們利用重建辦理過名的手續，將來可省下數萬元的稅（玉懷的名，要更為我的）（秀梅和明旺也各有屋權及地權）這些手續耽誤了時間，大約下週才能動工，其詳細情等你回來再談吧！其自然不必急於一時了，我的情形也還好，玉懷的身體不算好，祇在控制中而已。
媽媽的身体也不理想，看中医花錢不少，略有起色已经能自己行走，二、三分鐘，拿着拐杖可以行走。

莊敬自強信箋

哥二

失去聯絡許久，今天忽見來信，真是高興萬分，不管你身在何處，我們對你的思念與關懷，分毫不減，祇希望你一切平安，順心，則願足矣！

我的帳號未變，祇是金門劃撥，要一週始能收到。目前我們的房子尚未動工，因為我們利用重建辦理過名的手續，將來可省下數萬元的稅（玉懷的名，要更為我的（秀梅和明旺也各有屋權及地權）這些手續耽誤了時間，大約下週才能動工，其詳細情等你回來再談吧！其自然不必急於一時了。我的情形也還好，玉懷的身體不算好，祇在控制中而已。

媽媽的身体也不理想，看中医花錢不少，略有起色已經能自己行走，二、三分鐘，拿着拐杖可以行走

莊敬自強信箋

六月23日中國時報，報導大陸中医有関骨刺的治療，須重推拿，讓血液通暢，配以適當的投藥，可以事半功倍，現在媽々每隔天去推拿一次，加上中藥治療，每日花不少，上月二嫂曾寄來四仟元，也可補貼一下，再過三天，媽々可領到半餉了，并目前尚不致有問題，但若持續三、五個月，怕財力可現危機，今將一切詳告於你，讓你心理有個譜，早作準備。

祝

事事順心如意

妹 鳳嬌

哥哥：

寄給媽媽的錢已收到了，媽媽很高興，但吩咐你要保重身体，注意飲食，可别苦了媽媽太刻苦自己。

今年的母親節我和二嫂秀梅三人合買一盒上好的人參給媽媽，她人參吃完很久了，最近身体又不很好，所以我決定送人參媽，二嫂一听立刻寄来1500元共襄盛舉，不過礼輕情意重，又實惠，媽媽也很高興，母親節那天我們要去郊遊，可惜你無法參加我們的盛會是以美中唯一的不足

最近大家都忙，忙着工作賺錢，為各人的家庭幸福而全力以赴，希望不久的將来大家都能改善生活，提高生活的層次，下次再敘說

軍好

傅秀嬌 敬上

5.7

哥：

来信收到了、因存忙，也存懒，更存烦，所以至今未回信，勿怪。中东战事起，想必你们也更忙了。忙归忙，勿忘珍重自己的身体，不必心念家事。老母也不用挂心，有我有秀梅，有大哥嫂嫂会照料妥当。我们各人也都会把家中大小照料得很好。你只管把心放在工作岗位上即可。弗尚未汇到，过几天吧！我想不至有问题，邮局说外埠汇款较慢。

祝

平安

凤鸣 上

1.31.

房子年前能法定了。

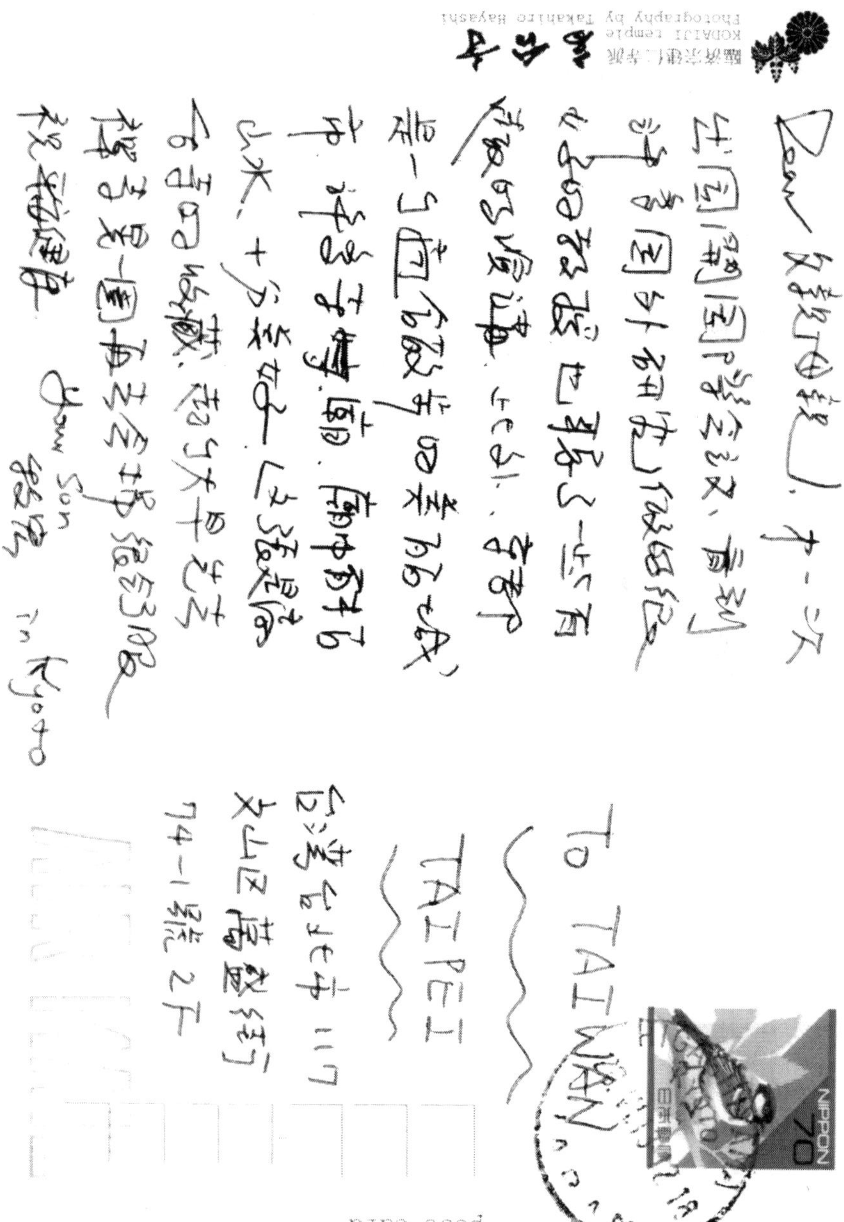

Dear 父親母親，第一次
出國開國際會議，有到
許多國外研究做的很
好的教授，也聽了一些有
趣的演講。此外，京都
是一個有古蹟的美麗城
市，許多寺廟。廟中有枯
山水，十分美好。這張是高
台寺的收藏。趁今天早上先去
禪寺是一圓再去會場，很舒服
祝福健康 Your Son 敏宏 in Kyoto

To TAIWAN
TAIPEI
台灣台北市 117
文山区萬盛街
74-1號 2F

臨済宗建仁寺派
KODAIJI temple
Photography by Takahiro Hayashi
高台寺

NIPPON 70
日本郵便

post card

爸爸：

你心好麼？我在台北睡的好，你心在金門睡的好不好呢？我和媽媽過得很好，也吃的好，媽媽帶我去學游泳，我現在會ㄇㄣ氣和合手著ㄈㄨˊㄅㄢˇㄆㄧㄠ真是好玩。

我和媽媽都希望你心趕快回家。

敬祝敬

祝父親節快樂

快樂。

兒牧宏敬上

七十九年八月七日

〔此信都由兒自己寫的，祇有祝父親節快樂我告訴他要寫出的。〕

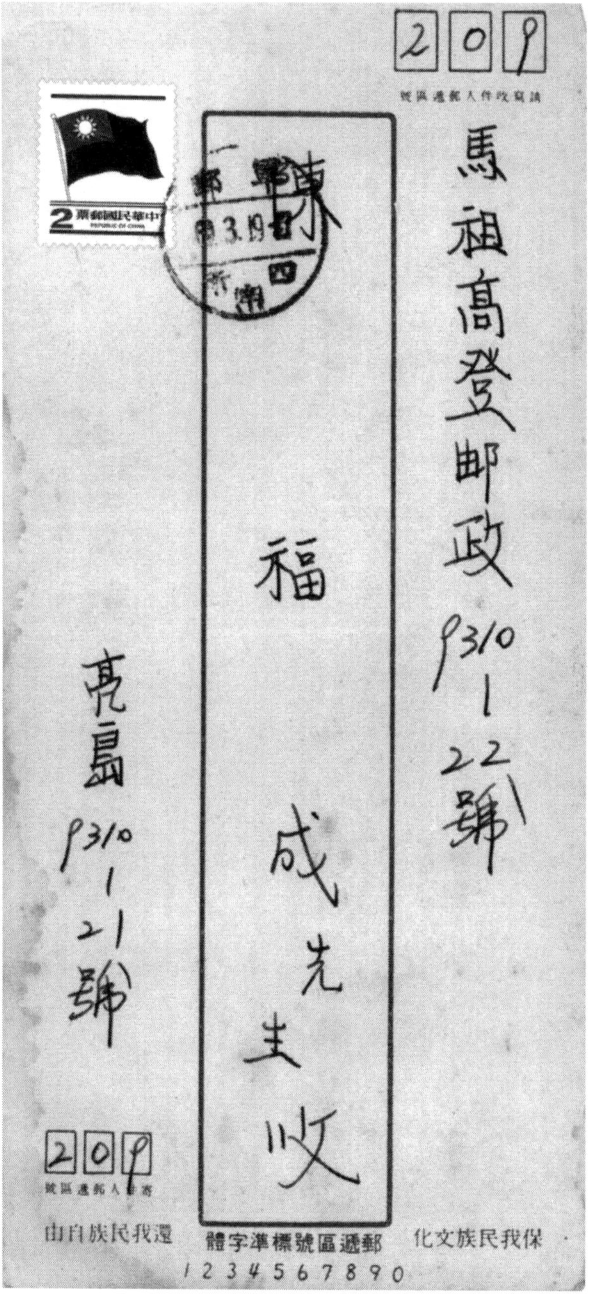
209
請寫收件人郵遞區號
馬祖高登郵政
p310
1
22號
陳福成先生收
亮島
p310
1
21號
209
寄件人郵遞區號
還我民族自由
郵遞區號標準字體
保我民族文化
1234567890

哥哥：

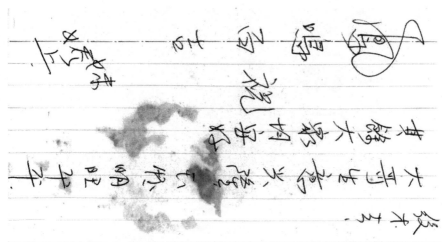

上次寄去的信想必已收到了，
信上提及之事，関於留藝問題
你調查了沒有，到目前為止還是
沒有收到元月份留藝，媽為此事
担心不已，希望你能儘快回信，
関於媽媽之身体現在平平沒有任何
不適，媽媽無目前沒有到台北看病
洪玲妙希望媽媽再去看一次新
陳代謝科，但媽媽希望在春節
後才去。
大哥生意兴隆，玉怡明旺平平。
其餘大家均安好

祝

鳳鳴高吉

妹 [illegible] 上

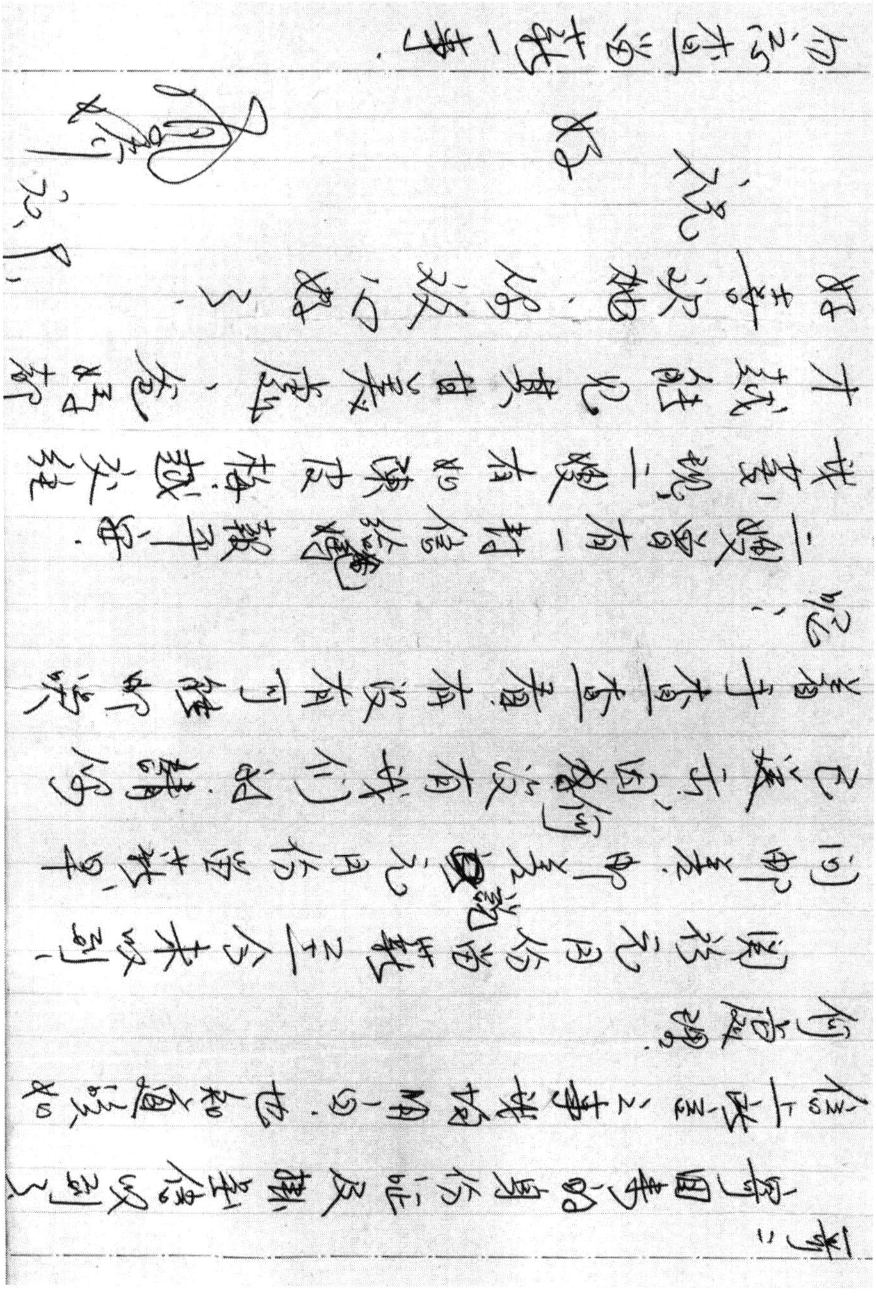
二哥：
寄回來的身份証及掛號信收到了，信上所言之事我均明白，也知道該如何處理。
閔行元月份當薪三二今未收到，問郵差，郵差說元月份當薪早已送去，因何沒有我們的，請你著手查一查看，有沒有可能郵誤呢？
二嫂曾有一封信給媽，報平安。我發現，二嫂有如陳皮梅，越交往才越能見其甘美處，爸媽都好喜歡她，你放心好了。
祝
好
妹
元、P、
勿忘查當薪一事。

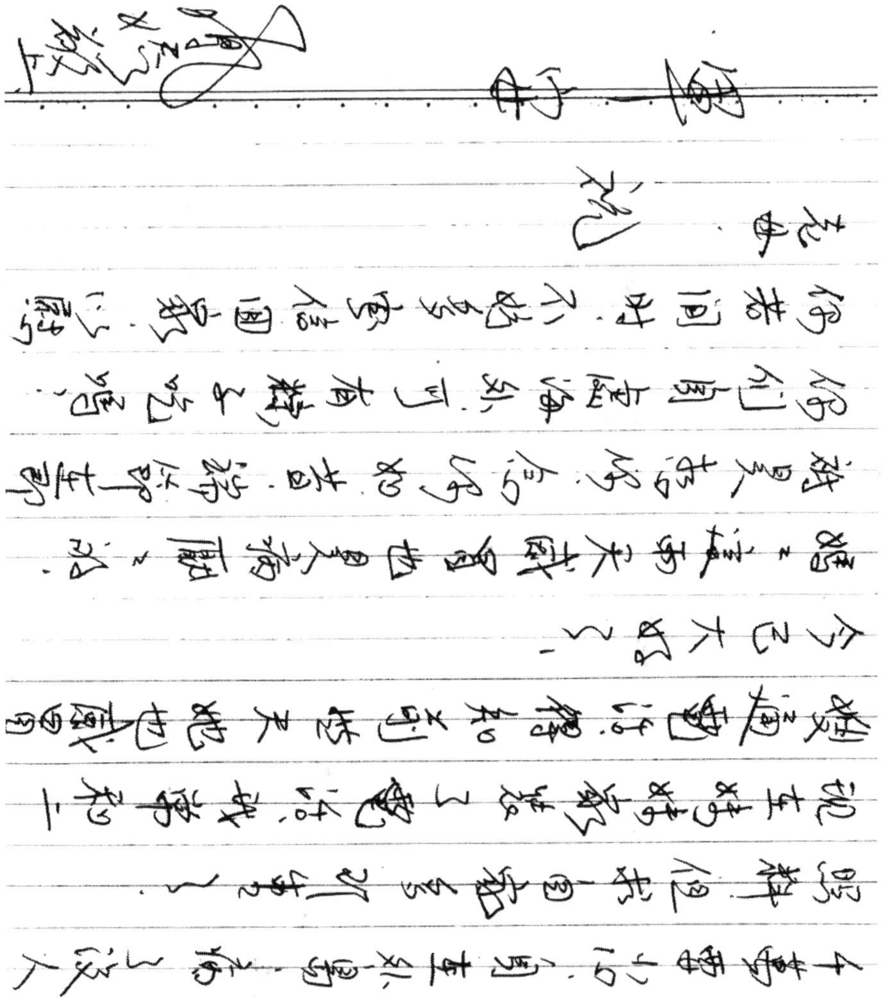
今已大好了

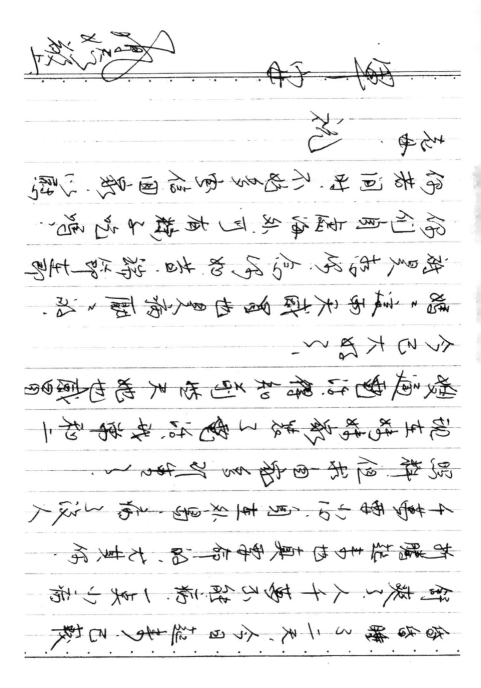

福成：您好！

好長好長的日子未能與你聯絡，今年能再度獲得其任職，利用這段時間給你去信問候！前暑期曾至太平鄉阿嬌処一趟，很高興兩位小妹皆有兒女，當阿姨的我無形中感到不好意思，再不加油也不行。先前還以為你結婚，那知還是單身一人，不快些也不行喲！我們家已搬，不過還是沙鹿，那天回國來路過來參尋一趟，很久沒見面，你的宿舍聽說搬走誠子，家弟也在當兵，空軍。一時也不知該如何筆與你聯誼，只好簡單几句，下次再敘，順頌

時安

小阿嬌：修桂上

68.7.14

勇士牌出品

RAE SHENG BRAND

福成：

天寒，相信要祖更甚，可注意早晚加添一些衣服。我於農曆8月6日訂婚，介紹人是你媽最小的妹妹住再南(英)。我先生與我同年齡，於台北某電子公司上班，家也住再南。可能明年正月方結婚，到時候希望你能參加我的婚禮。祝！

百事可樂。

如梅
68.12.14.

二哥：

整整一個多月了、一直未收到你的支字片紙

不知道你是忙得連五分鐘都抽不出來，

還是忙昏了頭．誰知道你不知道我們那份依念

只媽媽每天都倚門盼望愛子音訊．擔憂得

寢食難安．盼你見信速來片紙．

元月份當薪說未收到、二月份當薪也沒下

落．前兩封信、不知你是否收到、是否去查

當薪問題了！

大哥、和我、二妹一起[illegible]給你寄香腸臘肉

希望春節前你能收到、就如同和我們一起

过年一樣．

春安　祝

[illegible]媽 上

福戚：

你好、來信按時接讀、因上了年歲。所以遲今才覆。希諒宥、並盼你在外為貴体健康、今秋順利為盼、你寄的多福產品也按時收到食用、我想至早早有寫信給你實在賤体粗健、請勿念、希你在外為保重貴体

專此敬祝

康安

叩 兒外

爸寫

輯七：袍澤情深、帶兵帶心

未來她也許有一番事業！

她是誰？

建祥實業股份有限公司

連長：

對不起，這信來的真是太久了，我曾請楊教半天

以訓練之影響。

先提正事：

1. 黃偉紹要我代他謝謝你送的蜈蚣酒，

他丈夫看了這麼大的蜈蚣，竟然沒嚇倒！

2. 潘潘我只和她見過一次，請她去了希爾頓吃了宴，

冰淇淋，聊的很愉快，不過也多用手，對不起，我真

忙太忙了，忙的莫名其妙！

3. 紀念品已買好，每份35元，100份，這一兩天內就寄

出，東西好壞，送的適當與否，見仁見智，希望您會

滿意！

4. 和古官長見過一面，本堅持要請他上歌廳再吃

個飯，他趕著還得去三重參加大拜拜，最後也只得和

67.7.100×100

臺北縣樹林鎮光華街十號　電話：6812861・6812610

建祥實業股份有限公司

他在西站吃個飲料，開車送他回三重，過几天，他才說

還沒來找我。

5、曾錦討、張瑞達退伍返台，都沒能見到面，尤其

張瑞達，我與他約好在台北車站對面又美見面，我站

在大門等了一個多小時，一直找不到他，第二天他

也打電話回我家，說他也等不到我，陰錯陽差，

這裡只有一家美而美，我真搞不懂他去了那裡了，

替轉回退伍沒？叫他或其他人找我，打到公司3118423

我隨時恭候！

6、這幾天的心底話寫出，讓咱的人覺得我太忙了

很遺憾聽說連長又開始做又有問題了，和何

見面時他又下又後退了，滿滿離達，我也失望！！

希望全面合諧。

請代問候每個弟兄，我煩死了，好忙！！

祝上班時，偷空多多寫的，

sorry

鄧聰

'80.6.10.

臺北縣樹林鎮光華街十號　　電話：6812861．6812610

中華民國郵政明信片

（郵資符誌剪下失效）

六十八年十二月

209

請寫收件人郵遞區號

馬祖高登

93110-22號信箱

陳福成 先生

南投鎮祖祠路336巷24之5

540

寄件人郵遞區號

建祥實業股份有限公司

連長：

我現在我爸爸的公司學管，沒薪水，仍都自己混，最（自己不想管事，沒腦筋）近，每天平均都晚上8:00—8:00才下班，又開始晚上參加經濟部辦的國貿儲備管理，及日文補習，連禮拜日都排滿課程，進了公司才覺得自己之無能，留日四年的大學同學，我竟是日文的外漢，剛意的要求自己，勉強自己，十多天下來仍是一無所得，苦惱的很，所以與你們的聯絡的事就一天天拖了下來，才情的阿鏞，我平均三天和他見面兩個小時，所以仍要請諒解我，也請代我向老李頭，與總洲、蕭明德，陳建興……及王連上每個弟兄道歉。

這兩天將去買些東西慰勞大夥，以此小小請作賠罪！

又請向孫營長、副連長好，說不再和他們聊天……

營長處也請代我問好，糟糕，一天24小時真是不夠用。

不騙你，當軍人也有太多的好處！

祝
愉快

銘聰 80、九、10

67.7.100×100

臺北縣樹林鎮光華街十號　電話：6812861·6812610

老哥：

対你的責怪，我不敢辯白，只說抱歉，真的抱歉！

女人追到手了，說不定過幾天就結婚了，不过難說，還有近来"龍体欠安"、就应了你說的那句"沒死掉吧"……

何時可回来，告知，如何与你联絡最快了！

謹此 祝

新年快樂＋X'mas 美好！

俗歆凡 12.6

建祥實業股份有限公司

連長：

接受欣喜的方式有兩種，一種是有酒精的，一種是完全沒有酒精的。

當銘銘把您給我的兩瓶"稀罕酒"送給我時，我要的是臉都給笑大僵了，這真是"驚人之喜"！

雖然與您只見一次面，聊幾句話，再加上銘銘在那邊時給我信中對您的描寫，您的形象卻已深刻映在我的眼前。

在此先說聲遙遠的"謝了"，只是您可別忘了返回時與我們聯絡！

祝

愉快

西信仔 謹上

67.6.10.

67.7.100×100

臺北縣樹林鎮光華街十號　　電話：6812861・6812610

蓬長鈞鑒：

斗柄東指，春滿乾坤，新年即在眼前，

咱們特書此函恭祝鈞座伉儷快樂，政

躬康泰！！

草率地，咱們來此受訓已一年多有餘，

總算本月底以前可望同時歸建，惟逢此

佳節，未能與蓬上長官、弟兄、共歡一堂，頗

覺遺憾，總請鈞座下達咱們渴望親

炙之忱！謹此敬頌

年禧

士　鄧再偉

葉俊宏　敬上

葉東榮

69.2.13

連長鈞鑒：

來信至今才收到，只因天候惡劣運補困難，所以無法馬上覆信，尚請見諒！更感謝你的關照，在此僅表我內心十二萬分之謝意。

退伍，離我還有一年多吧？只因自己當時太憂國了，糊里糊塗的寫下一筆，這一筆却帶給自己無限的悔意，事到如今，又有啥辦法呢？認命了吧！在此生活上雖較單純，但是此地的指揮官却是一個非常難纏的人物，只好事事順著他，要不然啊！會被臭罵一頓。連上弟兄皆安好吧！最後煩請轉達我向候之意，謹此！

祝

鈞安！

氣森 草上

[illegible].3.15

福成先生：

真對不起，我是去年十月就離開豐原回教中心休養，一年來身體康復欠佳，雖經名師診治，但醫治已照顧自己，每天過着深居簡出的世(事)無爭的安定生活，遠離種種的紛擾，社會的紛爭而的紛擾。

福成：先進莊蒞，歲月不居，賢兄睽違已成歲月，今尊令堂健康如常，你在軍中為一代後輩部，為國家盡忠，將來前途無量矣。

容短話長，再談

祝

全家快樂

弟 [illegible]

68、12、28

寄贈賀年片收到謝謝。

陳兄：

弟回台，投入新環境，工作多，規章陌生，手腳遲鈍，久久不能適應，至今才慢々步入正軌。以致懶得提筆，遲々未修書問候，請兄多多諒解。

在高登的歡樂時光，受您多方照顧，工作順利，智識受益，使我難忘，奈若再去，但机会不再有。

積上開花了沒？新的年度，帶給您亨通的官運，祝福您步步高昇，為國做大事。成家了沒？喜酒可別忘了請我。

回台，竭誠歡迎您來草舍敘敘。

宅：(07)831-3895（晚上6時至9時）
公：(07)261-4171 轉206

祝

軍祺

弟 武雄上

三月十日

大哥：

許久沒收到你的來信，心裡上覺得有點難受。啊，一切祗怪弟沒常去信所致如此，其實弟實在一直找不出時間來提筆和大哥聊天。

現已是深夜八點多，還是弟剛從南部載菜回家時候。依此句話，相信大哥能瞭解弟的工作情況才對。

再過個兩、三個月弟很可能開設五金行。若開業，弟會通知大哥的。

前幾天也為你寄上年糕是否收到呢。

愉快

安好

弟 俊華上

連長您好、

時間過得真快、退伍也平安到家、在這一年多的、謝謝連長照顧、順利退伍、連長若有返台打個電話來、讓我表示一点謝意、有空上花生包讓連長品嚐試一下、若有什麼事、我能效勞、我很樂意接受、剛到家一切都不太習慣、也不知道要做什麼、總而言之、謝謝連長、草此、願常賜指導、

祝　春節到了、祝連長春節愉快

軍安

高章民敬上 69.2.10.

電話 3-1-66882.

老哥々々好：

真抱歉，這陣子實在是忙，無法提筆

全嬸要回高的這幾天時候，因此深感歉

疚、遠之過逝更是令人不敢相信，眼过已

經離你二、三個月了，雖然我們同事真的之陽

不過我們無法忘記那段艱苦日子，跟你在

一起。過能從你學了許多，無論那一方面做人處

事、社會倫理、教育，無時無刻，多令人懷念、

你說從你學來了兩位大廚師、相信一定能夠

適合老哥的口味才是，是不可能如、我這粗點

之者，辦不了什麼好菜，不過老哥還是它遣

相當滿意也許是私情對了，那門因以女惡喜

通知一声，到此一游吧。此地是同别人租来的，不可以跟家相題並論，至少我会盡地主之誼招待你。[illegible]

[illegible]

[illegible]

李錫東 上

城門牌出品

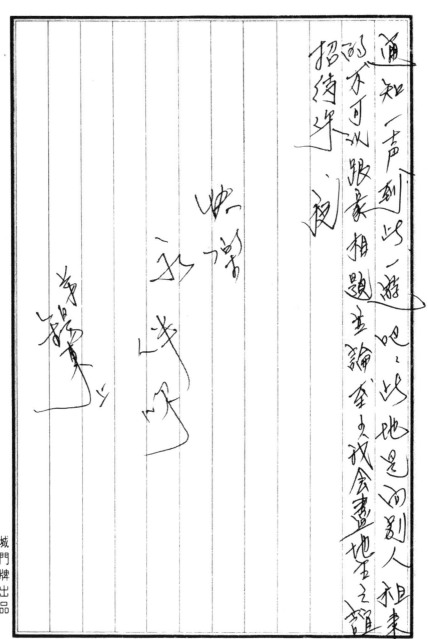

連長你好.

雖然你們單機已退伍回到可愛的故鄉. 溫暖的台北
但我依然是據名單中生活. 尤其是和你在高雄相處那段快樂日子, 每
天無憂無慮的日子, 說多好就有多好. 更何況我有那麼一位和藹可親
又民主的連長. 在此願你喜向好 自由的身份向你說聲. 謝謝.
謝謝連長給予能力的照顧和鼓勵。

回到台灣也有不少日子, 在這日子我每天就是努力賺
錢. 剩下時間就是待在家裏聽歌書學。別的倒沒有, 對了連長已
訂婚, 那什麼時候給能吃到炸彈呢. 望你告知。阿廷定準時
赴宴。

交代之事. 在此給予簡單回答. 照准. 敬禮就請

弟能可之

79.2.8.

Ps: 來信於今日接獲. 所以回信較遲 請原諒。

校學官軍軍陸
CHINESE MILITARY ACADEMY
FENG-SHAN TAIWAN
REPUBLIC OF CHINA

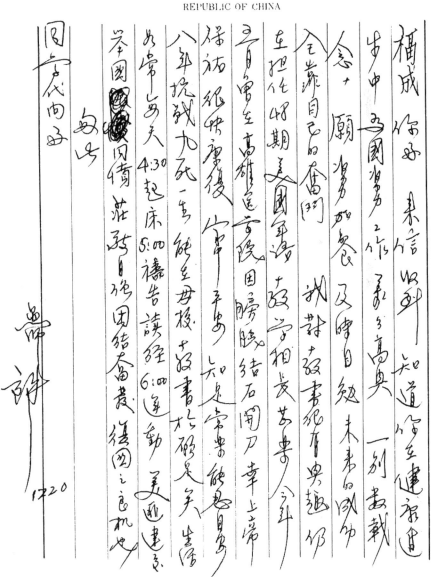

楓成你好 來信收到 知道你在建設公司
步中為國家工作貢獻高興 一別多載
念念 願多加餐 及時自勉 未來的成功
全靠自己的奮鬥 我對教書很有興趣 仍
在擔任48期美國英語教學相長甚樂
五月曾在高雄榮民醫院因膀胱結石開刀 幸上帝
保佑 經數月後 心中平安 知足常樂 能愛自己
八年抗戰九死一生 能在母校教書於願足矣 生活
如常每天4:30起床 5:00禱告讀經 6:00運動 美國速寫
以中國同儕 莊敬自強 團結奮發 復國之良機也

安好

同上代問好

[illegible]師 諭
12/20

老大哥：
非常抱歉，近日已較冷天，一直未曾給你書
問候大哥您，祇因回來工作一面身上的繁忙
所致，拖至今才動筆，請大哥勿生氣好嗎？

今日回來，可以說幾乎沒有空檔的機會
本想找個時間拜訪朋友去，可惜一直沒以到允
許，所以一直沒拜訪朋友，再說回來，最近經
環境上也不許可，去到處找事啦，唯一祇有拼命
的賣力的工作。
對了，大哥等時候做，到時候別忘了，來找
小弟喲。 再見

敬祝
愉快
弟俊章

連長好：

這樣的稱呼，似乎要習慣矣，俗云：一日為師，終身為父，在我想法裏，你畢竟是我的連長，儘管彼此感情不下知己，但敬仰之意何嘗比它淡呢？！

謝謝連長及連上各同志，如此熱忱的歡送我，亦安然返家，由於剛步入社会，一切倒覺得有矣不習慣，好在多日來的訓練，使我得保以沈着的心情，面對著更益堅苦的挑戰，在還沒有當兵前我時常聽人講，當兵能使一個人改變很多，當然所謂的改變，是由壞變好，由幼稚變成熟，歸納起來，不外氣質和涵養上的訓練，連長你，就著手於這一點、我以一個退伍人的感觸、望連長繼續保以相同的作法、貫徹到底、使連上每一個同志、能在兩年的軍旅生活裏、得到更多的好處、体驗更多的世事、介以進入社会後受益無窮。

在外島我也住了十個月又二十几天、在這一段期間內、承蒙連長上長官的照顧、一時也無法一一去函致謝、望連長能代為轉話、日後定会專函問候、且轉達長交代的事情、我已打电話到他家、是他哥々接到的、另外他女友的事、过几天我会再去辦、請他放心、最後望連長代我問候連上各弟兄、以問此

68.6.24

添勝敬上

福成：

該再為可愛的連長寫一封足以表白我內心懷念的信。近來忙些什麼呢？我沒有忙別的，還是為着買石油的錢而奔走，然而我卻忽略了我已不是六年前的双十年華，感情仍然是在0°C以下冰凍着，就為了這現實而血淋淋的社會。老哥你說我的做法是否錯了呢？在夜深人靜之時，难免心中充滿幻想，想畫出一幅美滿生活的圖樣，但這美麗的憧景，似乎離我很遠……該如何去抓住呢？好深的一門學问。該不是老兄所提吃那些欠揍的，我試過好多遍了，一点兒可口好滋的味道也沒，完全是想消除整在心中的"自白的吃……那是你說"欠揍的"，不是瘋封，先前已是DISTORTION。

可以說大夥兒都忙，連电話來往都很少，陳俊欽有了老婆如今已樂不思蜀，要不然，也不致于麻了一隻手，黃蒼海也不再獨唱夜滿西樓唯獨老夫"吾本將心託明月，奈何明月照溝渠"

勾起我往事一層層；唯有寄一份懷念在心的深處

長久不消失直到永遠。談談你的趣事也好開開

心，來信有益之時。

祝

筆安

夏孫之

68.5.14.

加拿大

福成：

來信收到勿念，你之心情恩叔諒知，今年春節時，我曾到台中，當時未見到令尊、僅見到令堂，現你在軍中應安心工作，必有良好前程。家中其他之事不必多想為要。

今寄去相片三張，爾後如你喜歡，叔隨時會寄給你。

你的工作重要，應以工作為要，多多為國珍重。

此祝

健康

恩叔
樹雲 四月二日

福成吾兄：

返台休假、旅途愉快吧！二個月不算長亦也不短、今天收到老哥你來信、才知道這兩個月过的真快、弟原也是排在三月份休假，不知那些討過老婆的人提議、不討老婆的半年休一次假、這下可苦了我們這些討不到老婆的了、一張公文我的假就泡湯了。這樣也好、休個三次就搬家、多看些東西少用臭錢。

現在還有彈吉他嗎？我現在時間較多想學可惜、已沒這麼好机會、再有一個老哥來教了。

接連長職務還勝任吧，我想對老哥你應該是

肯定的，能在你麾下應該很榮幸的。謹此

祝老哥

步步高升

武安。

愚弟

國深

敬上

68.3.26.

連長鈞鑒：

由指揮揮手告別連長，不知不覺已經是四個多月的光景，雖然離開了砲三連，然連上長官們的叮嚀、同志們的囑咐謹記心頭，尤其連長那付師祖婆齡讓我之忘不了、更後悔當初忘了留營、更讓我常向連長請教為人處事的方範。

一直是全營最優的連，第三連在連長的領導之下我想此刻也不錯才是，因為我曉得連長很有幹勁、很有辦法、從高登的各項競技來論就很明顯的[illegible]連長的才華。難怪友軍常對我說：好年青的一位主官。

小弟退了伍始終是一付含酸相，吃人的頭路說不好聽點，當學徒，發現在年青混點經驗，今後來四面所抉擇。前些個日子，小弟調到採購，或許是混得太久了吧，又被混上了這個職位，未知能否完成我的願望，則非得主連長的指點，我看就難以成名、成業也！

不曉得劉座回去了沒有，若有那就麻煩連長代小弟問候一下。

通信班班長勤務連長惹了不少的禍、在此小弟要的是、問心有愧、我記得班班長是全師考核第一名、但願這回也不讓連長操心才是、又也還得讓連長費心思去培植、最後在此祝連長能早日升官、

順祝

愉快

弟金宏上

0630

老弟如晤：

你的油印公開函昨天我已傳閱過了，甚是想念那邊遠的英雄戰士。在這佳慶節日中，播獲來函倍感親切，尚望一切多自保重。

有件事对不起老弟的，就是我這杯喜酒你沒喝到；我甚至破了例，連辟裡的同事一個都沒請；話說回來，現在我還不是过得好好的，又命在生活上更加輕鬆愉快，這倒是我未預料到的。来日若有机會，定與内人專程請一次你老弟；果竟我們相處過一段時間，有所感慨有所了解。

最近，我生活狀況尚可，公私兼顧，不勞他人操心。你呢？能否寫個親筆函聊聊。說不定九個月以後，我即與汝在他鄉會面了。餘言後敘

祝

軍安

學長

梁勤　台筆

67.9.18

a.m. 10.

福成兄：

接信多時，未能及時回音，尚望見諒，由於工作之故，延時遲遲，據你所云，你家庭可移美國，多想，此所謂之你之事而言，目前你之成家，是有其歸宿，亦是一件喜事，你之訂婚，愚兄在此祝賀你，何時返台，不妨撥來南部一趟，藉此可以見見，並可敘舊，

如是來台，不妨先打來電話告知，"(07)7415760"是我家的，如不能來亦可聊聊，

我全家平安，一切如舊，勿念，時屆歲尾，新年前後，我等再遙望祝福你身體健康，

祝

軍安

愚 祖權 寄

上

敬祝
聖誕
恭賀
新禧

福成兄：

又是新的一年
再予你、
無限的祝福。

弟[illegible]敬上、

当此関头、正是兄發揮報國之良機、
望反攻號角一响
兄能高奏凱歌。

連長您好：

外島一年多的軍中生活承蒙長官的照顧，十二萬的感謝，如今身在台灣想起往日的生活點滴實令回味無窮，我於27日早晨抵達基隆港，直接搭車抵達台中，如今依然待在家裏，處理此家事，再做打算，連長如來做歡迎到寒舍坐坐。謹此

敬祝

愉快

屬下
坤煌敬上　68.12.1

報吉連長：

我已於六月二十二日返回家中，如今也開始工作了，想想在高登那一段，承蒙連長的照顧，使我能安然渡過兩年又餘，回想起來，高登尤然在腦海裡，現在只能回想，而日後想再踏上高登，大概困難重重了。

由於剛回來，要避免在家吃閒飯，就只好先到外面找個工作暫時做一下，等有更好工作再另作他就。離開高登這段，連上弟兄要一定異動很多，但相信大家能相處融洽，共同把最後任務完成。在此深深祝福大家萬事如意達成國家所負任務。高登生活也曾嘗過，一切言語我不談，只說聲，謝謝連長在我服役兩年期間的照顧。謹此

祝

快樂

蘇進財敬上

68. 7. 9.

福雄你好：

來信收悉，謝謝你的記掛，我近來的一切如常，每讀多念，我禮拜天去坐教堂，平時在家裡，除了上班以外，就是看書，閱讀聖經，倒也自得其樂，以就是了。你的來信似乎情緒很紛亂，這似乎是如今年輕人的一般狀況。你要知道你目前正處在一塊試金石上，以是磨練的好機會，「聖人有言：天將降大任於斯人，必先苦其心志，勞其筋骨，餓其體膚，空乏其身，行拂亂其所為。所以動心忍性，增益其所不能也」。一個人在年輕時要為將來的事業磨練出基礎來，所礎固基堅，則不失也。聯

時不要忘記讀書和運動。餘不多說

順祝

戎安

68.5.16.

王化[illegible]

電話
(039)
-
329214

鴻同你好：

恭讀來信，由情形看，過年學了我以前真有給你寫信，讀唐詩。你們在前方，為了使後方同胞過一個平安的新年，實在辛苦了。你說一個月後要休假，如有那時間請來舍小玩。你說我對你有此教誨，實在慚愧，像我這樣的人還能對你有影響，實感榮幸。我祇是本着「哲人」有言：可與言，而不與之言，失人。不可與言，而與之言，失言的原則。僅把一些你已經知道的再提醒你而已，因為一個人的成功與否：要看他接受力和自制力，就我們現在的環境而言，他經三十多年，先總統 蔣公，迭常々提醒他努力接受知識，何況我們是一個普通的人，如果想有好表現，必須朝夕警惕不可，故此我僅以倚老賣老的態度，常々提醒你一些，純善意的了解而已。希望你不要討厭才是。你的毛筆字很好嘛，但有空時常練習，因那是我們的國粹，在發揚國粹，復興文化的運動中，希加以發揚為盼。我的一切如常，希請勿念。

順祝

戎安

王兆鵬 啟

64.3.7.

福成伯伯：

賀卡我已收到，近來好嗎？我近來好，學也希望多念、好回來，雖我還想來一趟，我有話要你說，來時請先來信告知，我的電話是3372214號。一切如意，

祝

佳節快樂

王[illegible]

68.12.12.

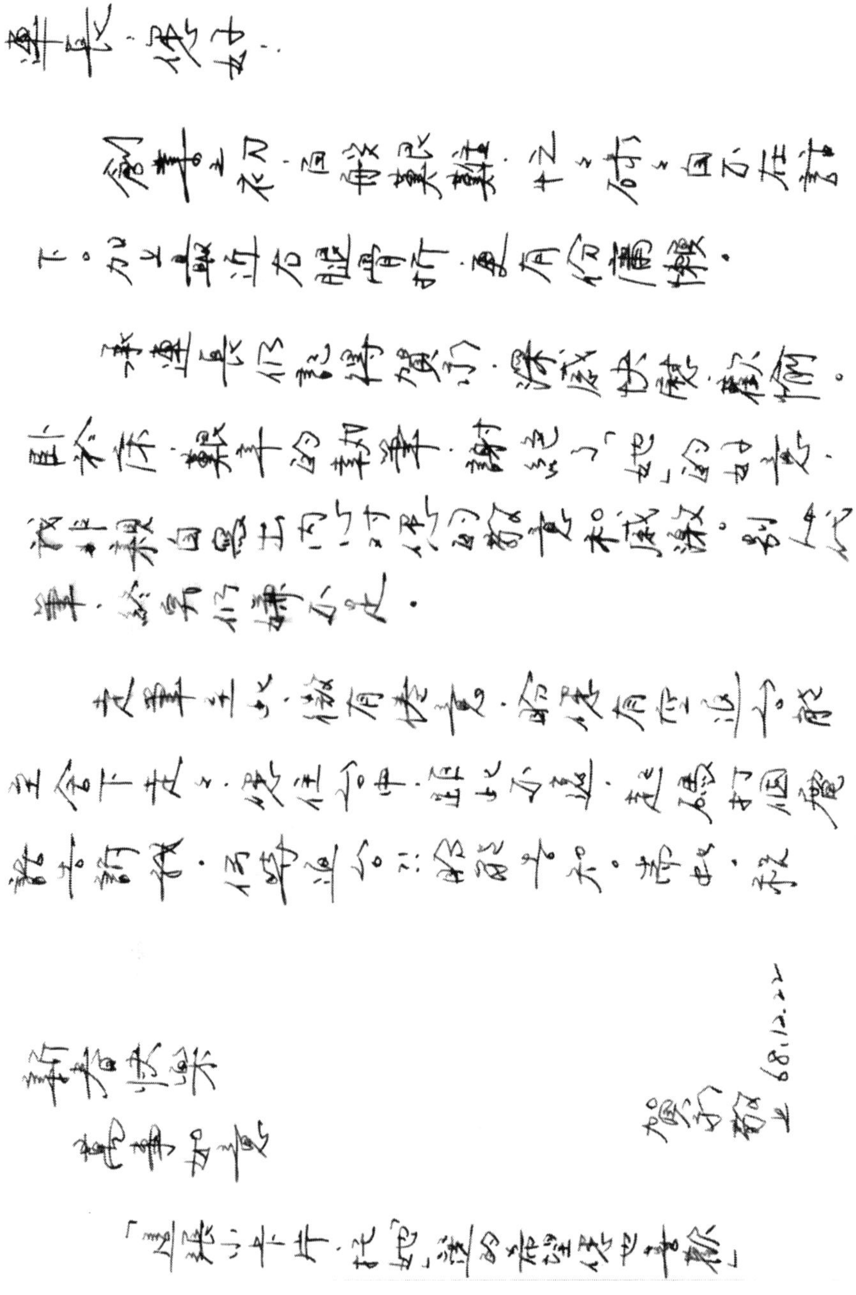

董事長，您好：

劍青之初，因戰亂離鄉背井，十六歲時，[illegible]下。加上[illegible]，更有何[illegible]。

承蒙長官們記得提攜，深感快慰，感佩。

自入伍，數十年的軍旅，讓我從「無」的世界，[illegible]國家五十年來的[illegible]和成就。到了今年，[illegible]心了。

在軍三十年，[illegible]，至今下去，[illegible]。[illegible]，祝

董事長

身體健康

[illegible] 敬上 68.12.22

「[illegible]」

匡長 您好

我是事業有點小麻煩，所以不得不轉到高雄創天下，望匡長返台時能到高雄來找單挑一玩，我略盡地主所做的。

在高雄我有电話是華聲公司的，白天可能較不易找我，晚上都可以找到我，电話号碼是272-9161，272-9162，272-9163。

祝

安康

附、有一事請匡長代辦，若副匡退伍接到我信時請代轉回他住的地方

先謝謝匡長

熊[illegible]筆上

69.3.25

老哥你好：

信回的很晚，見諒，上回休假回來忙到今天，文辦提前休假回家過個年。真怕這封信你收不到了呢？

聖誕賀卡已收到了，謝謝。真抱歉倒是我的沒寄出去。來外島已年餘了，年底將回。居處地址已改，電話沒變（北市松山區虎林街132巷273號「七六五八八九七」有空就來。

定婚是個喜訊，恭賀，喜結鴛盟。夫人是馬祖人嗎？你確實也該有個安定的家了。我向不知貴府地座落何處呢？也不知你何時能返台，我記得你到馬祖好像好久了。該不會在那兒定居了吧！

你問我中尉升了沒。我今年、十月就和你一樣了。一肩三條。時間是很快的。不過我退伍還早的很每天算都來不及。倒是常來信。我還是十個月才離開此地明年就寫到我家裏吧！我家不移防的。

至此

敬請

戎安

弟 明琛 敬上

69.2.6.

福成您好：

很對不起您，我最近整理信件，在抽子裏面發現您在67年元旦以前寄來的一份賀年片，是不是小孩子收到，還是什麼人收到後沒有交給我，我發現後非難疚，請多原諒。

很久不見了，近來很好吧！您媽媽還在台中住嗎？鳳嬌那邊的地址我也找不到了，也沒有向她們寄信問候，真是抱歉！不知最近是否仍在馬祖前方，請見信後回信並將鳳嬌住址寄來，以便前往拜訪。

祝您

勝利成功！

敬

張濬啟

67.3.1[illegible]

連長您好，

能再次接獲連長的來信是能任我感覺最快樂與最得意的事兒，如今我也退伍了，時間一切都尚在努力中，要謝謝連長您給予的鼓勵，我也會遵照連長您的提醒，萬事急不得。

目前我的情形是白天上班還是未上夜，每天五百五十元，晚上下班回來在「正統通運公司」兼個小差每個月二千元，雖然這公司是五兄弟他人合開的，但薪水還是照算不誤，連長您認為我這個呀，願能來信告知。

祝
安康

能任上　9.5.9

連長你好：

自我退伍至今也將近兩個月了，一直都忙於找工作，沒時間寫信給連長你，還望連長你多多見諒。雖然我們隔著一道不算近也不算遠的海洋，我祇有借著這張薄薄的信紙來表達我對連長你的敬意，也謝謝連長你在這一年多對我的照顧與教導，並希望連長你繼續不吝賜教的多多寫信來教導我，謹此。

祝

軍

愉

戴春垂 敬上

69.3.7

乃麻煩連長順便代我向輔導長問好。

三榮牌出品

連長好、好久未給信了、小友攜手的事便
已收到、謝々連長、我買了、小東西李和、
牛肉乾、給小友、帶回去、連長、外島、
氣候不好、要多加保重身体、
自我離開連長以後、連長在那裏、有沒有比
以前更好呢、
連長自我離開連長快一年了、連長、
過很快就可以回台灣了、希望連長能
外島能立大功、很快回來結婚
好讓我可以吃喜糖、連長如要去華西
最後要我祝你保重、

李金山

68.18.12.

連長鈞鑒：

來鴻已收，謝謝！首先恭喜你啦，何時請喝喜酒呢？相信也快了是嗎？

到此也有三月餘了，一切皆已適應，如常了，在這的確是較為孤寂些，有時無聊的不知要幹啥好，在這用水更是感到苦惱萬分，加上運補困難，有時一連好幾天都吃三宝大餐了，在這唯一的好處就是精神壓力較輕些，任務單純，但常在島四週海面一大批漁船聚集在一起，任務也挺繁重的。最後煩代候全連弟兄們安好．敬頌

鈞安，

[illegible] 敬上 81.5.19.

成哥、

很抱歉許久沒寫信給你了。如今提起筆來想想真快去年寒冬踏上金門島如今又有些寒冷的氣息了。一年了。平靜的度過什麼都沒得到，平白的蒼老了一年、你到馬祖較早這封信、還不知你收到否，也快返台了吧！收到信給我回音、好嗎？

祝

戎安

弟　國深　敬上.

68.11.28.

福成吾兄：

來"片"收悉！謝了、唯弟去年流年不利，今年始有好兆頭，抽空提筆致候！

別說弟是捨不得2元5毛的賀片始有此言，因回顧一年來事事不稱心，雖是年頭結婚，但婚假剛完，接著住進了"杜鵑窩"，再接着大腳開刀兩次，然後腳指頭又被砸個稀爛，真是悲哀到家了，昨天還去看过X光片，能見到骨頭還"碎碎平安"呢！拉雜的拉了一堆，只不過是告訴你吾"大難未死"說不能還是"必有後福"呢！

一別多年未見，老哥可是長"高"了，長"胖"了，或肩上多了些花"或是草呢！願能來信告知，並期望書"何日再吻君"！

祝

軍安！

弟
台北人
87.1.11.

老哥你好：

官運就別提了，目前只想退伍不作他想了。我奇怪你比我早到小島如今我還有半年不到你怎麼還不回家。

婚後住台北住是很理想到底是大都市啥事都方便

未婚妻還好吧代為問候。年底十一月後信就不要往這寄了寄到我家還記得住址嗎？希望我這次六月份休假能在台北見到你和你未婚妻。

預祝

新婚快樂

弟 國澤 敬上

69.6.9.

金門

(板橋民族路122巷2弄3號 TEL( )658857)

陸軍軍官學校
CHINESE MILITARY ACADEMY
FENG-SHAN TAIWAN
REPUBLIC OF CHINA

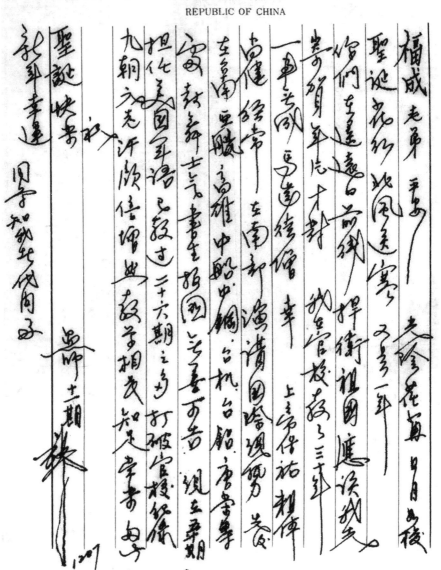

楷成老弟：平安！光陰荏苒，歲月如梭，

聖誕節到，北風送寒，又是一年，

你們在遙遠的前線，捍衛祖國，應該我先

寄賀年卡才對。我在官校教了三十年，

一事無成，愚蠢漸增，幸上帝保佑，精神

尚健，經常在台南新營講國際現勢，養

在台南、五股、高雄中船、中鋼、台機、台鉛、唐榮等

家教，講古書，報國之心老要可為。現在第五期

担任美國年譜，已教了二十六期之多，打破官校紀錄。

九期之差，沂頗值增，與教學相長，知足常樂，為子

聖誕快樂

新年幸運

恩師 十一期 [signature]

1207

同學知我必代問好

福成兄：

閣下退伍至今，心情如石落湖中久久未能穩定。提筆似千斤，今逢清明節，獨自家中，憶及往日連上長官抬愛及弟兄們照顧，為此而坐立不安，即提筆問候，尚請諒解。前些日子收到連長來信，使我萬分欣喜，我以衷心為連長恭賀與祝福，如需夫子盡力之事，勿客氣，夫子盡力就是，吉普酒可記得讓夫子分沾一點。

夫子一退伍為自己裝組一部音響，甚至為朋友裝了幾部音響，以殺閒時間罷了，目前白天幫家兄。這是我目前景況。最後順便幫夫子問候連上長官（謝謝）。

敬祝
愉快

愚弟
坤煌 敬上

王冠出品

陳大哥您好、

來信已收到了、謝謝大哥您的關懷，近況可好、一切如意吧、甚念。由於最近比較忙一些，很少提筆，請大哥多多見諒。日子过的實在真快，退伍離開高登至今已有數月之久，使我感到非常的懷念高登裡的生活及大哥您：連上的弟兄們是否還好呢？煩請大哥代我問候一聲。

大哥不是小弟我愛喝酒，使在非常相念大哥您的「古寧」酒不見怪吧。　哈！哈！哈！謹此。

祝

畢愉

弟春鏊敬上　0511

輯八：遺珠補綴

— 留住一份情和心

本書編者（正中），台中東工校園，民 57 年。

妻（右二），高中時，約民56年，台南。

學生課間作業紙 ①

課目 邏輯理論批判〔第一章〕 班別 5-3

學號 113 姓名 陳福成 日期

一、試簡述黑格爾辯証法之大意。

答：黑氏的辯法就是真所謂的邏輯，而視之為內在的自我運動，而且是一切學的內在正確方法。主要更以否定為核心，由於否定之判斷，使使思想不斷向前發展。具體言之，原有之思維就是靜態，而否定則為動態，兩者相遇是矛盾。正是所謂的正反合三段歷程，不停的循環發展，達到絕對理念。這種內在矛盾又為演變發展的動力，是不可以統一在內的，其目的在達到無窮的境界，而非是更斷所謂之永久製造、擴大矛盾。

二、唯物辯証法之矛盾法則何以錯誤？

答：此又名對立的統一和統一與分裂法則，是說明變的動力的法則。其以為宇宙因有內在矛盾而變動不居，一面是萬世萬物都包含在矛盾而依矛盾運動發展，一面又認為矛盾可統一。也舉例氫氧為矛盾，統一的即水。其實兩者屬化學成的與所謂矛盾對立，氫氧二者乃為差異性而表明其性質不同，而且氫氧之結為水非自發之作用，而是人為外力。到筆誤：將統的分裂為兩相對立之一而觀察事物即為辯証法之要點。可見他把對立與矛盾為大錯。對立如左右干擾相輔，而矛盾為互相排斥。

三、唯物辯証法質量法則何以錯誤？

答：此又名量到質及質到量之轉化法則，是說明量的變化可以轉變質，而質的變化又可以產生量的變化。恩格斯以水之三態說明質與量變。其實不許那一態都是由H_2O組成，本質並未有其他變化，可見他的舉例違常識也為不合，何能為一理呢？

學生課間作業紙

(2)

課目　　　　班別

學號　　　　姓名　　　　日期

他之所以如此，無非要堅定其共產黨徒的信心「資本主義之量變結果必生質變為共產主義」。其實資本雖發展，但不一定是因於剝削，亦可用作福利事業。

四、唯物辯証法之否定之否定法則何以錯誤？

答：此乃克服矛盾，解決矛盾的一種方式，第一個否定是造成矛盾，第二個否定是解決矛盾，不過否定之否定並非消滅，而是揚棄。他以麥子發芽成麥株消滅，是為否定，那麼麥子多年生物開花並結麥粒而否定，可見其雖在自然界中找的特殊例子，殊然不能自圓其說。其實宇宙之間並非必依機械三段歷程。一切有否定，同時也有肯定，一方面是相剋相尅，而另一方面是相生相養，決非否定說之以偏概全可以解釋的。

五、答　唯物辯証法反對形式邏輯何以錯誤？

答：唯物辯証法最反對形式邏輯之同一律「A是A」，他們認為這是在事物不變化的前提下才能應用，若於變化中來考察事物「A是A」同時不能不是別的東西，如「A是A同時A非A」已。要知「A」是「A」指主詞和主詞之同一，反之，則人同時等於人，而又等於他物，更可說「唯物辯證法」同時又非唯物辯證法」如此世界上任何一物又可等於任何一物，則亂也。

學生課間作業紙 ②

課目 唯物理論批判〈第二章〉 班別
學號 113 姓名 陳福成 日期

一、辯証唯物論和一般唯物論有何不同

答：費爾巴哈是个自然唯物論者。他認定人腦子的思維不過是肉体的活動，而主觀世界也就偏於自然世界，所以人的思維本身也是自然世界之一部，故所謂唯物論大致就是認為宇宙一切現象，都以物為根源，任何事務不外物質的作用及其活動。

但馬氏以為費氏之唯物論不充分而須加以改造，於是他便把黑格爾的辯証法搬過來，武裝唯物論，成其所謂的辯証唯物論，從而馬克斯之宇宙觀，是共徒堅信不疑的哲學，是無產階級爭鬥的精神武器。然費二者並無多大差異。

二、試指陳辯証唯物論的第一個錯誤？

答：首先是其宇宙的本質問題，犯了和唯心論相同錯誤，認為宇宙本質是物質，並且為精神與物質對立，其實宇宙是一個大的有機体，其關係是彼此聯繫，彼此影響，就如國父所言：「總指宇宙之間不外物質精神二者」。天人、主客、心物並非彼此對立。

唯物論認為物質不滅，但根據科學之証明，須要質能合一始能不滅，故又失去科學上根據。再者，近代哲學對物質之詮釋和傳統哲學截然不同，因為物質分析到最後已非物質，而是一種波動，也是能之一種，故以辯証唯物論認為物質是变化和運動合一，哲學上並非唯物論所有，亦可用唯心論，故我們亦可言精神和变化合一。

學生課間作業紙

課目　匪黨謬論批判　　班別

學號　　姓名　陳福成　　日期

三、試指陳辯証唯物論之第二錯誤？

答、「意識是特殊的屬於物質」、「思想是人類頭腦表現出來的，這些(?)物質」何等荒謬，思想和頭腦顯然不同，思想可以有覺有知，且不佔空間，頭腦不能自覺，且要佔空間。辯証唯物論，乃辯証唯物論者思想的辯証唯物論，決非其頭腦的辯証唯物論。如我們不承認心物合一，則其理論從何而來？那是辯証唯物論其存在先有思維，思維為存在所決定。其實我們也站在「心物合一」的觀點，認為頭腦和精神統合物質和精神兩者並重。國父的生元有知說，更斷定宇宙間沒有純物質，成為精神與存在，兩者相依而生。

四、指陳辯証唯物論中之個錯誤？

答：存在能影響思維，而思維同時也影響存在，此乃不可否認之事實，由歷史更可証明，盧梭的民約論影響法國大革命，康德、黑格爾、叔本華的思想更影響德國統一，所以人在社會中受社會影響，同時也還思想改變社會，所謂「時勢造英雄，英雄也造時勢」即存在思維之合一。

五、辯証唯物論對共產匪黨有何實踐上有何影響。

答：因為辯証唯物論由物質而發展，故視一切存在為物質活動，強調物質之演進而強調物質，抹煞了精神、自然、人性使淹沒了。更因辯証唯物論是匪黨的實踐哲學，他們只重現實，蔑視人類的意志，視人類為工具，把人類和物質等量齊觀，則其認為可以決一切。故有「人海戰術」、「康生計劃」的演出。

觀之共匪今天走向反人類、反道德、反正義及出賣國家的罪行，這形形意思的導演，可以說是基本理論錯誤，觀念錯誤，導致行為的錯誤。

福成先生：

謝謝贈書。藉書中詩篇認識您，以詩會友，結一段美緣。

寄予祝福——

平安！快樂！

雨雲 惠敬
96.5.16

福成學弟：

生日快樂

李靜如 敬上
2005年6月15日

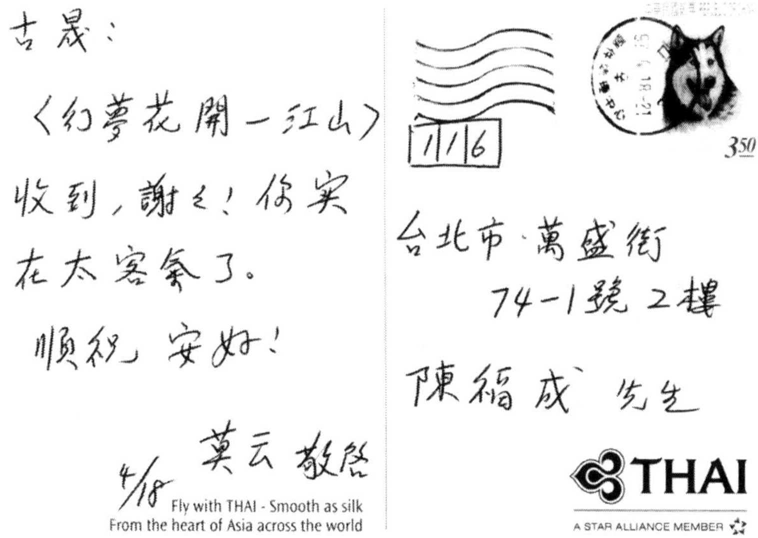
古晟：

《幻夢花開一江山》
收到，謝謝！你實
在太客氣了。
順祝 安好！

莫云 敬啟
4/18

Fly with THAI - Smooth as silk
From the heart of Asia across the world

1116

台北市 萬盛街
74-1號 2樓
陳福成 先生

3.50

THAI
A STAR ALLIANCE MEMBER

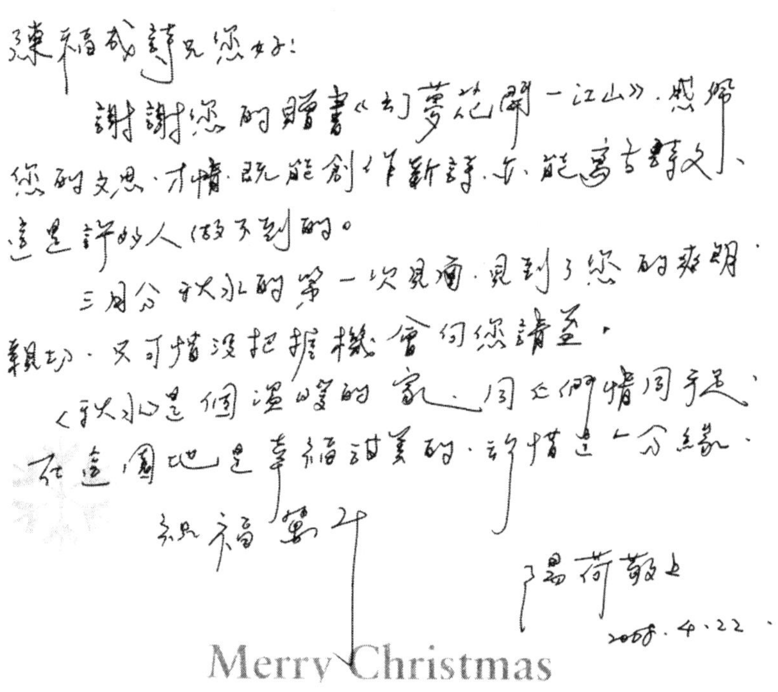
陳福成詩兄您好：

謝謝您的贈書《幻夢花開一江山》，感佩您的文思、才情，既能創作新詩，亦能寫古詩文，這是許多人做不到的。

三月分秋水的第一次見面，見到了您的爽朗、親切，只可惜沒把握機會向您請益。

《秋水》是個溫暖的家，同仁們情同手足，在這圈也是幸福甜美的，珍惜這一分緣。

祝福 萬千

陽荷敬上
2008.4.22

Merry Christmas

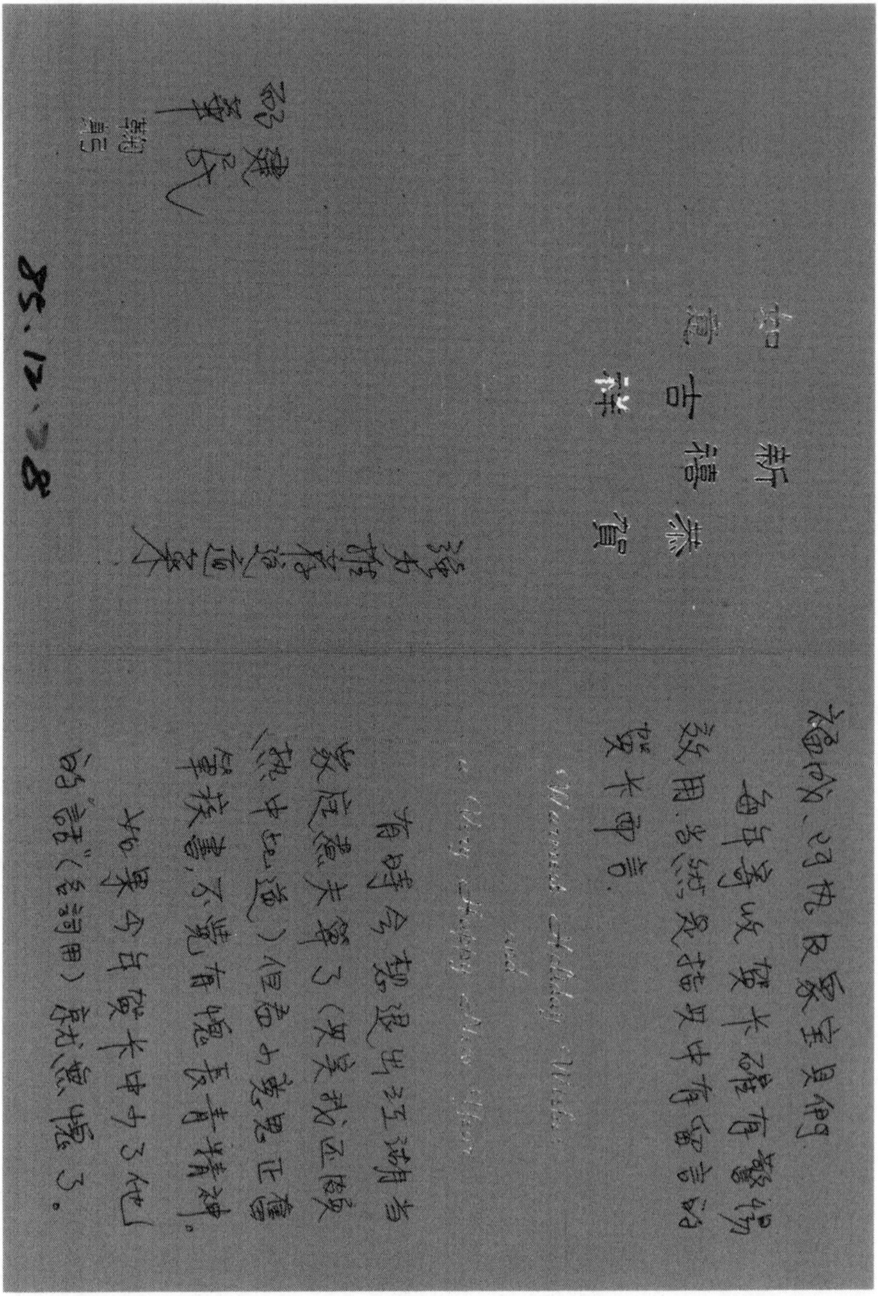

新禧 恭賀

如意 吉祥

強力推荐此道菜

建民
碧華 鞠躬

85.12.28

福成、守忱及家宝貝們

每年寄收賀卡確有警惕效用，当然是指其中有留言的賀卡而言。

Warmest Holiday Wishes
and
a Very Happy New Year

有時会想退出江湖当家庭煮夫算了（其实我还頗熱中此道）但看小蔥思正奮筆疾書，不覺有愧長青精神。

如果今年賀卡中少了他的"話"（名詞用）就慚愧了。

福成：

迎春納福　平安如意

Wishing you
A Happy and Prosperous
New Year

感謝多年來
對同學聯誼
的努力與付出。

林鉄蓉敬贺

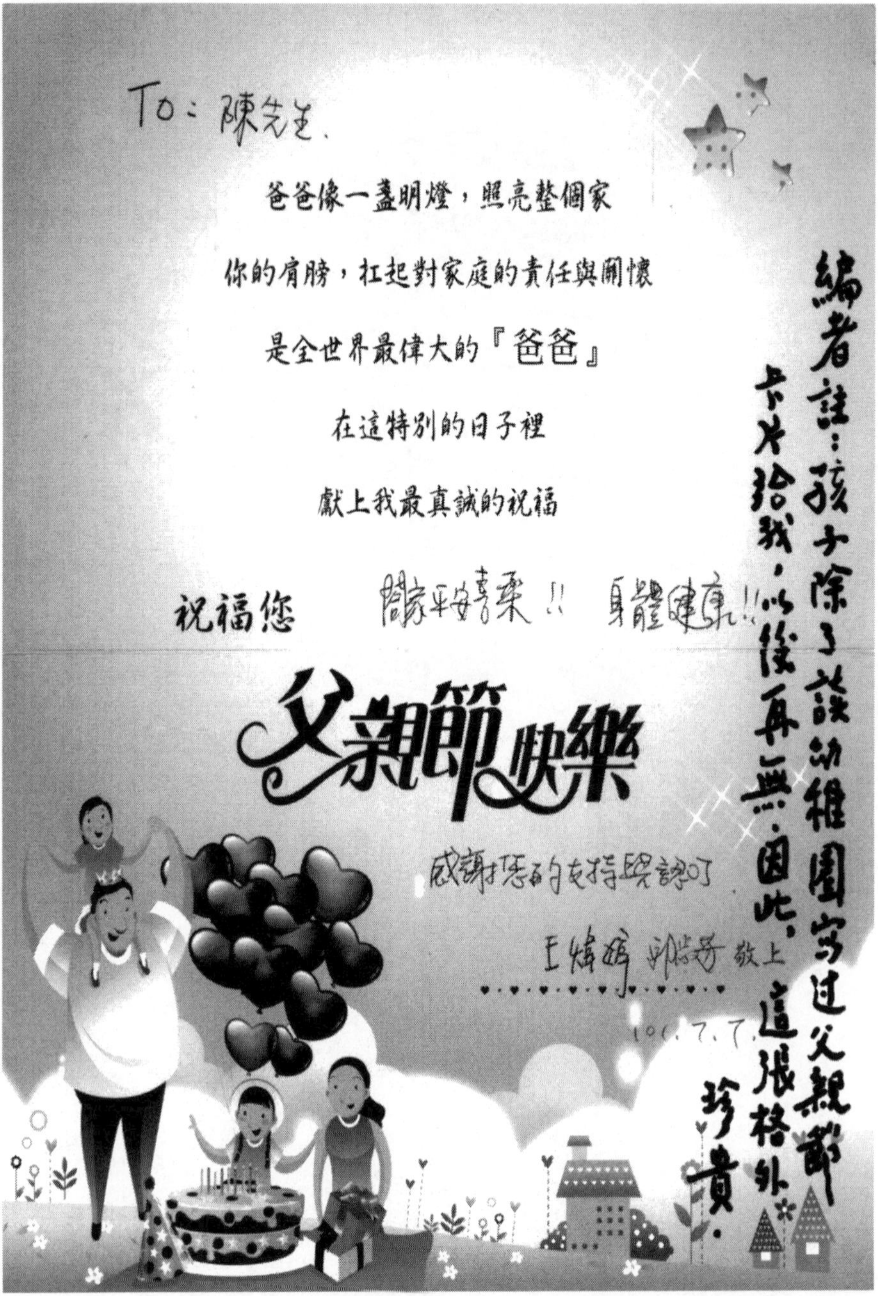

To：陳先生、

爸爸像一盞明燈，照亮整個家

你的肩膀，扛起對家庭的責任與關懷

是全世界最偉大的『爸爸』

在這特別的日子裡

獻上我最真誠的祝福

祝福您 闔家平安喜樂!! 身體健康!!

父親節快樂

感謝您的支持與認可

王煒婷 [illegible] 敬上

101.7.7.

編者註：孩子除了該幼稚園寄過父親節卡片給我，以後再無，因此，這張格外珍貴。

陈凤娇主编：

您好！

《华夏春秋》第五期已于前日收到，谢谢您能将我为高准教授的大著《高准诗集全编》所写的拙稿《飘零世代的永恒寄托》编刊其中，这让我非常荣幸！对于您们不畏艰难地宣传春秋大义的精神，令我深深感动！祈愿您们的《春秋》之魂，将来能够成为华夏民族的骄傲！

我见贵刊还有《现代诗天地》栏目，遂不揣浅陋献芹曝，附上拙诗稿《月亮之歌》（外四首）请教尊阅，看能否适合《华夏春秋》刊用？

高准教授在电话中给我透露，拙稿《诗心明月桂流芳》亦被贵主编肯赋留用、准备刊于第六期《华夏春秋》上，荣甚、幸甚！幸甚！祈愿，我能有幸成为贵刊的长期撰稿人为荣！谨此一并致谢！

恭颂

编祺！

黄光曙　敬上

2006.11.15.家中

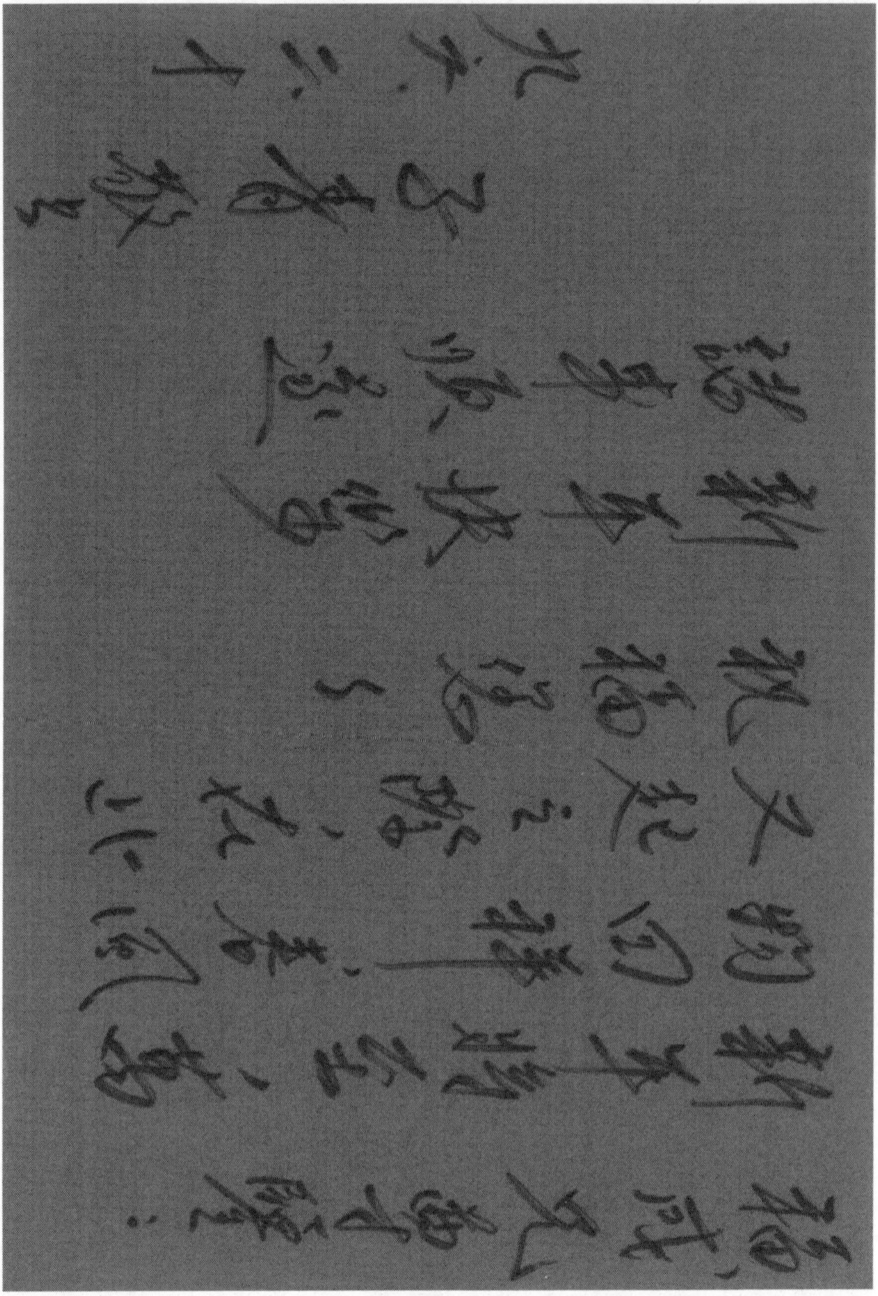

福成兄尊鑒：
新年將至，萬
物回祥，春風
又起之際，在此
祝福您
新年快樂
諸事順遂
子青敬上
九六、二、十

福成詩兄，您好：

大作《幻夢花開一江山》已收悉，感謝賜作。

佩服詩兄作品出入古今，今古詩體信手拈來皆是妙筆生花，令人驚豔其詩意妙方，形風千古。

居士風範，果不落俗，是弟所當學習之處。再一次謝謝賜書！敬頌

吟安

弟子青敬上

本年四廿五 台南

陈先生：

您好！

收到兰察先生寄来的多位兰诗友人的爱心，感激之情，难以用语言表达，只能向您深深地道声：谢谢！谢谢您在我们危难之时，给予我们的多次关爱和援助！

祝：新年愉快！

身体健康！

周淑敏

（周兰春妻）

2008.12.6

燕山大学
YANSHAN UNIVERSITY　教师用纸　第　页

稼城先生大鉴：

你的信几乎收不到，是一个偶然的机遇从邮局向我回来的。一是你写错了名字，那是我在诗集附言中写下的"高又及"，把"及"写错为"寄"。二是你也写错了学校名，陕西写成西安，此类学校名的很多，也就不能确切地投递了。

早在《秋水》见到你的大名和照片了。故对你并不陌生，很愿结识你这位朋友。我写诗纯属业余，是一种消遣似的把玩而已，如果不嫌弃的话，愿给你交流诗集。

附上近作《一棵开花的树》二首，是接了你借我的禀运命题而写的。有几处写了几句"美化"，故奉你把玩并指正！

敬以握手礼并祝撰安

[illegible]
2008 10.3日

陈先生：您好。

有幸收到陈先生之来信，并得知你是同乡—成都人，非常高兴。今后你回成都时来简作客吧！

我常常在简阳有关报刊杂读到"陈福成"大名，不少作品印象很深，真想你是同乡人。如《简阳》诗刊126期刊发你的大作《寻找青春诗园》，在诗刊127期，又读到你的评论：读《陈晓明抒情诗续集》有感和创作诗歌：近作二首，等等。可想你是高产作家、诗人。可敬。

有幸之二是今寄将我的拙作转给了你。恭请陈先生挤出万忙时间，对《拾穗者之歌》诗集评析几句行吗？

汶川地震期，我写了几首旧体诗（新声韵），已分别在一些刊物见报，复印几首一并寄出，请你指正。

祝你创作丰收，

文安！

文友：[illegible]

2008年10月25日

希多联系。

通讯：641416 四川省简阳市镇金镇政府

秋水詩刊創刊三十週年紀念稿紙

福成詩兄如晤：

大著《性情世界》收妥，謝謝。

吾兄性情中人也。前書刊出版贈會，第一次與兄相會，並贈書《春秋記實》兩冊，讀後詩情深，深覺吾兄為人，真性情中人也！心直、口快，敢說敢當。反觀今日詩文界吾兄之流，樸而潤者，能有幾人？十多人敬佩！

今讀大著《性情世界》詩集等篇讀之後，確信弟之所謂「性情中人者」，誠不虛也！

吾兄書寫之詩，風雅自然，論其鳥獸蟲魚、花草樹木，皆與人有深情，讓人讀之難以釋手。其詩篇篇珠璣之作，感人至深。特此奉函致謝，並祝

吟安

弟　孫宗良（魯樹）敬上　二〇〇七

秋水詩刊社　敬贈　　社址：台北市郵政十四支五十七號信箱

古晨詩友，

台灣風災，未能即時送上問候，罪甚！誠[redacted]如風中之荷，縱已被[illegible][redacted]罩露，亦能屹立不倒！

千萬保重！

詩弟 曾需陽 上

2008.8.18

福成詩弟：（容我如此稱呼）

上次才收到你的大作，此次又收到新出版大作「幻夢花開一江山」詩集，待翻至後面一頁，看到作品庫藏量指責及購買方法，洋洋大篇，知道你是軍事專家，著作等身，各種軍事戰略、文藝、教科書……等無所不寫，出書之多，令我驚訝與讚佩。

我雖是秋水同仁，但寓居南部，台北同仁聚會較少出席，此次是一年一次秋水聯誼才北上參加，得以認識你，真是相見恨晚，不識廬山真面目，失禮之至，也在此致謝，讓我以虔誠、謹慎、恭敬的心情來拜讀品閱兩次贈送的大作吧！

詩姐 欣心上

2008.4.23

杨松先生诗友：

九月底就收阅你的"青春拼图"，也是先生的"诗的版图"，很有宏论价值，且比我的水平高出一头。蒙你的器重，我准备写点文字，谈谈看，此文可能稍为推后（年底以前）奉上。

原因有三：①五月家父去世，都归我一个料理，正编一本纪念诗集，②我正将多年的"潜在写作"的抽屉诗稿，编辑成册，暂名《镂骨铭心的记忆》，收诗三百，工作量较大，③是我年事已高，每日工作时间很少，而且写作是我的业余（我是油田干部，七十后才写点诗文什么的。）

早闻吾兄大名，是在《葡萄园》编刊名单上读到，印象深者4人：范杨松、子青、王碧仪和赖益成，均诗风诗观接近，令我多有崇敬之心。

我非常同意你的"以系统理论研究现代诗"，因新诗的成长，不足百年，多吸收了世界各国的诗学理论的，而中国诗学，全靠零碎的历代"诗话"为依据，常有捉襟见肘之感。其关键在于以系统理论去针对现代（新）诗。特别是以加强从一首诗（从具象到抽象，）读到诗学之根底，尤为重要。

另：为你撰写《从春秋方面谈提笔》的陈福成先生，早蒙我兄之笔大力推荐，其诗文早已如雷贯耳，我想有请教之事，盼赐示陈的通信详址为荷。

请写文字

我也设想对你的创作历程也"通述"一下，不知能否再赐寄点80-90年代的作品等(或论文资料)来，如《木偶剧团》之类的材料。(如果手头欠缺就不必勉强)。

今年以来，"葡萄园"刊的电子收稿受阻，稿子传了几次也未如愿。加之我也不会用电脑只好作罢。有时打给非马和涂静怡过目并送去一点。《秋水》这期(七月)准备去介绍我的《人生风景》，届时盼过目。《门外》也有几首送登，可惜该刊出版不定期。

另，特欣赏你的序诗：《屈原，投江前的犹疑》立意和形式均有创举。(新)。

然之托人传送，也

致以兄弟般地握手礼
并向劳苦功高的任翠莲夫人致意，祝好

2008 6.28

只因信封太空，奉上拙作一首供你见笑参考！
该首诗与你倡议的"一首诗完成的心智模式"
有关，是受《乾坤》刊"一诗多解"之约而写的。[illegible]于邮局

敬祝陈福成先生

新春佳節快乐

黄中模賀

二〇〇九、春節

江陈两会新风開盛世、

海峡三通迎春景丽神州。

——欢迎光临巴渝大地

福成同學：你好，本黨中央舉辦七十五年度三民主義論文競賽，荷承參加，非常感謝。你豐富的學養、精闢的見解、與純熟的寫作技巧，令人欽佩。大作得獎，實至名歸，可喜可賀。頒獎當天奉贈本會印製的「聽聽我們說道理」彩色摺頁乙套，「蔣主席的話—國家是大家的國家、國事也是大家的國事」、「爲了維護我們的自由，我們需要國家安全法」等資料三種，敬請批評指教，俾供改進參考。隨函寄奉領獎照片一幀，請存念。敬祝

健康愉快

戴瑞明　敬啓

七十六年六月十七日

附件如文

瑞明用箋

敬愛的同仁：

新春愉快！

謹訂於本月27日（星期六）上午11:30於台北市長沙街一段20號(近捷運西門站)國軍英雄館軍友餐廳2樓牡丹廳舉行葡刊同仁新春餐敘 敦請閣下撥冗出席為禱 耑此敬頌

詩安

[illegible]

葡萄園詩刊發行人

賴益成 敬邀

2010年2月8日

Ps：煩請來電（0936-578-377）或 E-mail:lay009@gmail.com 告知出席與否，

以便準備桌數。謝謝。

福成先生道鑒：

薰風作拂，化日方長，敬維文祉增綏，為學發軔為頌，渥蒙賜贈「我所知道的孫大公」著作乙書，隆情盛意，感篆良殷！賢棣才華藝世，文采繽紛，長年以來潛心著作，作品廣涉軍事、領導管理、小說、翻譯及現代詩等六十餘冊，誠謂「軍人作家」，當之無愧！本書詳述大公老師允文允武，無私無我之一生行誼，身在海外，仍心繫國是，強烈國家民族情操，堪為革命軍人忠貞典範。所贈鉅作，當珍藏拜讀，特虔函馳謝！適值國防事務變革之際，敬祈時賜箴言，俾資借重，不勝企禱！耑此　順頌

近安

高華柱（印）敬啟

一○○年五月六日

華柱用牋

福成学弟：

知道你因经济因素不得不將「華夏春秋」停刊時，真是為你的雄心壯志抱屈，亦為島内正義之声感到担憂，好在其他雜誌仍多，你的文采仍有園地可供发揮，希望你稟志堅持。

日本人從明朝開始就大舉入侵中國，當時被稱為「倭寇」，「明治維新」後就企圖征服全世界，他們的路線是——攫取滿蒙、佔領中國、征服全世界。自九一八始到無条件投降，倭寇殘殺了千百萬中國人，可是他們並沒有懺悔，祇認為輸在兩顆原子彈，有朝一日还是要佔領中國，所以現在日本的一切篡改歷史的舉動，就是為未来再度殘殺中國人做準備。

我不願意中國人的後輩和世人喪失警覺，因此非常赞成对日本人原始獸性的宣传，特寄去剪報給你，以及兩份「南京大屠殺」的DVD碟，作為你以後為文的參考，亦可為拷贝几份DVD碟送給有關单位和人员用作宣传，看看日本人的真面目有多凶残!!

(只可惜没有翻译成中文，同時不知此拷贝是否可用作电視放映？)

祝你

新春愉快

再接再勵

孫大公

2007.02.15

福成学弟：

一、終於找到了几張清晰的日軍殘暴照片可供替換。

二、我的原稿纏雜紊乱，你能把它編得有條有理，真是不簡單。

三、因為我是原創者，比較了解它的來龍去脈，所以作了些先後秩序的調整，不知是否方便重排？以及頁次的重排？

四、調整之內容請看附件。

五、若有疑問請即通知。

六、待調整重印後，我將电彭先生詢問每本單價及每本海內外之郵費，然後決定印刷几本和寄書地址，並寄費用給他。

七、接到書後請即告知。

八、此事又要麻煩你。謝謝！

耑此　順祝

健康快乐。

小兄
大公
2013.08.18

福成学弟：

遺憾呀！感慨呀！憤恨呀！羞恥呀！

我國的富豪為求出名、趕時尚，大家都要「裸捐」「做善事」，但等到新聞見報之後就沒有了声息，因為要他（她）從根救國，那个太花錢太費時間，不如沿街派錢或是蓋兩间希望小学可以馬上見報，立刻出名！

我已經八十歲了，想趁有生之年还可以為國家民族做点事，可是限于財力無從做起，而所謂的富豪們对真正救國又無動於衷（連一封礼貌的回信都沒有），所以我才有前面的感言！

我現在只希望兩件事：

（一）希望媒体推動「恢復禮義廉恥」之風潮。

（二）希望媒体加強談論賭场「國有」「民營」，以特高的利润来補足「健保」「教育」等益民之大事。（附件）

即頌

撰祺

小兄 大公

2012.07.09

又及：媒体事請与王韻菁連絡。（0935309401）

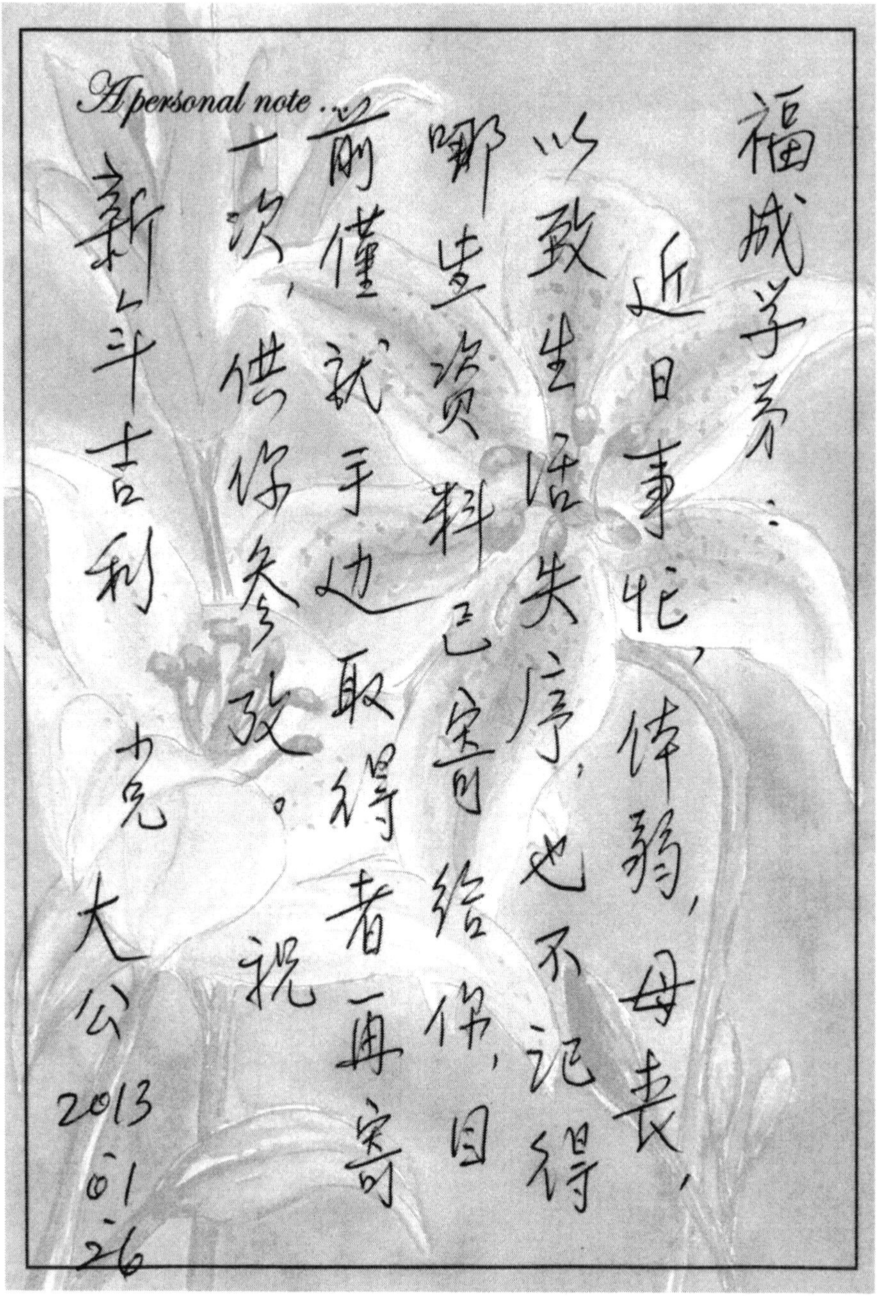
A personal note ...
福成学弟：
近日事忙，体弱，母丧，
以致生活失序，也不記得
哪些資料已寄給你，因
前僅就手边取得者再寄
一次，供你参考。祝
新年吉利
克 大公
2013.01.26

【恭贺新禧】

Wish You A Happy & Prosperous New Year

福成同學：

感謝您寄來的大作，除了佩服外，讓我能從溫預備班時期的美好時光，真的值得回味！

有空歡迎來嘉義玩！

祝　新春如意

張慶翔 賀

2013.12.11

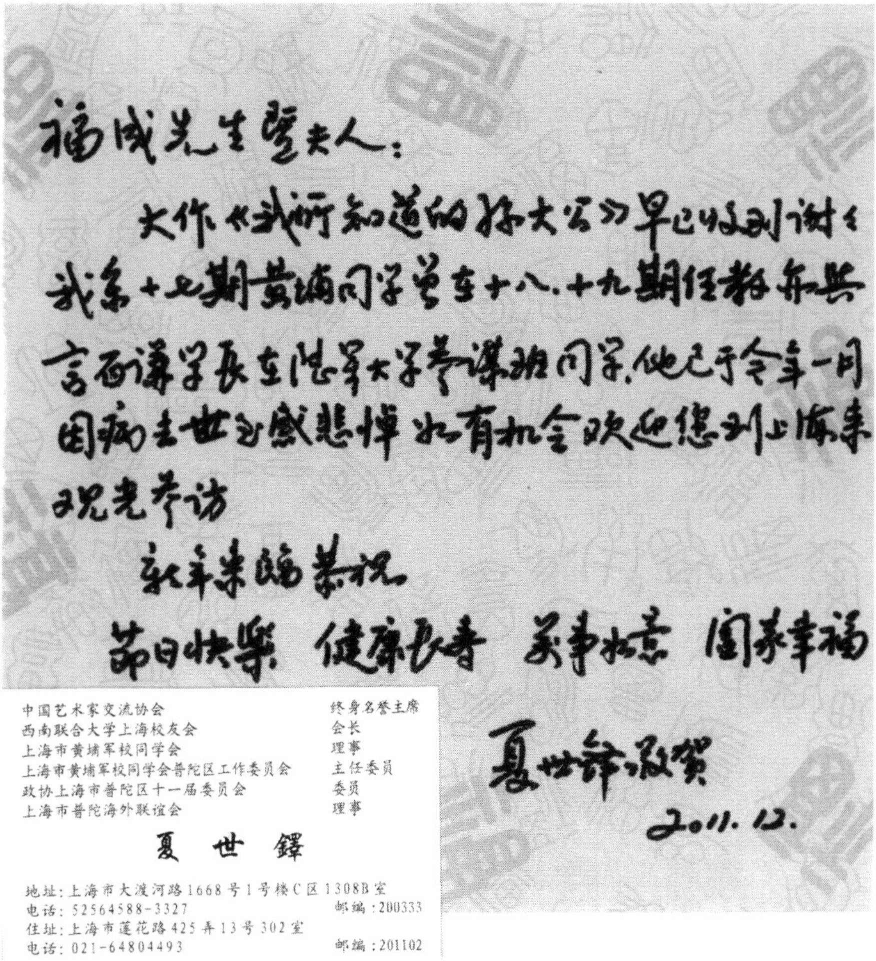

福成先生暨夫人：

大作《我所知道的孙大公》早已收到谢谢。我系十七期黄埔同学曾在十八、十九期任教，亦与言西谦学长在陆军大学参谋班同学，他已于今年一月因病去世，甚感悲悼。如有机会欢迎您到上海来观光参访。

新年来临恭祝

節日快樂　健康長壽　萬事如意　闔家幸福

夏世鐸敬贺

2011.12.

中国艺术家交流协会　终身名誉主席
西南联合大学上海校友会　会长
上海市黄埔军校同学会　理事
上海市黄埔军校同学会普陀区工作委员会　主任委员
政协上海市普陀区十一届委员会　委员
上海市普陀海外联谊会　理事

夏　世　鐸

地址：上海市大渡河路1668号1号楼C区1308B室
电话：52564588-3327　邮编：200333
住址：上海市莲花路425弄13号302室
电话：021-64804493　邮编：201102

江苏省黄埔军校同学会

福成先生大鑒：

首先感謝賜寄《我所知道的孫大公》大作，二〇〇一年　大公学長率「黃埔校友旅美訪問團」作「溯源之旅」来南京晋謁孫中山先生陵寢，由江蘇省黃埔軍校同学會接待，有緣相處交流數日，欽佩　大公学長愛國愛民族精神，惜時日匆匆未儘暢談，此後雖每年均互致年卡賀歲，今獲　先生大作，拜讀之餘得以全方位認識　大公学長，確如副題：為中華民族再添一抹光彩。

弟為十五期第六總隊校友，抗战爆發時在南京國立中央大学實驗中学讀书，為抗日救國投筆從戎。抗戰勝利后任職于國防部二廳。時代變遷，但堅持愛國愛民之心

地址：南京市北京西路 30 号宁海大厦 1910 室　　邮编：210024
电话：025-86631261（传真）　83321128-1910　86636376

江苏省黄埔军校同学会

未減。大弓學長與弟所處有異，但愛國愛民之心互通，親愛精誠校訓互遵。世界潮流奔騰向前，順之者昌逆之者亡。馬英九執政以來，兩岸關係好轉，我黃埔校友流血換取台灣光復，豈容"獨立"?!和平統一乃當今潮流，願我黃埔校友努力奮鬥以求早日實現。然否？

再次感謝！祝

安康！

學弟 張修齊 敬禮！

二〇一一年五月十四日于南京。

地址：南京市北京西路 30 号宁海大厦 1910 室　　邮编：210024
电话：025-86631261（传真）　83321128-1910　86636376

上海市黃埔軍校同學會

福成校友：謝謝您惠寄

大作《我所知道的孫大公》。

孫大公校友曾多次來訪，

我們還曾一起在江南花園見面，

有很深的友誼。收到大作，

使我感到很親切。我們

工作你我他共同的理想

是我們都熱愛祖國，盼望

看到期盼的祖國實現和平統一。

歡迎到上海來走走。並問

好友們，祝

全家幸福

[illegible]

2011.5.7

福成弟兄：

返美前我在电话中所谈之理念，畧贅數語附上。

返美後整理存夏文件，又发现一些資料可供你参考：

1, 民69年对蔣經國之建言及其民46年之贈言。

2, 上書總統府秘書長張羣（岳軍）建言國事，獲手書褒奬。

3, 陳立夫伯之元旦贈言。

4, 裝甲兵司令蔣緯國加賀我与羅文山赴美受訓。

5, 警備總司令黃杰手書邀宴。

6, 曾當選國民党第八次全國代表大会代表。

7, 民69年投稿報社兩則。

8, 自拟之「大公定律」。（戲作）

9, 剛入陸官校時之習作。

10, 陸軍總部奬狀。

崗安　即祝

讜言濟世

孫大公

2006.09.07

福成贤弟：

我是十一月七日返美，不知你已於月初回台，未能見面，可惜！

你寄来的贺卡信封，封得非常紧密，四个角都黏得毫無縫隙，不知是你的封信手法：还是偷看者的（邮检人员的）：好在我们胸懷坦蕩，做的都是為國為民的事。

我在台時獲馬英九先生授旗，请我在美國動员黄埔校友成立後援会（附信），如今已成立五个（美东，美西，美南，舊金山，洛杉磯），还在继续努力。此次總統选举如再被狐群狗党得勝，則台湾危矣！見着同学時请代我致意。

為國盡心

祝

小兄 大公

2007.12.19

福成学弟如晤：

阅读来信甚喜，因为你仍在你心爱的文藝圈内活跃，常与同好来往，遊歷佳山美水，人生若此，夫復何求？！

来信要我再寄些资料给你，可以让你多作些叙述，但不知你想写记事、评论、轶事、……、将来想登在何种刊物？若我能知梗概也便於收集资料。

我明年可能返台一行。見到同学请代致意。

最近我已迁址，見附件。

送你一份也是口足畫家畫的月曆。

祝贤伉俪

新年快乐

萬事如意

小兄

大公

2009、11、30

福成学弟：

歷来史書会受不同撰寫人的影响，而有不实或被扭曲的現象。

有一件深藏心底數十年的中國國民党秘史，如今因時过境遷，决予公開，以期畧補史頁之真实。

現已刊登於美國世界日報，特寄影本以供參閱。耑此 敬頌

時祺

孫大公上
2012.03.30

又及：正整理其他资料将寄给你。

福成学弟如晤：

一、上次多虧你幫我寫了小傳，使我人生無憾！

二、不过有些資料在斯時过于敏感，不便登出，

現在我统统給你，由你斟酌。

三、我把資料依時間順序及事件性質分成几

类，但其内容需根据時空来瞭解。

四、看过我小傳之人，皆称许你的春秋生花

之筆。（其实不簡單！）

五、這些資料我已有存底，不必还我。

耑此　順頌

健康快乐

小兄　大公

2012、07、04

又及：附序供参。

福成兄如晤：

最近身体欠佳，視力模糊，因此謄清之工作耽误了時間。

我以前寄给你的資料現在记不清楚有哪些？目前寄的有部份会重合，好在寄给你的由你来选擇。

附上的三百元支票是给你寄我校对稿用的。至於印刷装订费用我会在寄回校对稿時附上。

耑此 順祝

撰祺

小兄 孫大公

2010、10、06

五月五過端午
粽葉飄香、艾

陳福成　先生

感謝您的長期奉獻，因為有您，臺大更好。逢此佳節，敬祝

平安健康，一切順心

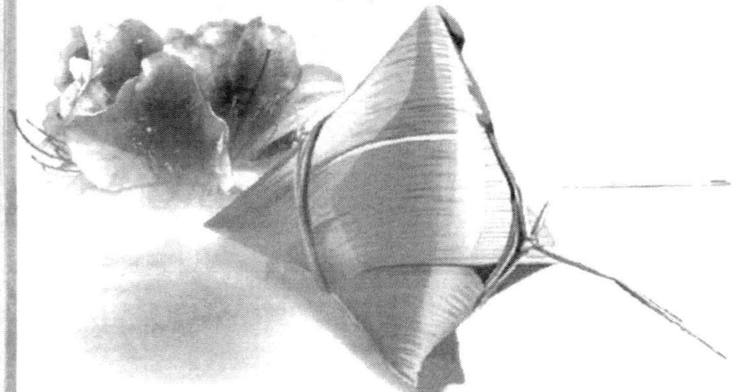

國立臺灣大學主任秘書
廖咸浩 敬贈
中華民國98年5月

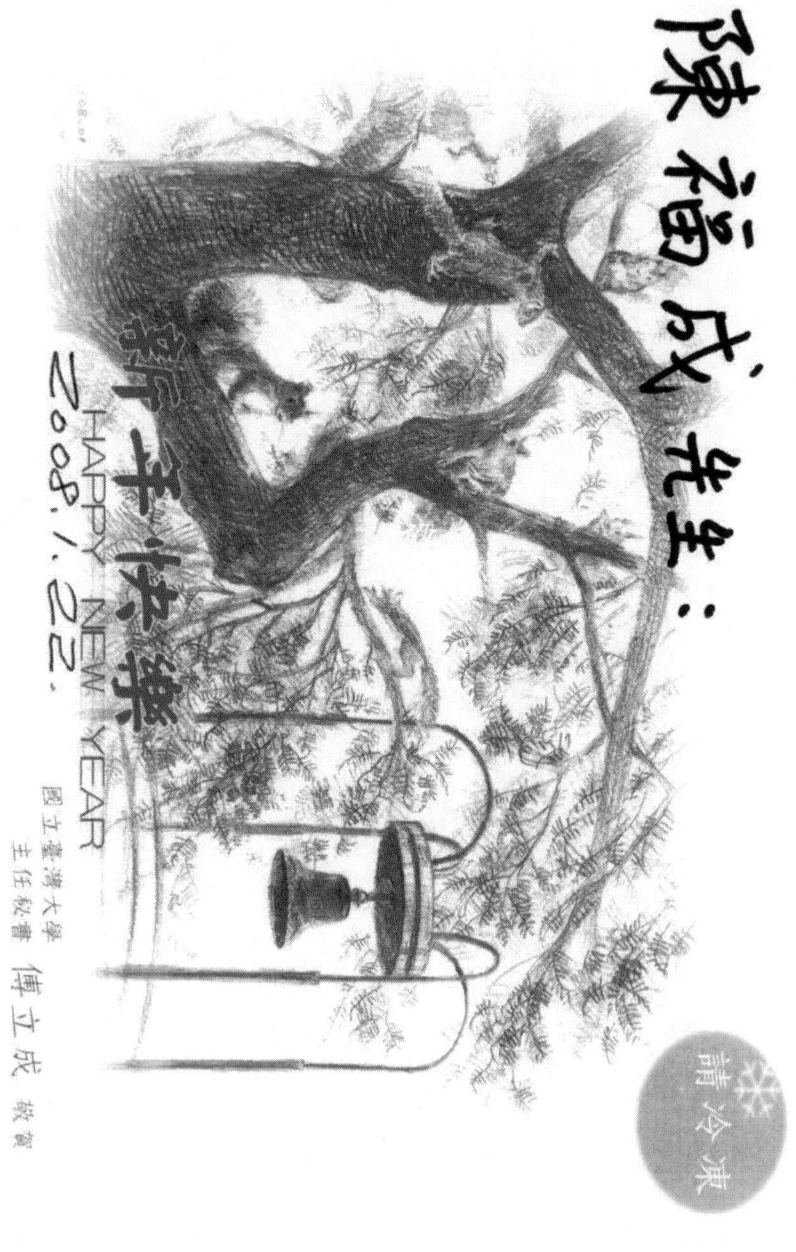
陳福成先生：
新年快樂
HAPPY NEW YEAR
2008.1.22.
國立臺灣大學
主任秘書 傅立成 敬賀
請冷凍

陳福成　先生：

您是否記得去年早春中綻放的杜鵑花、初夏傅鐘旁燃燒的鳳凰樹、微雨入秋的臺大 82 歲生日以及冽風中點亮校園的溫暖聖誕紅？時光荏苒，這些都成了您我共同的風景。

感謝您的一路陪伴，也請與我們一起盼望新的一年！

恭賀新禧

國立臺灣大學秘書室

主任秘書

作票、作弊的總統

〈自行取用、廣為散發〉

★陳水扁竊國，第三次革命開始了。

△一定要下台，歷史上有例子：袁世凱

△不被信任的政权就是「非法政权」

非法政权一定要下台。

△重辦公平選舉。〈★民進党毀了台灣的民主、法治〉

★（最近陳水扁又在發表他的「善意」，企圖安撫我們，千萬不能呆呆又上當了。）

△國、親、新一定要合併，現在是机會。

★群眾運動要擴大。
堅持下去，絕不能退縮。

一群熱愛公平、正義、民主的人

陳福成

（請大家用FAX、TL、影印告訴大家）

★我已在總統府前分發數千份，已產生效果。

請共我同行

作弊、貪污的陳水扁下台宣傳單樣稿

△ 全面驗票之外，有20多萬軍、公、教、警、情治、選務人員，被扁營黑手操作，不能去投票，一定要用協商方式補投票，有15萬以上是藍營的票。

△ 非法總統、非法政權一定要下台，歷史沒有例外，袁世凱就是例子。

△ 他不下台，就要罷免他下台。

△ 人民不該姑息非法總統，起來吧！有良知、血性的人。

△ 陳水扁不下台，藍營一定要走回革命路線。

非法總統　非法政權　一定要下台

→應補投票

1. 有大量軍、公、教、警、情治、選務人員，總數約20萬人，被扁營刻意操弄，不能去投票，這些人有七成以上是藍營的票，因此這是不公平選舉，是竊盜偷的行為，選舉理應無效。
2. 槍擊案疑點太多，自導自演，操作的也太粗陋，雖公布一些資料，但奇美醫院、檢調司法已全是扁營人馬，不可信、不可信！
3. 作票、作弊的總統是一定要下台，歷史上沒有例外，袁世凱就是例子。面對非法總統、非法政權，藍營一定要爭下去，拼下去！即使要和綠營對決，也一定要拼，爭天理、公理。
4. 藍營動起來！熱愛公理正義的先生、小姐們動起來，主婦動起來。連宋王馬及藍營公職人員要團結，大家把非法政權趕下台。我親自來總統府參加活動，有一半年青人，可喜！
5. 驗傷、驗票、罷免總統，法律途徑、群眾運動双管並行，把運動擴大成全國、全世界的規模。
6. 最後，國親要做合併的努力。

台灣大學一群熱愛公理正義的藍天使

★這張資料請儘可能傳閱，TL 的 FAX 給親友，發揮影响力。

★正義、權利是自己爭來的，不是坐等天上掉下來的

★絕不能讓「非法政權」再惡搞下去。

作票、作弊的總統」

△一定要下台，歷史上有例子：「袁世凱」。

△不被信任的政權就是「非法政權」。
非法政權一定要下台。

△別吵了！證據早消滅了，重辦大選吧！

△李登輝、陳水扁這群人「騙死人不償命」。

△「第三次革命」機制啟動了：捍衛 RoC

△國、親、新一定要合併，機會來了！

△朋友們！堅持下去、擴大運動

◎告訴親友們來參加！

★那群「綠毒」騙死人不償命。

△泛藍朋友們，別又上當了！

民主總部支持者.

這張請儘可能傳閱、FAX給親友，或口告知親友

呼籲藍營現階段努力方向

——向藍營的領導階層建言——

1. 法律途徑、群眾運動要双管並行.
2. 群眾運動要擴大成全國性規模，增強压力，但須和平理性，才能擴大戰略优勢.
3. 連宋王馬及全体公職人員应齊一行動，統一操盤，給馬英九最大的「角色調整空間」.
4. 大家弄清楚最高的战略目標是甚麼？拚下去.
4. 做票、做弊的總統是不能當了，一定要下台，袁世凱就是例子.
5. 驗票、驗傷、罷免總統，現在的陳水扁是「非法總統」，他的政权是「非法政权」.（搞台独的政权本来也是非法政权）
6. 國親要做合併的努力.

台灣大學連宋後援会的一群藍天使

★藍營要利用這次机会學習如何搞群眾運動，在大陸輸共党，現在輸綠營，逆也！

選舉無效　總統下台

★請儘可能傳閱這份資料，FAX或TL給親友，大家告訴大家。

1. 20萬軍、公、教、警、選務人員，被綠營刻意操弄，不能投票，這是不公平選舉，所以選舉無效。這其中有六成以上是藍營的票。

★全面驗票前，這些人要透過政治協商，補重新投票。

2. 綠營作票、作弊，「非法總統」、「非法政權」一定要下台。袁世凱就是例子。

3. 連宋王馬肯一腳步，藍營公職總動員，擴大戰線、持續加壓。

4. 國親要做合併的努力。

台灣大學連宋後援會的一群藍天使。

2013.2.2 蔡楓筠寄
祝福
福至心靈萬事祥
吉星高照府安康
開機擴業皆如意
富貴花開兆永昌

如意兄嫂：

剛來宜蘭，橫山的天空料也不同於大屯山下的，或許你已調適了吧！

上回「如中橫」之遊，這相片業已洗出，特寄貴府以聊做長途跋涉光臨寒舍之補償。此兩套若何來要？這些相片說不定竟是日後追憶快樂生涯之源泉！

即頌

闔府平安：

（見回信）

建民上

0808

福成学弟：

人生苦短，我们要儘量活得健康愉快！

此卡封面是一个手残的人用嘴含筆畫的，是否给了我们一些啟發和鼓勵？！

祝你

健康快樂

兄

大公

2013.08.31

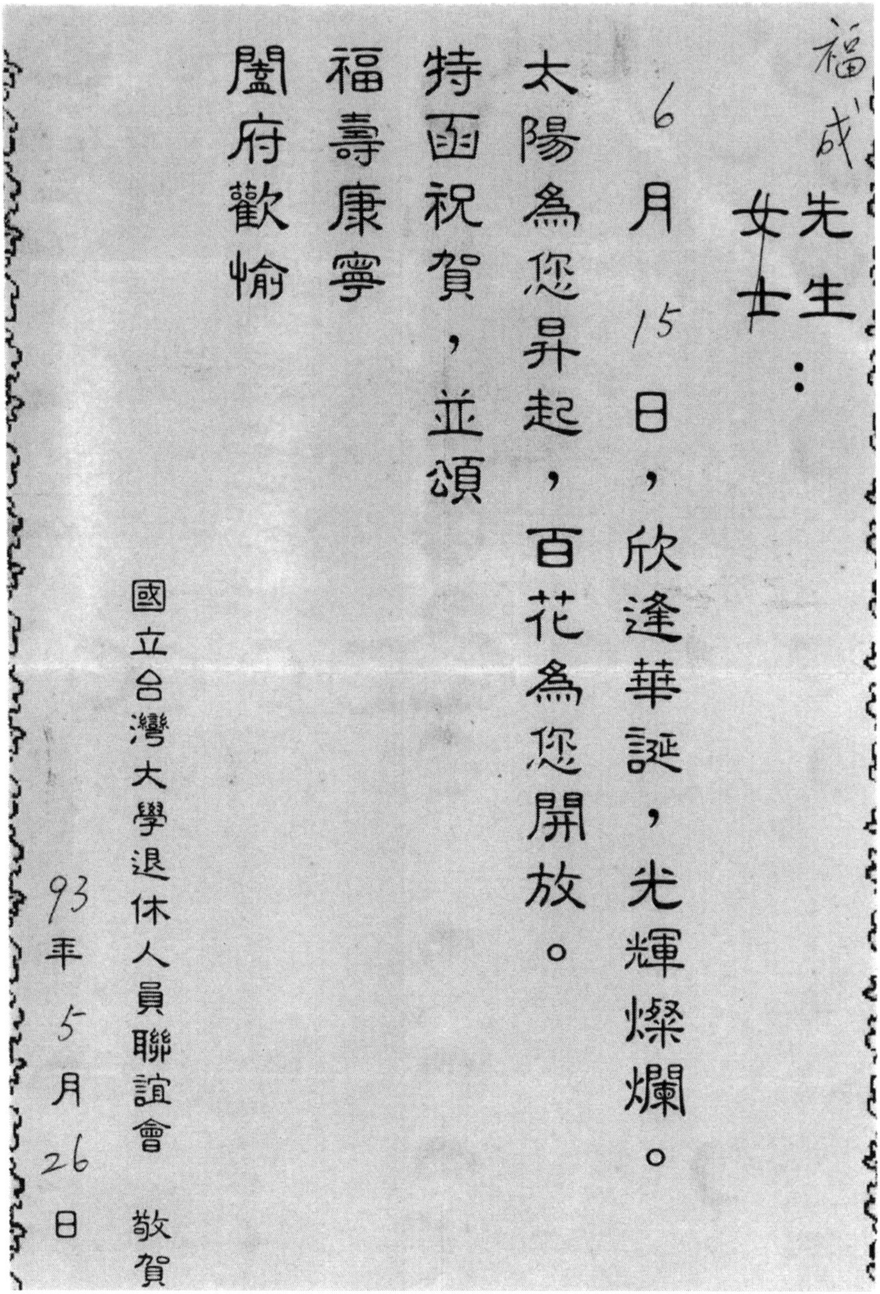

福成先生 ~~女士~~：

6月15日，欣逢華誕，光輝燦爛。

太陽為您昇起，百花為您開放。

特函祝賀，並頌

福壽康寧

闔府歡愉

國立台灣大學退休人員聯誼會　敬賀

93年5月26日

福成先生
女士：

6月15日，欣逢華誕，光輝燦爛。

太陽為您昇起，百花為您開放。

特函祝賀，並頌

福壽康寧

闔府歡愉

國立台灣大學退休人員聯誼會 敬賀

104年5月31日

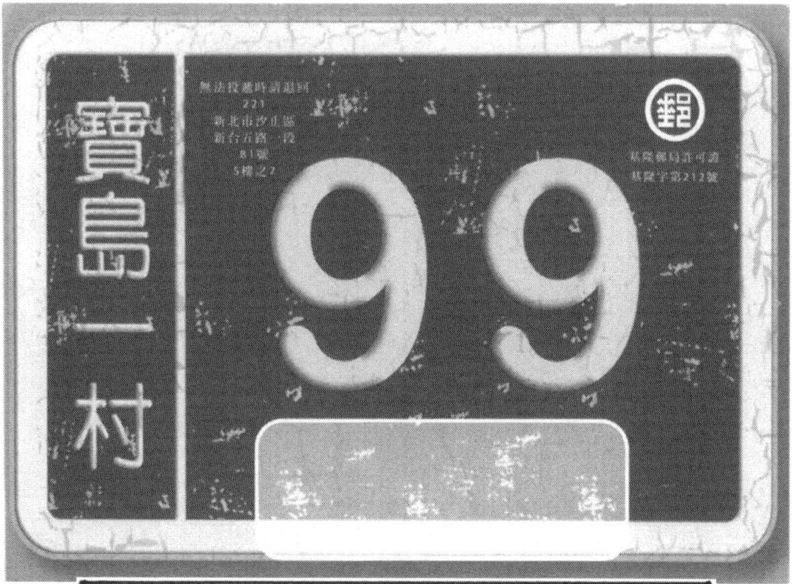

以本書獻給
廿一世紀的中國人
世々代々生々世々的
炎黃子孫

陳福成
台北

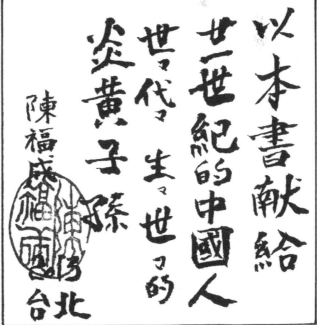

《「日本問題」的終極處理》一書獻詞·

～傳奇的身分，歷史的色澤，時代的珍藏～－陳浩
時代珍藏

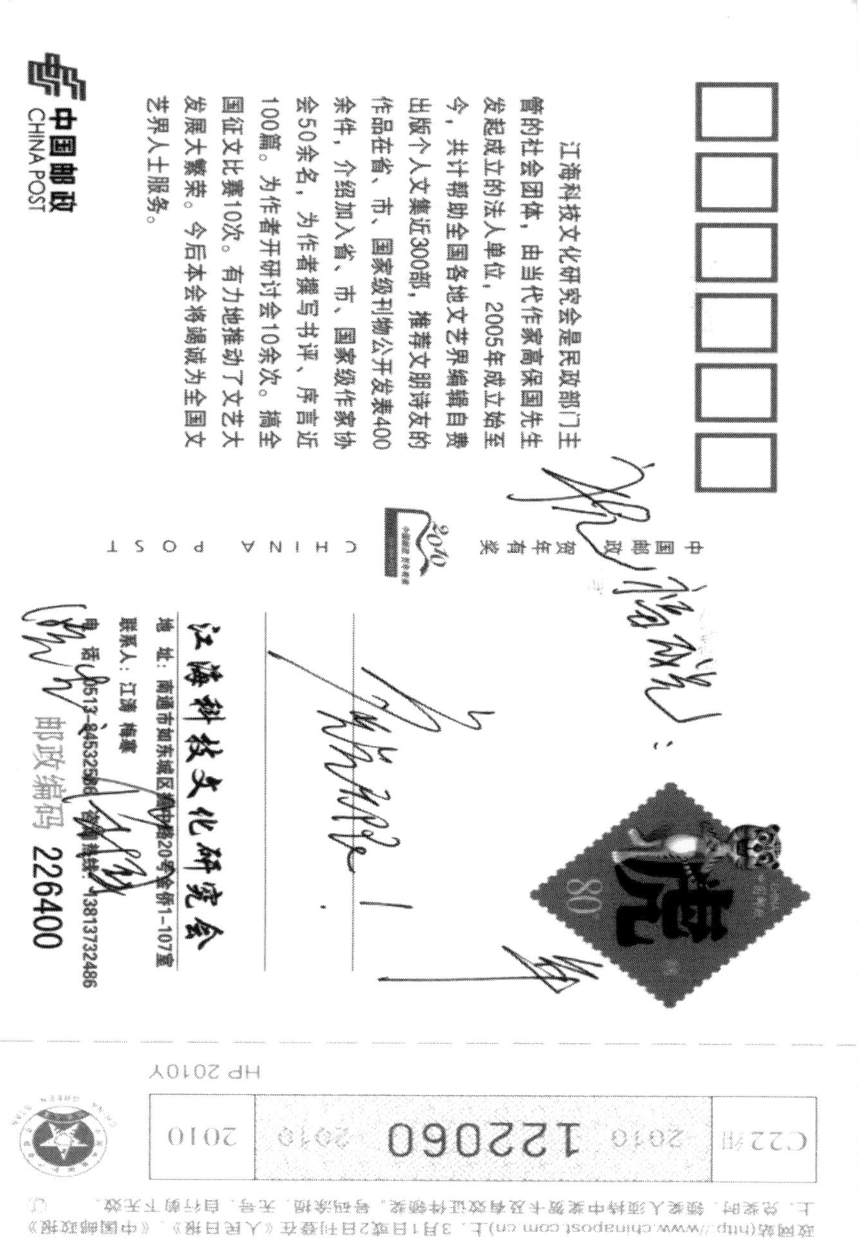

江海科技文化研究会是民政部门主管的社会团体，由当代作家高保国先生发起成立的法人单位，2005年成立始至今，共计帮助全国各地文艺界编辑自费出版个人文集近300部，推荐文朋诗友的作品在省、市、国家级刊物公开发表400余件，介绍加入省、市、国家级作家协会50余名，为作者撰写书评、序言近100篇。为作者开研讨会10余次。搞全国征文比赛10次。有力地推动了文艺大发展大繁荣。今后本会将竭诚为全国文艺界人士服务。

中国邮政
CHINA POST

中国邮政 贺年有奖
CHINA POST

江海科技文化研究会
地　址：南通市如东城区[illegible]路20号金侨1-107室
联系人：江涛　梅寒
电　话：0513-84532586　咨询热线：13813732486
邮政编码　226400

C22组　2010　122060　2010　2010
HP 2010Y

2010年2月28日开奖，2010年3月5日—5月5日兑奖。中奖号码于2月28日公布在中国邮政网站(http://www.chinapost.com.cn)上，3月1日或2日刊登在《人民日报》、《中国邮政报》上。兑奖时，领奖人须持中奖贺卡及有效证件领奖。号码涂损、无号、自行剪下无效。

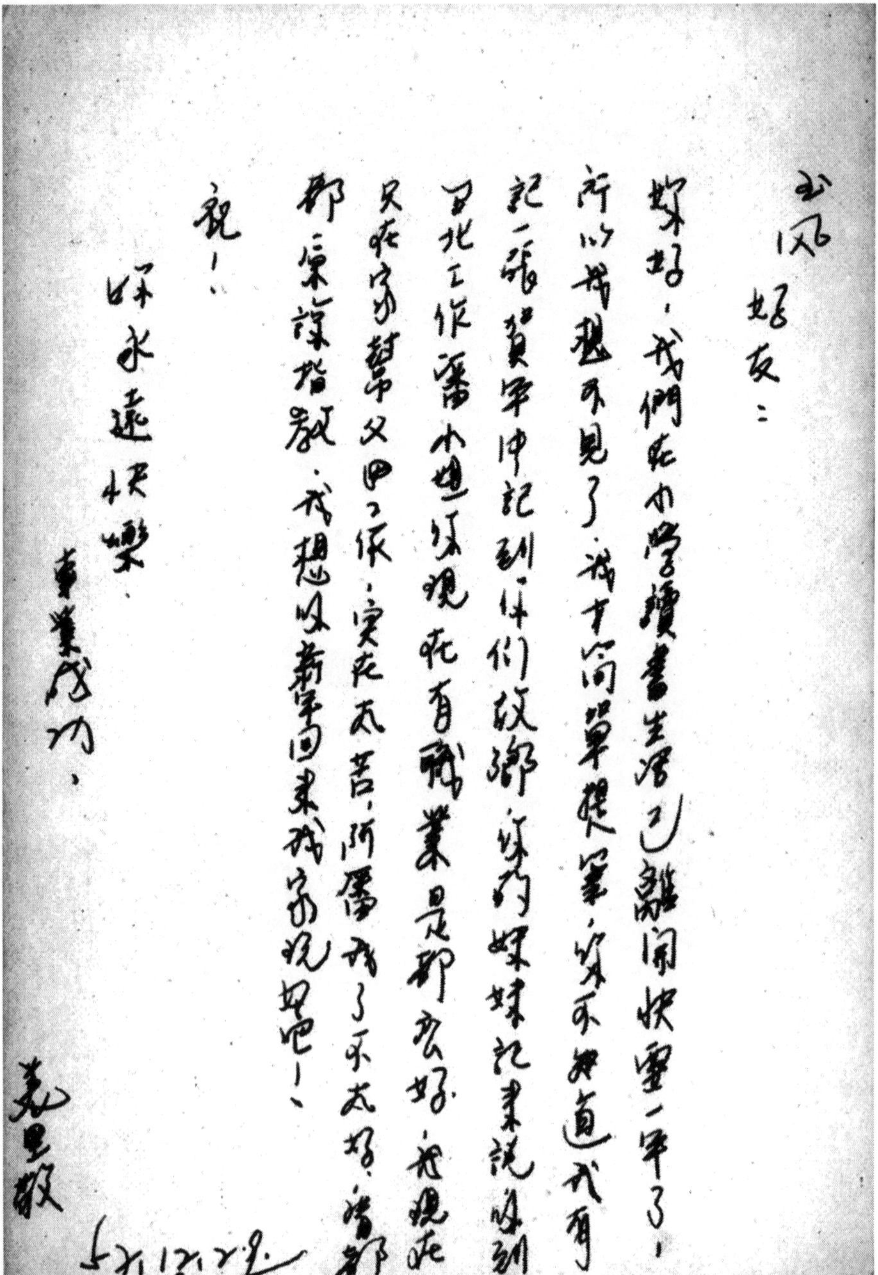

玉风
好友：
妳好，我們在小學讀書生活已離開快要一年了，
所以我想不見了，我才簡單提筆，妳不知道我有
記一張賀年卡中記到你們故鄉，妳的妹妹記來說妳到
台北工作當小姐，以現在有職業是那麼好，我現在
只在家幫又四工作，實在太苦，所屬我了不太好，請
那一家詳指教，我想以新年回來我家玩好吧！
祝！
妳永遠快樂
事業成功
義里 敬
51.12.29

阿潘：

前天去你家，本以為你回來了。（因我寫去沒回音，又不知你收到沒有）伯母說他也不知你的地址，只知道你搬家了。我還以為你失蹤了。正啓把你丟棄了，說寫了三封信也不見你回信，又說再不寫給她，她可要和你「絕交」。

我元旦時訂婚和阿丁你知道，命中註定要嫁給他，「沒法度」，希望到時你能回來，不然，我把糖寄給你（但忙了，我可不管）甜甜吧

祝

快樂　並有個快樂的聖誕節

阿飛

58.11.19.

福成仁兄賜鑒：

久仰兄台英名，承蒙賜寄大作鳳梅人之研究論文巨著，如獲至寶。雖已在該報看過連載六期，但尚看到先生原著仍覺不同，閱讀之下猶看到孫本人一樣。何況戰亂中曾在成都住過幾年，又曾服務又某營出生，所以對你談到成都就感到十分親切了。

因為我們熱愛中國文化，尊崇儒家精神，志同道合；尤其先生為宣揚鳳梅人文精神，遠赴湖北大學傳播論壇研討會中報告，我這裡特別代表孫先生鄉友對你表達万分之敬意。謝謝！順頌

撰安

弟 石麟生 敬上

2010.10.12

福成兄：

最近常有些感悟：

印刷精美的文字背後，

究竟隱藏些什麼呢？

他們不懂。

而每個人仍在拚命：

祝

平安

愚弟　楊文樹　敬拜

總統府用牋

大公先生台鑒：

日前承由陳福成先生代轉《我所知道的孫大公：黃埔28期孫大公研究》乙書致贈 總統夫人，業奉 閱後交下，特囑代申謝忱。耑此奉復，順頌

時祺

總統府第二局

中華民國100年5月6日

福成先生大鑒：

大函敬悉，遲覆乞諒！

您所贈「我所知道的孫大公」乙書，已轉呈委員；委員親閱後，對您關切國家未來之熱忱極為敬佩，特此致謝！

今後您若還有任何建議，歡迎隨時與我們聯繫。

耑此　敬頌

時祺

林郁方國會辦公室　敬上

中華民國一百年七月十四日

福成先生：

6月15日，欣逢華誕，光輝燦爛。

太陽為您昇起，百花為您開放。

特函祝賀，並頌

福壽康寧

闔府歡愉

國立台灣大學退休人員聯誼會 敬賀

96年6月15日

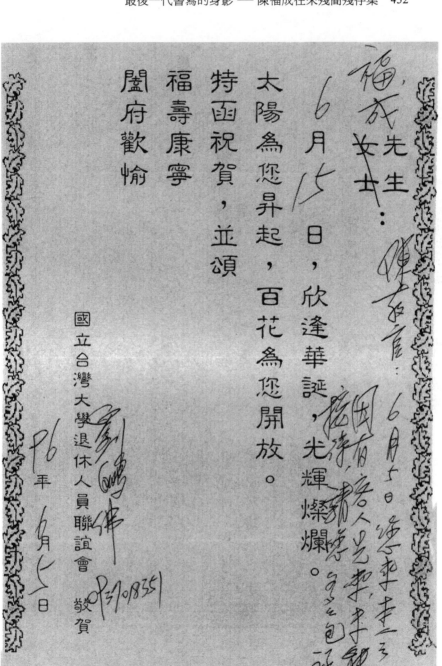

用核武消滅倭國·中國承擔得起

以核武消滅日本倭國，中國承擔得起，也值得承擔，為何？這當然和中國立國數千年來的立國精神、人口、資源，以及廿一世紀特定任務有關；這也是一種被迫的反應，對數百年來，日本民族以「消滅中國」為其民族天命的反應！中國若不能先下手消滅日本，收其領土為「中國扶桑省」，必將面臨倭國更大規模的「第四次侵華之戰」！

第一、中國幾千年立國精神，除確保自身和平安全，也要負責確保週邊國家地區的和平安全。故，先下手以核武滅倭，要承擔，也值得承擔。

第二、以中國的人口、領土及資源，就算不以核武滅倭，打十年傳統戰也足以拖垮倭人·亡中國，不可能；亡日本，並不難。只要中國人自覺、覺醒，用傳統戰、核武，都能消滅小日本鬼子。故說，中國承擔得起！

第三、面對廿一世紀地球村的來臨，小日本又成全村婦女唯一的禍害，若不除害，全村如何安寧？全村婦女那能用心？中國人有責任、有義務為全村除害，中國永担得起，值得永担！

第四、以核武消滅倭種最便宜、最經濟，也不會無限期拖下去。以第二次世界大戰為例，美國考量若不用核武，美軍在日本本土登陸，傷亡恐要增加一百萬人，倭人數百萬民眾也得陪葬，故丟下兩原子彈快速結束戰局。故核武消滅倭國最合算，也合人道！

第五、或許有人質疑，難到一定要消滅倭國嗎？有這種疑問的人，應該看看日本史，倭人從四百年前就以「消滅中國」為其民族之天命，第一次亡華之戰是明萬歷的「朝鮮七年戰爭」，第二次是滿清甲午之戰，第三次是民國的八年之戰。現在，第四次亡中國之戰，早已啟動戰爭機制，準備、待機中……

廿一世紀的中國人，必須自覺、覺醒，徹底理解沒有所謂「中日友好關係」，中國人若不先下手以核武消滅倭國，以其領土建設「中國扶桑省」，必將面臨倭人第四次侵略中國，到時中國人要死多少人？

以核武消滅倭國的時機，至少不能晚於廿一世紀五〇年代，要早、儘早，才有和平安全

維

祭先父潘公於中華民國一〇二年十二月十七日吉時

兒女親人率孫輩克表於靈前

先父潘公翔皋，浙江省東陽縣人。誕生於時
局動盪的民國九年元月二十九日，成長於國難當
頭，家、國均受無窮烽火之際。
不久日寇侵華，毅然從戎，隨軍征戰，且於
民國二十七年十月在「康頭山戰役」，奮勇作戰
負傷，獲第九戰區第一兵團總司令部特給
獎狀，以褒忠勇救國之功。

抗戰勝利後，是年十二月，入防空學校就讀，此後始終服務於空軍，直到退伍。

啊！父親！從大陸到台灣，從對日抗戰到剿共，再到復興基地，您一生獻給國家，出生入死，功在國家。

您一生從未停止工作，退伍後仍在民間任職，做到不能做為止。是您和母親用一生的心血，給我們的家打下小康的基礎。您一生堪謂，俯仰一世而無愧

於國家 軍職其間

民國五十二年，國防部長俞大維、空軍總司令陳嘉尚頒「空軍乙二懋績」獎章一座；總統蔣公、國防部長俞大維頒「空軍楷模乙種二等」獎章一座。

民國六十一年，總統蔣公、國防部長陳大慶頒「壹星忠勤勳章」，以昭懋賞。

於中國國民黨，您是終身忠誠黨員，台南市委員會主任委員林武俊、退除役人員黨部主委許歷農，均頒給您榮譽狀。

於家庭，畢生勤儉敦厚，卓立家風，一門

懷碩學士，各方讚好，家庭美滿，這都是
您和媽媽立下的楷模而以致之。
啊！父親，您一生嚴謹樸實畢其志業，兒孫
賢孝，可謂福壽双全。蔭庇子孫於久遠，德
澤沛然，無可遺憾矣！
天不假年，相見無期，克表靈前，以誌
哀忱。

補註：本文是我代妻及內弟們所寫的祭父文，岳父雖是一
介士官，對國家還是有貢獻的，後面是他留下的成績。

他是好軍人、好父親、好岳父！

第九戰區第一兵團總司令部獎狀

上等兵 潘志高

戰役奮勇

榮譽負傷特給獎狀

以彰其忠勇衛國之功

此狀

總司令

中華民國二十七年十月　日

畢業證書

茲有防空學校通信訓練隊第九期學兵潘翔本年二三歲浙江省東陽縣人修業期滿成績合格特給此證

防空學校校長 蔣中正

防空學校教育長 黃鎮球

中華民國三十四年十二月　日

貼印花處

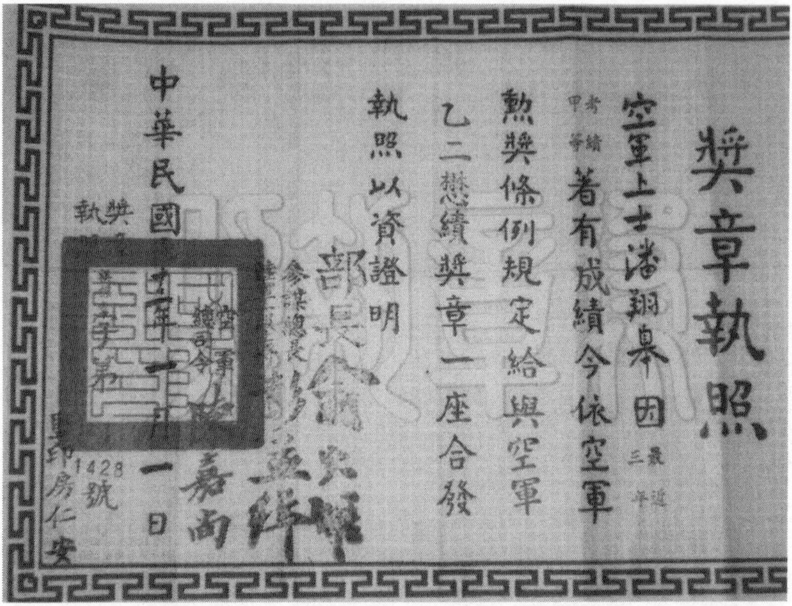
獎章執照

空軍上士潘翔皋因最近三年考績甲等著有成績今依空軍

勳獎條例規定給與空軍

乙二懋績獎章一座合發

執照以資證明

部長

參謀總長

中華民國　年　月　一　日

獎章執照　字第　號

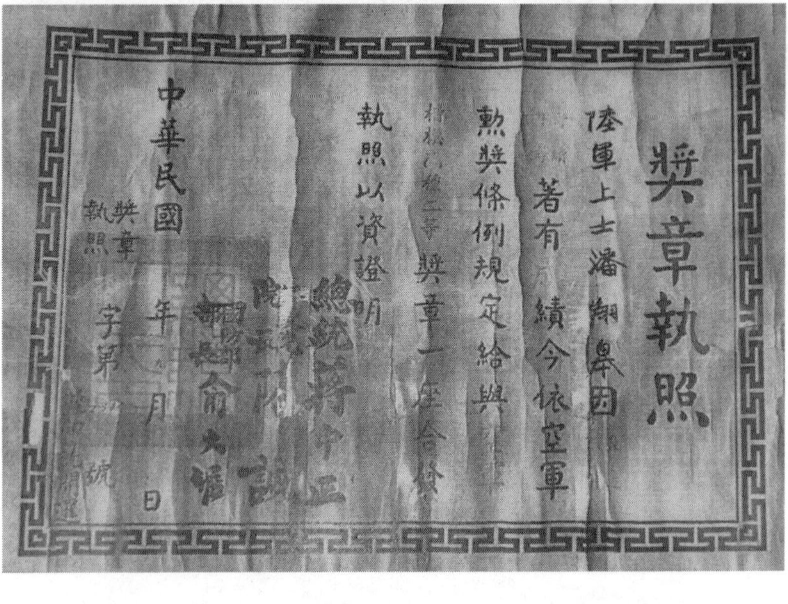
獎章執照

陸軍上士潘翔皋因　著有　績今依空軍

勳獎條例規定給與

二等獎章一座合發

執照以資證明

總統 蔣中正

國防部部長 俞大維

中華民國　年　月　日

獎章執照　字第　號

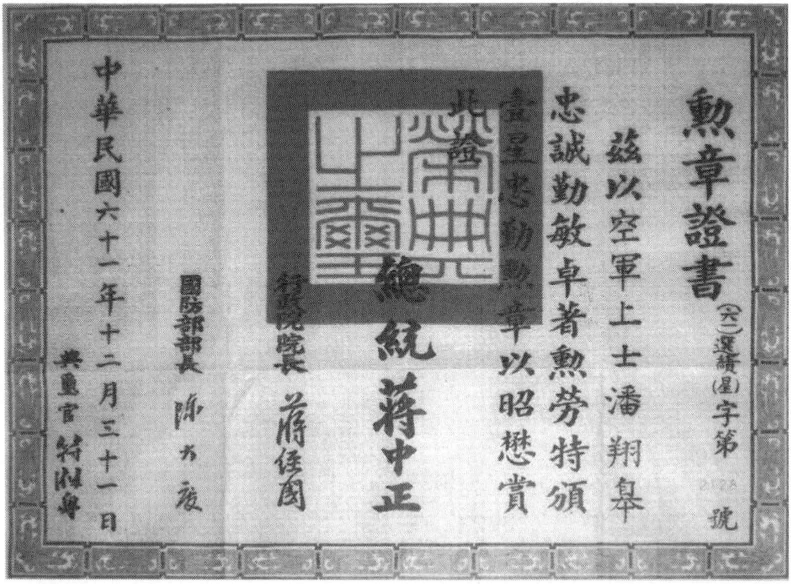

勳章證書　(六二)選績(星)字第　號

茲以空軍上士潘翔臯

忠誠勤敏卓著勳勞特頒

壹星忠勤勳章以昭懋賞

此證　總統　蔣中正

行政院院長　蔣經國

國防部部長　陳大慶

中華民國六十一年十二月三十一日

典璽官

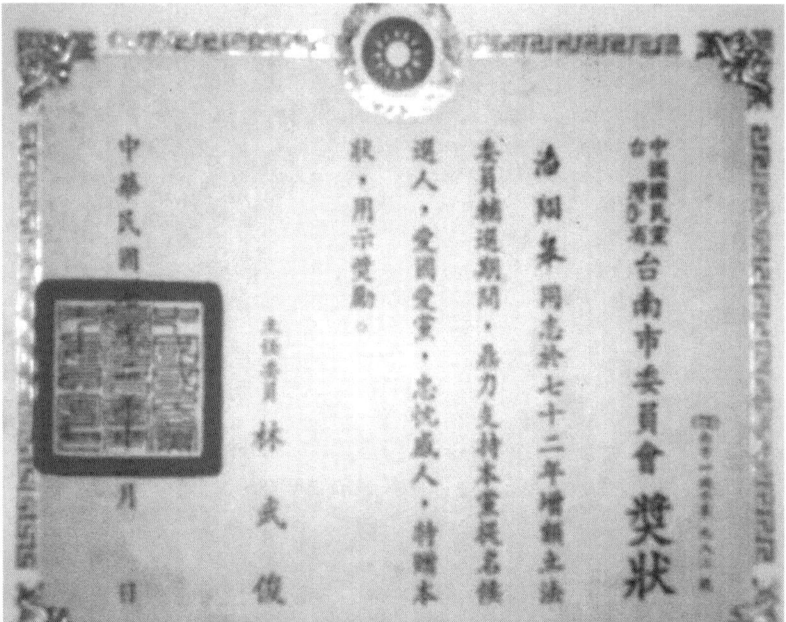

中國國民黨台灣省台南市委員會　獎狀

潘翔臯同志於七十二年增額立法委員輔選期間，盡力支持本黨提名候選人，愛國愛黨，忠貞感人，特頒本狀，用示獎勵。

主任委員　林[illegible]俊

中華民國　年　月　日

潘翔象同志奉行三民主義，獻身革命大業，已滿四十年，忠實愛國，足資楷模，特頒榮譽狀以資激勵。

主任委員　許歷農

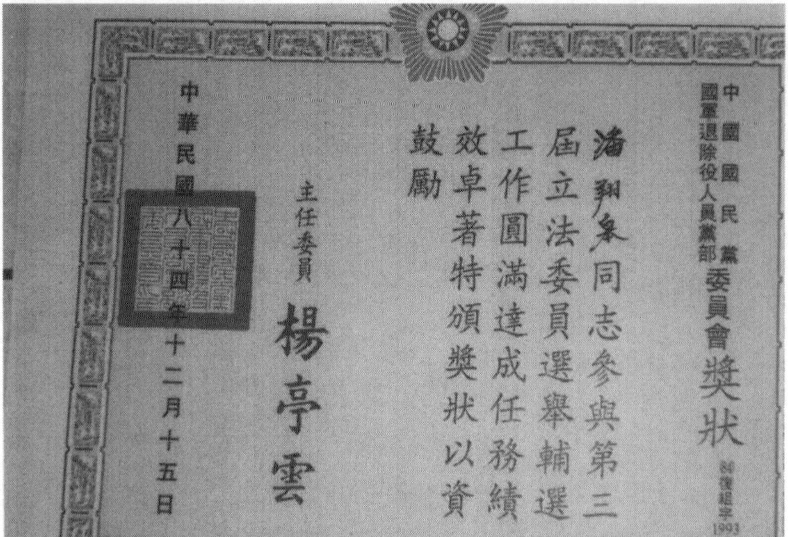

中國國民黨國軍退除役人員黨部委員會獎狀　(84)復組字1903號

潘翔象同志參與第三屆立法委員選舉輔選工作圓滿達成任務績效卓著特頒獎狀以資鼓勵

主任委員　楊亭雲

中華民國八十四年十二月十五日

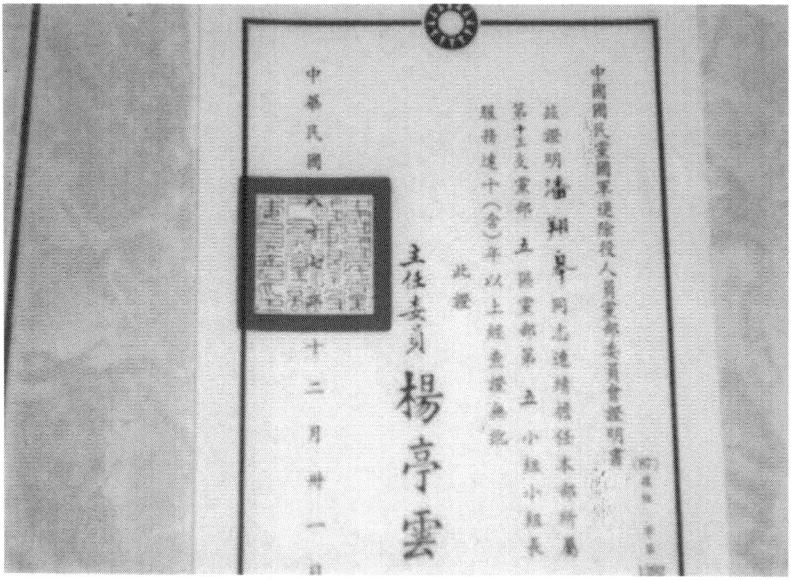
中國國民黨國軍退除役人員黨部委員會證明書
茲證明潘翔皋同志連續擔任本部所屬
第十五支黨部五區黨部第五小組小組長
服務達十(念)年以上經查證無訛
此證
主任委員 楊亭雲
中華民國八十七年十二月卅一

砲战全体官兵合影

陳福成 80 著編譯作品彙編總集

編號	書　　名	出版社	出版時間	定價	字數（萬）	內容性質
1	決戰閏八月：後鄧時代中共武力犯台研究	金台灣	1995.7	250	10	軍事、政治
2	防衛大臺灣：臺海安全與三軍戰略大佈局	金台灣	1995.11	350	13	軍事、戰略
3	非常傳銷學：傳銷的陷阱與突圍對策	金台灣	1996.12	250	6	傳銷、直銷
4	國家安全與情治機關的弔詭	幼　獅	1998.7	200	9	國安、情治
5	國家安全與戰略關係	時　英	2000.3	300	10	國安、戰略研究
6	尋找一座山	慧　明	2002.2	260	2	現代詩集
7	解開兩岸 10 大弔詭	黎　明	2001.12	280	10	兩岸關係
8	孫子實戰經驗研究	黎　明	2003.7	290	10	兵學
9	大陸政策與兩岸關係	黎　明	2004.3	290	10	兩岸關係
10	五十不惑：一個軍校生的半生塵影	時　英	2004.5	300	13	前傳
11	中國戰爭歷代新詮	時　英	2006.7	350	16	戰爭研究
12	中國近代黨派發展研究新詮	時　英	2006.9	350	20	中國黨派
13	中國政治思想新詮	時　英	2006.9	400	40	政治思想
14	中國四大兵法家新詮：孫子、吳起、孫臏、孔明	時　英	2006.9	350	25	兵法家
15	春秋記實	時　英	2006.9	250	2	現代詩集
16	新領導與管理實務：新叢林時代領袖群倫的智慧	時　英	2008.3	350	13	領導、管理學
17	性情世界：陳福成的情詩集	時　英	2007.2	300	2	現代詩集
18	國家安全論壇	時　英	2007.2	350	10	國安、民族戰爭
19	頓悟學習	文史哲	2007.12	260	9	人生、頓悟、啓蒙
20	春秋正義	文史哲	2007.12	300	10	春秋論文選
21	公主與王子的夢幻	文史哲	2007.12	300	10	人生、愛情
22	幻夢花開一江山	文史哲	2008.3	200	2	傳統詩集
23	一個軍校生的台大閒情	文史哲	2008.6	280	3	現代詩、散文
24	愛倫坡恐怖推理小說經典新選	文史哲	2009.2	280	10	翻譯小說
25	春秋詩選	文史哲	2009.2	380	5	現代詩集
26	神劍與屠刀（人類學論文集）	文史哲	2009.10	220	6	人類學
27	赤縣行腳・神州心旅	秀　威	2009.12	260	3	現代詩、傳統詩
28	八方風雨・性情世界	秀　威	2010.6	300	4	詩集、詩論
29	洄游的鮭魚：巴蜀返鄉記	文史哲	2010.1	300	9	詩、遊記、論文
30	古道・秋風・瘦筆	文史哲	2010.4	280	8	春秋散文
31	山西芮城劉焦智（鳳梅人）報研究	文史哲	2010.4	340	10	春秋人物
32	男人和女人的情話真話（一頁一小品）	秀　威	2010.11	250	8	男人女人人生智慧

陳福成 80 著編譯作品彙編總集

編號	書　　　　名	出版社	出版時間	定價	字數（萬）	內容性質
33	三月詩會研究：春秋大業 18 年	文史哲	2010.12	560	12	詩社研究
34	迷情・奇謀・輪迴（合訂本）	文史哲	2011.1	760	35	警世、情色
35	找尋理想國：中國式民主政治研究要綱	文史哲	2011.2	160	3	政治
36	在「鳳梅人」小橋上：中國山西芮城三人行	文史哲	2011.4	480	13	遊記
37	我所知道的孫大公（黃埔 28 期）	文史哲	2011.4	320	10	春秋人物
38	漸陳勇士陳宏傳：他和劉學慧的傳奇故事	文史哲	2011.5	260	10	春秋人物
39	大浩劫後：倭國「天譴說」溯源探解	文史哲	2011.6	160	3	歷史、天命
40	臺北公館地區開發史	唐　山	2011.7	200	5	地方誌
41	從皈依到短期出家：另一種人生體驗	唐　山	2012.4	240	4	學佛體驗
42	第四波戰爭開山鼻祖賓拉登	文史哲	2011.7	180	3	戰爭研究
43	臺大逸仙學會：中國統一的經營	文史哲	2011.8	280	6	統一之戰
44	金秋六人行：鄭州山西之旅	文史哲	2012.3	640	15	遊記、詩
45	中國神譜：中國民間信仰之理論與實務	文史哲	2012.1	680	20	民間信仰
46	中國當代平民詩人王學忠	文史哲	2012.4	380	10	詩人、詩品
47	三月詩會 20 年紀念別集	文史哲	2012.6	420	8	詩社研究
48	臺灣邊陲之美	文史哲	2012.9	300	6	詩歌、散文
49	政治學方法論概說	文史哲	2012.9	350	8	方法研究
50	西洋政治思想史概述	文史哲	2012.9	400	10	思想史
51	與君賞玩天地寬：陳福成作品評論與迴響	文史哲	2013.5	380	9	文學、文化
52	三世因緣：書畫芳香幾世情	文史哲				書法、國畫集
53	讀詩稗記：蟾蜍山萬盛草齋文存	文史哲	2013.3	450	10	讀詩、讀史
54	嚴謹與浪漫之間：詩俠范揚松	文史哲	2013.3	540	12	春秋人物
55	臺中開發史：兼臺中龍井陳家移臺略考	文史哲	2012.11	440	12	地方誌
56	最自在的是彩霞：台大退休人員聯誼會	文史哲	2012.9	300	8	台大校園
57	古晟的誕生：陳福成 60 詩選	文史哲	2013.4	440	3	現代詩集
58	台大教官興衰錄：我的軍訓教官經驗回顧	文史哲	2013.10	360	8	台大、教官
59	爲中華民族的生存發展集百書疏：孫大公的思想主張書函手稿	文史哲	2013.7	480	10	書簡
60	把腳印典藏在雲端：三月詩會詩人手稿詩	文史哲	2014.2	540	3	手稿詩
61	英文單字研究：徹底理解英文單字記憶法	文史哲	2013.10	200	7	英文字研究
62	迷航記：黃埔情暨陸官 44 期一些閒話	文史哲	2013.5	500	10	軍旅記事
63	天帝教的中華文化意涵：掬一瓢《教訊》品天香	文史哲	2013.8	420	10	宗教思想
64	一信詩學研究：徐榮慶的文學生命風華	文史哲	2013.7	480	15	文學研究

陳福成 80 著編譯作品彙編總集

編號	書　　　名	出版社	出版時間	定價	字數（萬）	內容性質
65	「日本問題」的終極處理 — 廿一世紀中國人的天命與扶桑省建設要綱	文史哲	2013.7	140	2	民族安全
66	留住末代書寫的身影：三月詩會詩人往來書簡	文史哲	2014.8	600	6	書簡、手稿
67	台北的前世今生：圖文說台北開發的故事	文史哲	2014.1	500	10	台北開發、史前史
68	奴婢妾匪到革命家之路：復興廣播電台謝雪紅訪講錄	文史哲	2014.2	700	25	重新定位謝雪紅
69	台北公館台大地區考古・導覽：圖文說公館台大的前世今生	文史哲	2014.5	440	10	考古・導覽
70	那些年我們是這樣談戀愛寫情書的（上）	文史哲				
71	那些年我們是這樣談戀愛寫情書的（下）	文史哲				
72	我的革命檔案	文史哲	2014.5	420	4	革命檔案
73	我這一輩子幹了些什麼好事	文史哲	2014.8	500	4	人生記錄
74	最後一代書寫的身影：陳福成的往來殘簡殘存集	文史哲	2014.9	580	10	書簡
75	「外公」和「外婆」的詩	文史哲	2014.7	360	2	現代詩集
76	中國全民民主統一會北京行：兼全統會現況和發展	文史哲	2014.7	400	5	
77	六十後詩雜記現代詩集	文史哲	2014.6	340	2	現代詩集
78	胡爾泰現代詩臆說：發現一個詩人的桃花源	文史哲	2014.5	380	8	現代詩欣賞
79	從魯迅文學醫人魂救國魂說起：兼論中國新詩的精神重建	文史哲	2014.5	260	10	文學
80	洪門、青幫與哥老會研究：兼論中國近代秘密會黨	文史哲			10	秘密會黨
81	台灣大學退休人員聯誼會第九屆理事長實記	文史哲			10	行誼・記錄
82	梁又平事件後：佛法對治風暴的沈思與學習	文史哲			7	事件・人生
83						
84						
85						
86						
87						
88						
89						
90						
91						
92						
93						
94						

陳福成國防通識課程著編及其他作品

(各級學校教科書及其他)

編號	書　　名	出版社	教育部審定
1	國家安全概論(大學院校用)	幼　獅	民國 86 年
2	國家安全概述(高中職、專科用)	幼　獅	民國 86 年
3	國家安全概論(台灣大學專用書)	台　大	(台大不送審)
4	軍事研究(大專院校用)	全　華	民國 95 年
5	國防通識(第一冊、高中學生用)	龍　騰	民國 94 年課程要綱
6	國防通識(第二冊、高中學生用)	龍　騰	同
7	國防通識(第三冊、高中學生用)	龍　騰	同
8	國防通識(第四冊、高中學生用)	龍　騰	同
9	國防通識(第一冊、教師專用)	龍　騰	同
10	國防通識(第二冊、教師專用)	龍　騰	同
11	國防通識(第三冊、教師專用)	龍　騰	同
12	國防通識(第四冊、教師專用)	龍　騰	同
13	臺灣大學退休人員聯誼會會務通訊	文史哲	

註:以上除編號 4,餘均非賣品,編號 4 至 12 均合著。

編號 13 定價一千元。